把中国资本市场建设成
国际金融中心，
是我一生的梦想……

吴晓求

吴晓求 ◎ 著

THE THEORETICAL LOGIC
OF CHINA'S CAPITAL MARKET

中国资本市场的
理论逻辑（第二卷）

吴晓求评论集　2007—2019

中国金融出版社

责任编辑：王效端　张菊香
责任校对：潘　洁
责任印制：陈晓川

图书在版编目（CIP）数据

中国资本市场的理论逻辑. 第二卷，吴晓求评论集：2007—2019/吴晓求著.
—北京：中国金融出版社，2020.12
　ISBN 978-7-5220-0957-5

　Ⅰ.①中…　Ⅱ.①吴…　Ⅲ.①资本市场—中国—文集　Ⅳ.①F832.5-53

中国版本图书馆CIP数据核字（2020）第263153号

中国资本市场的理论逻辑. 第二卷，吴晓求评论集：2007—2019
ZHONGGUO ZIBEN SHICHANG DE LILUN LUOJI. DI-ER JUAN，WU XIAOQIU PINGLUNJI：
2007—2019

出版
发行　**中国金融出版社**

社址　北京市丰台区益泽路2号
市场开发部　　（010）66024766，63805472，63439533（传真）
网上书店　http://www.chinafph.com
　　　　　　（010）66024766，63372837（传真）
读者服务部　（010）66070833，62568380
邮编　100071
经销　新华书店
印刷　保利达印务有限公司
尺寸　170毫米×240毫米
印张　17
插页　1
字数　247千
版次　2021年3月第1版
印次　2021年3月第1次印刷
定价　56.00元
ISBN 978-7-5220-0957-5
如出现印装错误本社负责调换　联系电话（010）63263947

编选说明

一、本文集共六卷，主要收录作者2007年1月至2020年3月期间发表的学术论文、评论性文章、论坛演讲和专业访谈，共计225篇。其中，学术论文21篇，评论性文章50篇，演讲101篇（其中有一篇演讲稿作为总序收入），访谈52篇，附录1篇（纪念性文字）。在专业学术期刊发表的，具有中英文摘要、关键词、注释和参考文献等元素的均归入学术论文类，其余纳入评论性文章系列。在收录的21篇学术论文中，其中1篇虽未在学术期刊上发表，但由于其学术性较强且篇幅较长，在作了必要的格式统一后归入学术论文类。本文集收录的所有论文、演讲、访谈均已公开发表或在网络媒体转载，评论性文章中的绝大部分也已公开发表，只有很少几篇，由于某些原因没有公开发表。

二、与以往大体一样，在2007年1月以来的13年时间里，作者思考和研究的重点仍然在资本市场。稍有不同的是，这期间，研究资本市场主要是从金融结构及其变革的角度展开的。金融结构、金融体系、金融功能和金融脱媒，成为这一时期作者研究资本市场的主要理论视角和常用词。无论是学术论文还是演讲、访谈，大体都在说明或论证资本市场是现代金融体系形成的逻辑基础，以及在中国发展资本市场的战略价值。这一理论思路既是以往学术理论研究的延续和深化，更预示着过去朦胧的理论感悟似已日渐清晰。正是基于这一特点，作者把本文集定名为《中国资本市场的理论逻辑》（以下简称《理论逻辑》）。

三、2007年1月至2020年3月，中国金融发生了巨大变化，这些变化推动了中国金融的跨越式发展。这期间，中国金融发生的最深刻的变化，就是基于技术创新而引发的金融业态的变革，其中互联网金融最引人注目。作者在重点研究资本市场的同时，在这一时期的一个时间段，相对集中地研究了互联网金融。在《理论逻辑》中，与互联网金融相关的论文、演讲和访谈有近20篇。在这近20篇文稿中，对互联网金融的思考和研究，不是基于案例分析，而是寻找互联网金融生存的内在逻辑，是基于"市场脱媒"之后金融的第二次脱媒的视角。

四、在这13年中，除资本市场、互联网金融外，《理论逻辑》收录的文稿内容主要侧重于金融结构、金融风险、金融危机、金融监管和宏观经济研究。这一时期，由于作者曾在不同时间段分别兼任过中国人民大学研究生院常务副院长、教育学院院长等职务，继而发表了若干篇有关高等教育特别是研究生教育的论文和演讲，在此，也一并收录其中。这是作者学术生涯中非专业研究的重要历史记载。

五、为使《理论逻辑》具有专业性、时效性和阅读感，文稿按照"吴晓求论文集""吴晓求评论集""吴晓求演讲集""吴晓求访谈集"顺序编排。每一集文稿的编排顺序按由近及远的原则。第一卷"吴晓求论文集"，第二卷"吴晓求评论集"，第三卷至第五卷"吴晓求演讲集"，第六卷"吴晓求访谈集"。为便于阅读和查找文稿信息，在每一卷最后以附录形式附上了本文集其他各卷的目录。

六、《理论逻辑》与 13 年前由中国金融出版社出版的《梦想之路——吴晓求资本市场研究文集》具有时间和思想上的承接关系。不同的是，由于时间跨度大，《理论逻辑》研究内容更为复杂，研究范围更加广阔，篇幅也更大。

七、《理论逻辑》中的论文，大多数是作者独立完成的，也有几篇是与他人合作完成的。在合作者中，既有我的同事，也有我不同时期指导的博士生或博士后。在这几篇合作的论文中，有他们的智慧和辛劳。在大多数我独立完成的论文中，我当年指导的博士生在资料的收集和数据整理中，亦做了重要贡献。他们的名字，我在作者题记和论文注释中都一一做了说明。

八、按照忠实于历史和不改变原意的原则，对收入《理论逻辑》的文稿，作者重点审读了"吴晓求演讲集"和"吴晓求访谈集"的内容，并对演讲（讲座、发言）速记稿、访谈稿的文字做了必要的规范和技术性处理。在收录的 101 篇演讲稿中（包括作为总序的那篇演讲稿），除在两个严肃而重要场合的发言、讲座照稿讲外，其余 99 篇演讲（讲座、发言）稿均是无稿或脱稿演讲后的速记稿，故内容口语化特征比较明显。在收入的 101 篇演讲（讲座、发言）稿中，均删去了开篇时的"尊敬的……"等称呼词和客套语。"吴晓求访谈集"中 52 篇访谈稿的文字均由访谈主持人或记者整理。收入本文集时，作者做了必要的文字校正，有关情况在《作者题记》中已有说明。

九、由于作者在某一时期相对集中地研究某一问题，故在同一时期的学术论文、评论性文章、演讲和访谈内容中，有时会有一些重复和重叠的内容。为保证内容的连贯性和真实性，作者在编辑时，未作删除。

十、文稿的收集和选取是一项非常艰难而复杂的工作。《理论逻辑》的整理工作起始于 2019 年 5 月，耗时一年。由于文稿时间跨度太长，原始文稿收集很困难，阅读和文字校正工作更困难，作者曾一度有放弃整理的想法。新冠肺炎疫情，让我有较多时间审读和校正这些文稿。中国人民大学中国资本市场研究院赵振玲女士以及中国人民大学财政金融学院刘庭竹博士、2018 级博士生方明浩、2017 级博士生孙思栋为本文集原始文稿的收集、筛选、整理、分类、复印、文字录入和技术性校对等工作，付出了辛劳和心智。他们收集到这期间作者的文稿、演讲、访谈多达 400 多篇，作者删去了近 200 篇内容重复、文字不规范的文稿。他们卓有成效的工作是本文集得以出版的重要基础。非常感谢赵振玲女士等所作出的卓越贡献。

十一、《理论逻辑》所有文字稿形成的时间（2007 年 1 月至 2020 年 3 月），是作者一生中最繁忙、最快乐和学术生命最旺盛的时期。白天忙于学校有关行政管理工作，晚上和节假日则进行学术研究和论文写作。中国人民大学宽松而自由的学术环境，中国人民大学金融与证券研究所（中国人民大学中国资本市场研究院的前身）严谨而具有合作精神的学术团队，中国人民大学不同时期学校主要领导的信任和包容，以及同事、家人和不同时间节点的学术助手的支持和帮助，是作者学术研究得以持续的重要保障。

十二、《理论逻辑》的出版，得到了中国金融出版社的大力支持，中国金融出版社组织了得力而高效的编辑力量。

吴晓求

2020 年 5 月 3 日

于北京郊区

作者简历

姓名：吴晓求（吴晓球）（Wu Xiaoqiu）

性别：男

民族：汉

出生年月：1959 年 2 月 2 日

祖籍：江西省余江县

学历：

1983 年 7 月　毕业于江西财经大学　获经济学学士学位

1986 年 7 月　毕业于中国人民大学　获经济学硕士学位

1990 年 7 月　毕业于中国人民大学　获经济学博士学位

现任教职及职务：

中国人民大学　金融学一级教授

中国人民大学　学术委员会副主任

中国人民大学　学位委员会副主席

中国人民大学　中国资本市场研究院院长

教育部　中美人文交流研究中心主任

曾任职务：

中国人民大学　经济研究所宏观室主任（1987.7—1994.10）

中国人民大学　金融与证券研究所所长（1996.12—2020.1）

中国人民大学　财政金融学院副院长（1997.5—2002.1）

中国人民大学　研究生院副院长（2002.8—2006.7）

中国人民大学　校长助理、研究生院常务副院长（2006.7—2016.7）

中国人民大学　副校长（2016.7—2020.9）

曾任教职：

中国人民大学助教（1986.9—1988.6）

中国人民大学讲师（1988.6—1990.10）

中国人民大学副教授（1990.10—1993.6）

中国人民大学教授（1993.6—2006.7）

教育部长江学者特聘教授（2006—2009）

中国人民大学金融学学科博士生导师（1995年10月至今）

中国人民大学二级教授（2006.7—2016.12）

学术奖励：

教育部跨世纪优秀人才（2000）

全国高等学校优秀青年教师奖（2001）

北京市第六届哲学社会科学优秀著作一等奖（2000）

北京市第七届哲学社会科学优秀著作二等奖（2002）

中国资本市场十大年度人物（2003）

首届十大中华经济英才（2004）

北京市第八届哲学社会科学优秀著作二等奖（2004）

中国证券业年度人物（2005）

北京市第十届哲学社会科学优秀成果二等奖（2008）

北京市第十二届哲学社会科学优秀成果二等奖（2012）

北京市第十四届哲学社会科学优秀成果二等奖（2016）

北京市第十五届哲学社会科学优秀成果一等奖（2019）

第八届高等学校科学研究优秀成果三等奖（人文社会科学）（2020）

专业：金融学

研究方向：证券投资理论与方法；资本市场

学术兼职：

国务院学位委员会应用经济学学科评议组召集人

全国金融专业学位研究生教育指导委员会副主任委员

全国金融学（本科）教学指导委员会副主任委员

中国教育发展战略学会高等教育专业委员会理事长

中国专业学位案例专家咨询委员会副主任委员

国家社会科学基金委员会管理科学部评审委员

国家生态环境保护专家委员会委员

中国金融学会常务理事

中国现代金融学会副会长

北京市学位委员会委员

代表性论著（论文及短文除外）：

著作（中文，含合著）

《紧运行论——中国经济运行的实证分析》（中国人民大学出版社，1991）

《社会主义经济运行分析——从供求角度所作的考察》（中国人民大学出版社，1992）

《中国资本市场分析要义》（中国人民大学出版社，2006）

《市场主导与银行主导：金融体系在中国的一种比较研究》（中国人民大学出版社，2006）

《变革与崛起——探寻中国金融崛起之路》（中国金融出版社，2011）

《中国资本市场2011—2020——关于未来10年发展战略的研究》（中国金融出版社，2012）

《中国资本市场制度变革研究》（中国人民大学出版社，2013）

《互联网金融——逻辑与结构》（中国人民大学出版社，2015）

《股市危机——历史与逻辑》（中国金融出版社，2016）

《中国金融监管改革：现实动因与理论逻辑》（中国金融出版社，2018）

《现代金融体系导论》（中国金融出版社，2019）

著作（外文，含合著）

Internet Finance：Logic and Structure（McGraw-Hill，2017）

Chinese Securities Companies：An Analysis of Economic Growth，Financial Structure Transformation，and Future Development（Wiley，2014）

《互联网金融——逻辑与结构》被翻译成印地文和哈萨克语出版。

文集

《经济学的沉思——我的社会经济观》（经济科学出版社，1998）

《资本市场解释》（中国金融出版社，2002）

《梦想之路——吴晓求资本市场研究文集》（中国金融出版社，2007）

《思与辩——中国资本市场论坛20年主题研究集》（中国人民大学出版社，2016）

演讲集

《处在十字路口的中国资本市场——吴晓求演讲访谈录》（中国金融出版社，2002）

教材（主编）

《21世纪证券系列教材》（13分册）（中国人民大学出版社，2002）

《金融理论与政策》，全国金融专业学位（金融硕士）教材（中国人民大学出版社，2013）

《证券投资学（第五版）》，"十二五"普通高等教育本科国家级规划教材（中国人民大学出版社，2020）

中国资本市场研究报告（主笔，起始于 1997 年）

1997：《'97 中国证券市场展望》（中国人民大学出版社，1997 年 3 月）

1998：《'98 中国证券市场展望》（中国人民大学出版社，1998 年 3 月）

1999：《建立公正的市场秩序与投资者利益保护》（中国人民大学出版社，1999 年 3 月）

2000：《中国资本市场：未来 10 年》（中国财政经济出版社，2000 年 4 月）

2001：《中国资本市场：创新与可持续发展》（中国人民大学出版社，2001 年 3 月）

2002：《中国金融大趋势：银证合作》（中国人民大学出版社，2002 年 4 月）

2003：《中国上市公司：资本结构与公司治理》（中国人民大学出版社，2003 年 4 月）

2004：《中国资本市场：股权分裂与流动性变革》（中国人民大学出版社，2004 年 4 月）

2005：《市场主导型金融体系：中国的战略选择》（中国人民大学出版社，2005 年 4 月）

2006：《股权分置改革后的中国资本市场》（中国人民大学出版社，2006 年 4 月）

2007：《中国资本市场：从制度变革到战略转型》（中国人民大学出版社，2007 年 4 月）

2008：《中国资本市场：全球视野与跨越式发展》（中国人民大学出版社，2008 年 5 月）

2009：《金融危机启示录》（中国人民大学出版社，2009 年 4 月）

2010：《全球金融变革中的中国金融与资本市场》（中国人民大学出版社，2010年6月）

2011：《中国创业板市场：成长与风险》（中国人民大学出版社，2011年3月）

2012：《中国证券公司：现状与未来》（中国人民大学出版社，2012年5月）

2013：《中国资本市场研究报告（2013）——中国资本市场：制度变革与政策调整》（北京大学出版社，2013年6月）

2014：《中国资本市场研究报告（2014）——互联网金融：理论与现实》（北京大学出版社，2014年9月）

2015：《中国资本市场研究报告（2015）——中国资本市场：开放与国际化》（中国人民大学出版社，2015年9月）

2016：《中国资本市场研究报告（2016）——股市危机与政府干预：让历史告诉未来》（中国人民大学出版社，2016年7月）

2017：《中国资本市场研究报告（2017）——中国金融监管改革：比较与选择》（中国人民大学出版社，2017年10月）

2018：《中国资本市场研究报告（2018）——中国债券市场：功能转型与结构改革》（中国人民大学出版社，2018年8月）

2019：《中国资本市场研究报告（2019）——现代金融体系：中国的探索》（中国人民大学出版社，2019年7月）

总序：大道至简 ①

40 年来，中国发生了翻天覆地的变化。在庆祝改革开放 40 周年纪念大会上，习近平总书记代表中共中央对 40 年改革开放的伟大成就进行了系统总结。习总书记在讲话中特别强调的这三点，我印象非常深刻：

1. 党的十一届三中全会彻底结束了以阶级斗争为纲的思想路线、政治路线。

2. 改革开放是中国共产党的伟大觉醒。

3. 党的十一届三中全会所确定的改革开放政策是中国人民和中华民族的伟大飞跃。

总结改革开放 40 年，核心是总结哪些理论和经验要继承下去。中国在短短 40 年取得如此大的成就，一定有非常宝贵的经验，这些经验一定要传承下去。

第一，解放思想。没有思想解放，就没有这 40 年的改革开放。党的十一届三中全会是一个思想解放的盛会，因而是历史性的、里程碑式的大会。思想解放是中华民族巨大活力的源泉。一个民族如

---

① 本文是作者 2018 年 12 月 20 日在新浪财经、央广经济之声联合主办的 "2018 新浪金麒麟论坛" 上所作的主题演讲。作者将其作为本文集的总序收入其中。

果思想被禁锢了，这个民族就没有了希望。思想解放能引发出无穷的创造力。在今天，解放思想仍然特别重要。

第二，改革开放。改革就是要走社会主义市场经济道路，开放就是要让我们的市场经济规则与文明社会以及被证明了的非常成功的国际规则相对接。融入国际社会、吸取现代文明是改革开放的重要目标。

第三，尊重市场经济规律。改革开放 40 年来，我们非常谨慎地处理政府与市场的关系。在经济活动中，只要尊重了市场经济规律，经济活动和经济发展就能找到正确的方向。哪一天不尊重市场经济规律，哪一天我们的经济就会出问题、走弯路。这句话看起来像套话，实际上，在政策制定和实施中，是有很多案例可以分析的。有时候，我们经济稍微好一点，日子稍微好一些，就开始骄傲了，以为人能有巨大的作用。实质不然。我们任何时候都要尊重市场经济规律。

第四，尊重人才，特别是要尊重创造财富的企业和企业家。如果你不尊重人才，不尊重知识，不尊重创造财富的企业家，经济发展就会失去动力。有一段时间，我们对是否要发展民营经济还在质疑。我非常疑惑。作为经济学者，我认为，这个问题在 20 世纪 80 年代就已经解决了。为什么到今天，这种认识还会沉渣泛起？这有深刻的思想和体制原因。

我认为，这四个方面是我们要深刻总结的，要特别传承的。

我喜欢"大道至简"。在这里，所谓的"大道"，指的是通过改革开放来建设社会主义现代化国家。到 2035 年，我们要建设成社会主义现代化国家，到 2050 年，要建设成社会主义现代化强国。这就是我们要走的"大道"。面对这样一个"大道"，我们要"至简"，也就是要尊重常识，不要背离常识。我们不要刚刚进入小康，就骄傲自满，甚至还有一点自以为是。

过去 40 年来，我们虚心向发达国家学习，这是一条重要的经验。我们人均 GDP 还不到 1 万美元，还没有达到发达国家最低门槛，未来的路还很漫长，未来我们面对的问题会更复杂，还是要非常谦虚地向发达国家学习，包括管理经验和科学技术。

在这里，"至简"指的就是尊重常识。

第一，思想不能被禁锢。思想一旦被禁锢，我们民族的活力就会消失，国家和社会的进步就会失去源源不断的动力。一个民族的伟大，首先在于思想的伟大。思想之所以可以伟大，是因为没有禁锢，是因为这种思想始终在思考人类未来的命运，在思考国家和民族的前途。

在面对复杂问题时，我们要善于找到一个恰当的解决办法。世界是多样的，从来就没有现成的解决问题的办法，没有现成的经验可抄。面对当前复杂的内外部情况，我们必须根据新问题，不断去思考，找到好的办法。所以，解放思想、实事求是仍然是未来我们所必须坚守的正确的思想路线。这是过去 40 年来最重要的经验。

第二，坚定不移地走社会主义市场经济道路。我们没有其他的道路可走，我们决不能回到计划经济时代，那种经济制度已经被实践证明了，是一个没有效率、扼杀主体积极性的制度。走社会主义市场经济道路，市场化是基本方向。

第三，坚持走开放的道路。习近平总书记在 2018 博鳌亚洲论坛上说："开放给了中国第二次生命，开放给了中国人巨大的自信。"这个自信，是理性自信，不是盲目自信，不是自以为是。开放给了中国经济巨大的活力，中国经济最具有实质性成长的是 2001 年加入世界贸易组织（WTO）之后。一方面，我们的企业参与国际竞争；另一方面，开放拓展了视野，形成了一个符合 WTO 精神的社会主义市场经济体制及其规则体系。开放是一个接口，它让我们找到改革的方向。什么是改革的方向？就是符合全球化趋势、国际化规则，这是我们规则接口的方向。过去 40 年特别是加入 WTO 之后因为我们走了这条方向正确的道路，所以，中国经济腾飞了。开放永远要坚持下去。

第四，要毫不动摇地发展国有经济和民营经济，要始终坚持两个毫不动摇。当前，特别要强调的是，要毫不动摇地支持民营经济的发展，因为在这一点上，有些人是动摇的、怀疑的。20 世纪 80 年代已经解决了这种理论认识问题，也写进了《宪法》。尊重民营经济的发展，其本质就是要正确处理好政府与市场的关系。

这就是 "大道至简"。只要我们坚守这些基本原则，我们就能够找到解决未来复杂问题的思路和方法。

目录

奋力抵达中国资本市场的彼岸   1

注册制与科创板：开启中国资本市场新未来   8

中国金融业未来发展趋势分析   11

结构性改革：中国金融崛起的必经之路   15

中国金融风险结构正在发生悄然变化   18

现代经济体系的五大构成元素   22

金融业发展与人才培养   27

发审制损害了公平   33

关于金融风险的几点思考   37

不能因有风险就停止金融创新   40

亟须重视股票市场的财富管理功能   42

建立投资者适当性制度体系   45

大国经济与大国金融   48

互联网让金融体系"深"起来   50

建立战略新兴产业板 完善多层次资本市场   52

互联网金融：金融改革的战略推动者   55

中国经济世纪增长与金融模式的选择   61

如何推进中国金融体系的结构性改革　　63

关于中国资本市场制度变革和重点问题的思考　　66

可转债是"攻守兼备"的金融产品　　74

理念错位误导了中国资本市场　　80

中国资本市场近期若干改革措施分析　　86

中国金融改革与资本市场发展　　95

改善资本市场政策环境　推动增量资金入市　　101

从全面紧缩转向结构性宽松　　105

宏观经济的远虑与近忧　　108

大国经济需要大国金融战略　　111

中国资本市场的六大作用与五大发展背景　　119

曲折前行二十年，扬帆已过万重山

　　——写在中国资本市场20周年之际　　133

中国经济正在寻找结构均衡的增长模式　　137

构建中国现代金融体系的基石　　140

大国经济与人才培养　　142

资本市场：中国金融崛起之关键　　144

金融高杠杆：何去何从？　　151

8%的增长目标不轻松　　154

关于当前股市的若干看法　　159

全球金融危机与中国金融改革　　161

金融改革没有回头路　　166

关于全球金融危机产生原因的十个问题　　170

大危机之后的大战略　　174

如何认识当前的资本市场　　181

资本市场，在困难和曲折中前行　　　　　　　　　　　186

维持资本市场的稳定发展是当前宏观经济政策的重要目标　　188

控制通胀不能损害经济增长　　　　　　　　　　　　　192

中国资本市场论坛12年　　　　　　　　　　　　　　197

资本市场，中国经济金融化的平台　　　　　　　　　　205

历史视角：国际金融中心迁移的轨迹　　　　　　　　　212

明确政策预期是稳定当前市场的关键　　　　　　　　　216

抓住机遇　实现跨越式发展

　　　——中国资本市场发展的战略思考　　　　　　　219

政策助力资本市场根本性变革　　　　　　　　　　　223

附录Ⅰ　成思危先生与中国资本市场论坛的不解之缘

　　　——深切怀念成思危先生　　　　　　　　　　226

附录Ⅱ　《中国资本市场的理论逻辑》其他各卷目录　　231

后记　　　　　　　　　　　　　　　　　　　　　247

奋力抵达中国资本市场的彼岸

【作者题记】

本文为《中国金融》2019 年第 23 期封面文章，是作者 2019 年 10 月 23 日在清华大学五道口金融学院演讲整理稿的部分内容。

习近平总书记指出，"只有回看走过的路、比较别人的路、远眺前行的路，弄清楚我们从哪儿来、往哪儿去，很多问题才能看得深、把得准"[①]。那么，中国的资本市场是从哪儿来、往哪儿去呢？从哪儿来？历史已经告诉了我们。1990 年，为了闯出一条路，我们建立了沪深两个证券交易所，我国资本市场是从改革中来的。那么要往哪儿去？彼岸在哪儿？在建设一个具有成长性、能够使投资者有很好预期的资本市场的同时，我们还必须知道中国资本市场前行的彼岸，那就是建设全球新的国际金融中心。我们必须为此付出努力。

辨清中国资本市场的彼岸，首先要探究中国为什么要发展资本市场，要发展一个怎样的资本市场，制约中国资本市场发展的因素，以及如何抵达中国资本市场的彼岸等问题。

---

① 习近平在学习贯彻党的十九大精神研讨开班式上发表重要讲话。

一、中国为什么要发展资本市场

只有从现代金融体系的形成和经济持续稳定发展的制度基础去理解中国为什么要发展资本市场，从金融演进的规律、金融结构变动趋势的角度去把握中国资本市场的发展，从金融改革开放具有特别重要作用的角度去设计发展资本市场，我们的资本市场才能够走得更远。

金融体系具有支付清算、资金融通、资源配置、风险消除、信息提供、激励解决功能。在资本市场缺乏或不发达的金融体系中，商业银行承担了最重要的融资功能。如果仅从融资角度看，我们没有必要也很难从理论上得出发展资本市场的必要性。因为，资本市场的融资能力，至少在中国，远比强大的商业银行体系逊色得多。那么，为什么要发展资本市场呢？这里面一定有传统金融体系所不能取代、不能比拟而又特别重要的功能，这个功能对一国金融结构演变和金融体系现代化具有重要的推动作用，就是基于风险分散的财富管理功能。

资本市场发展的基本逻辑是从融资到分散风险、财富管理功能的演变。从广义上说，资本市场不仅包括股票市场、债券市场，也包括股票市场前端的各种创业资本或风险资本业态，它们连接着股票市场，与资本市场有着高度的契合性。如果我们沿着这个思路会发现，资本市场真正的功能不是融资功能，而是促进产业结构升级换代，是推动企业成长的重要力量。这可以从两个角度来看。一是资本市场本身是经济发展和人均收入水平提高之后的产物。新中国的股票市场产生于20世纪90年代初，从经济逻辑来说，那时还难以得出必须发展一个强大资本市场的结论。进入21世纪特别是加入世界贸易组织后，中国经济获得了快速发展，我们才具备了大力发展资本市场的经济基础。二是在资本市场发展早期，通过首次公开募股（IPO）增加上市公司数量、扩大资本市场规模是正常的。此时的资本市场虽然从形式上看表现为融资，其实质已表现为为社会提供多样化的可自由选择的组合资产，这是资本市场的本质。通过资本市场这样一种金融机制，可以丰富社会可交易和可组合的金融资产。

资本市场是现代金融的枢纽。在资本市场这个现代金融的基石和平台上，无论是国有企业还是民营企业，都可以逐步改造成现代企业。没有资本市场，大型国有商业银行的存量风险可能仍然很大。资本市场有利于提高企业的透明度。各国有大型商业银行正是由于纷纷上市才改造成为现代商业银行的。也正是因为上市商业银行整体上比较健康，才决定了中国金融体系的健康发展。与此同时，我们制定了高标准的商业银行监管准则，即中国版的《巴塞尔协议Ⅲ》，银行监管严格按标准进行。上市银行的健康有助于资本市场的良性发展，我们得益于有一个与时俱进、符合现代金融理念的监管准则和体系。

资本市场可以改变风险形成的机制，客观上可以减轻金融体系的风险。资本市场有配置风险的功能，风险随时都在释放。资本市场的发展使得金融风险由存量化变为流量化，从而使风险得以配置，可以管理。资本市场的价格波动实质上是在释放风险。传统金融缺乏分散风险机制，风险就会累积，表面上的平静并不意味着风险不存在。累积到极限就会发生金融机构的破产，这会使社会信心受到严重影响，也可能会演变成金融危机。从这个角度讲，发展好资本市场是非常迫切的使命。有一种观点认为股票价格上涨就是风险的累积，下跌就是风险的释放，这实际上是对资本市场理论和实践的背离。美国是金融市场最发达的国家，也是金融危机发生最多的国家，但是美国的金融体系始终保持着较高的竞争力和弹性。每一次金融危机都是其金融能力的整合过程，其免疫力和能力比危机前还强大。中国金融改革的目标就是要形成一个有韧性有弹性的金融体系。即使出现了金融危机，也会有一种风险释放机制。我们所要建立的金融体系就要有这样的风险组合机制和风险免疫能力，风险过后有顽强的再生能力。为此，就必须进行结构性改革。

二、中国要发展一个什么样的资本市场

这里从对资本市场发展的两个核心理念的认识偏差谈起。

一是上市标准重视未来的成长性。资本市场的本质不应当单纯为融资者服务，而是要保护投资者的利益。投资者来到这个市场，是要对自身的资产

进行保值增值，其收益率至少要超过国债和企业债。在规则和标准层面，企业上市后要有成长性，要考虑未来发展。今天是辉煌的，甚至达到了历史顶峰，定价很高，未来成长性就会很有限，除非有极强的再生能力和极强的创新能力。由于中国一大批创新性企业到海外市场上市，海外市场才有了很好的成长。企业上市只是手段和机制。企业成为上市公司后要注重未来发展，如果只是奔着"套现"而来，那这个企业、这个市场就不会有前途。从这个角度看，推出注册制基础上的科创板意义重大，意味着我们终于找到了发展资本市场的本来含义。科创板对上市公司有特殊的要求，既有产业的要求，也对上市标准作了重新调整，如没有必须盈利的要求，亏损企业也可以上市。资本市场的灵魂是透明度，只要信息公开和透明，应该相信市场会对企业给予合理定价的，投资者行为是理性的。监管最重要的职能就是保证市场上所有的信息特别是上市公司的信息是真实的、充分的，这是资本市场透明度的核心要点。

二是欢迎任何成分的机构投资者。保险资金历来是发达资本市场重要的机构投资者。保险资金虽然也会配置企业债、公司债、金融债和国债，这些固定收益投资，大体能够计算出每年的收益率，但只配置这些还是不够的。保险是以其资产未来的成长性为前提的，没有这个前提就难以实现保险的功能。所以，保险资金必须配置那些流动性好、有较高成长性的资产。资本市场上只要是机构投资者都应该受到欢迎。机构投资者的加入有利于改善投资者结构和市场生态。这对上市公司也是一种压力，机构投资者专业能力强，它们的加入有利于促进上市公司治理结构的改善。

三、如何发展中国的资本市场

建立起中国资本市场发展的逻辑起点后，就不难看清楚应采取的具体措施。

一是重新审视资本市场的法律制度体系。中国资本市场要有科技创新的理念，要有后工业化的概念，要有信息社会的思维。所以，从《刑法》《公司法》《证券法》到股票发行条例、交易规则、并购重组、信息披露、退市准则等都应修订完善。这意味着对资本市场的理解应该有脱胎换骨式的变化。比如，很多高科技企业有其股权结构的特殊性，往往创新能力很强，有很好的未来预期，但如果股份被过分稀释或者要进入的资本过大，创始人就可能被取代，成为小股东或者出局。在制度上一定要想办法让这些掌握核心技术的少数股东掌握公司发展航向。所以《公司法》《证券法》要有一些特殊条款。这是对立法机构的重大挑战，对中国法学界也是重大考验。

二是本着对投资者负责的理念，建立处罚机制严格、处罚标准高的资本市场。现在技术很发达，比较容易查证。一旦出现违法行为，就要让违法者付出高昂的代价。历史上相当长的一段时期内，中国资本市场上虚假信息披露、假并购重组、操纵市场、内幕交易等违法行为屡有发生。实践中，向银行骗取贷款，判刑往往比较恰当。而资本市场的欺诈比银行骗贷所带来的危害大得多，涉及成千上万投资人的利益，以往过轻的处罚是不公平的。对资本市场严重的违法行为不但要罚得违法者倾家荡产，重者还要让其失去人身自由，终身监禁。现代社会是法治社会，制定了法律就要严格执行。因此，法律要修改，违规违法的处罚标准要提高。让投资者、企业家们通过自己的能力合法创造财富。

三是鼓励企业的并购重组行为。长期以来，我们重视 IPO，不重视并购重组对上市公司的价值，不理解并购重组对资本市场成长性的作用，误以为资本市场的成长是通过 IPO 规模扩大实现的。市场真正成长的力量，除来自上市公司自身发展和创新外，更重要的是来自并购重组。世界 500 强企业成为跨国公司多数是通过并购重组实现的。通过对上游资源、下游产品或者横向扩张进行并购重组，可以提升企业的市场价值。资本市场的要义，就在于资本市场有对存量资源再配置、再重组的能力，企业通过并购重组迅速扩大规模，继而提升市场竞争力，提高市场定价能力。企业价值的提升，除了科技创新、自身再生能力提高外，并购重组是最重要的机制。发展中国家资本市场成长的重要力量来自并购重组。

四是提高退市效率。市场上有一些质地很差的上市公司，价格反复大幅度波动，扰乱了资本市场的价值观，扭曲了市场的定价功能，这类企业必须迅速退市。市场要有一个吐故纳新、淘汰落后的机制，以维持市场的正常秩序。只有这样，资本市场才能找到适当的定价标准。

四、中国发展资本市场的障碍

没有发达的资本市场，中国金融会处在落后状态，中国经济也难以有持续发展的动力。增量很重要，用好存量更重要。没有发达的资本市场，我们就没有一个让存量资产有效成长的机制。增量的增加很难让一个国家、让人民富裕起来。社会要有一种机制，让长期累积下的存量资产具有成长性。美国社会为什么积累了那么多财富？是因为其金融体系中形成了一个有效的存量资产成长机制。纽约证券交易所、纳斯达克市场是非常重要的存量资产成长的平台。从科学理性的角度上看，我们的确应当好好思考哪些因素制约了中国资本市场的发展。

第一，可能是法律体系或法律结构。法律体系的不完善在很大层面上制约了资本市场的发展，使那些有成长性的公司在中国市场不能上市，因为这些创新型公司达不到现行的上市标准。

第二，可能是某些文化传统观念。一个民族的文化是在漫长的历史中形成的。在现代社会，如果你特别厌恶风险，可能会失去机会，因为风险与机会是并存的。要得到机会，只有不断提升风险管理能力。在一个正常市场中，不会长期出现风险小而收益大的失衡状态，反之亦然。现代社会的特征就是风险与收益在多层次、多结构中形成动态均衡，市场创造了机会而不单单是带来了风险。从历史演进角度看，文化是在变化的，喜欢在风险中把握机会的人会越来越多，而资本市场适应了这种要求。

第三，可能是语言。有观点认为，英文的交易成本低，中文的交易成本高。英文的招股说明书相对容易，要让外国人做中文招股说明书可能很难。但是，懂英语的中国人越来越多，懂中文的外国人也会越来越多，随着社会的发展，这种交易成本会越来越低。从这个意义上说，我并不认同语言差异是我们发展资本市场一个特别大的障碍。

不可否认，上述三个制约因素都正在改变和完善，但这需要时间，可能比发达国家所需要的时间长很多，但只要有耐心、有毅力，我们就一定能实现目标。

五、中国资本市场的彼岸在哪里

综上所述，中国资本市场的彼岸就是建造新的国际金融中心，成为人民币计价的资产交易中心和财富管理中心。中国的金融市场，上海也好，深圳也好，共同构筑了中国的资本市场，在一个可预见的将来，它们的功能应近似于纽约市场的功能，成为全球重要的财富管理中心。这就是中国资本市场的彼岸。

经济最后的竞争点体现在金融能力的竞争、全球资源配置能力的竞争，以及化解金融风险能力的竞争。彼岸找到了，到达那个彼岸就是中华民族伟大复兴的核心标志。

从时间循环和大历史周期看，这个全球新的国际金融中心非中国莫属。历史演进表明，在全球资本市场漫长的发展过程中，新的国际金融中心正在向中国移动。从16世纪的威尼斯、17世纪的阿姆斯特丹，到18世纪的伦敦，再到19世纪后半叶的纽约，全球金融中心随着国际经济格局的变化而移动。国际金融中心的这种漂移过程与经济规模、经济竞争力、国际贸易都有着密切关系。100多年来，虽然历经了1929—1933年的经济危机，但整体看，美国经济是持续发展的，这成就了美国今天的霸主地位。是什么力量在起作用？不可忽视的是金融的力量，金融市场的力量，更有美元的力量。

今天，我们仍然要保持开放的态度，要善于学习他人的成功经验，成功国家一定有成功国家的秘诀。我们不但要向美国、日本和欧洲等发达经济体学习，也要向印度、非洲等发展中经济体学习。当然，我们也有很多值得别人总结、学习的地方。比如我们如何从一个贫穷、落后的国家发展成全面小康、正在迈向现代化的国家，这些经验值得总结。要实现中华民族崛起的中国梦，我们就必须坚持改革开放，坚持解放思想、实事求是，坚持走社会主义市场经济道路。只有这样，我们才能到达资本市场的彼岸。

注册制与科创板：
开启中国资本市场新未来

【作者题记】

本文是作者为科创板开通运行而撰写的一篇短论文。首刊在《新京报》2019 年 7 月 22 日 B02 版，后被《成都日报》等多家媒体转载。

2019 年 7 月 22 日，科创板正式开通运行。对中国资本市场来说，这是一个历史性时刻。科创板的历史性意义，不在于它在中国资本市场上多了一个板块，甚至也不在它瞄准的是高科技企业和战略新型产业，这一点与运行多年的中小板和创业板并无根本差异，而在于它实行的是注册制。注册制的灵魂是信息的充分披露、市场化定价和责权明晰而对称的外部约束机制。以注册制为新的制度平台的科创板，是中国资本市场深刻的制度变革，是中国资本市场发展理念的重大转型。

具体而言，注册制基础上的科创板，对中国经济社会的推动作用和资本市场的变革与发展的重要意义，主要表现在以下几个方面。

第一，它实现了市场是资源配置的决定性力量这一理念的回归。在中国资本市场近 30 年的发展历史中，我们在发行制度上先后采取了行政审批制和专家核准制。行政审批制是一种典型的计划经济配置资源的模式，中国资本市场的诸多弊端无不与这一发行制度相关联。起始于 21 世纪初的专家核准制，相较于行政审批制无疑是一种巨大进步，它重视专业机构和专业人员在股票发行审批中的作用，但在企业上市标准、发行定价、违规违法成本和监审制度的科学设立等诸多方面仍存在严重缺陷，这种缺陷为日后资本市场的违规违法行为、市场成长性的缺乏以及各种寻租行为埋下了伏笔。科创板所实行的注册制，是一种高度市场化的发行制度，实行定价市场化，关注信息披露和市场透明度，强调企业的成长性，大幅提升违规违法的成本，试图形成一个透明、高效、责权边界清晰而对称的外部约束机制。而这正是发达资本市场国家的成功经验和资本市场的本来制度诉求。

第二，它正在回归资本市场的核心功能。从理论上说，一个国家发展资本市场，既是为企业、为资金需求者提供一种基于市场"脱媒"的融资机制，更是为无论是机构投资者还是个人投资者提供一种资产配置和财富管理的机制，这种"融资"与"投资"的关系，似乎就像一个硬币的两面而难以分割。在我们过往的认识中，特别重视资本市场的融资功能，甚至离奇地认为这种市场化的融资方式是廉价的、无成本的、没有财务和法律约束的，继而漠视资本回报和投资者利益。历史的经验已经说明，任何漠视投资者回报的市场都是没有成长性的，因而难以为继。所以，对资本市场而言，资产的成长性、具有与市场风险相匹配的投资功能是资本市场的核心功能，是资本市场发展具有可持续性和充分竞争力的根本保障。科创板正处在寻找回归资本市场这一核心功能的路途中。回归之路可能曲折而艰难，但方向正确很重要。

第三，它是资本市场实质内涵的回归。资本市场是一种基于"脱媒"而形成的、有别于传统商业银行的市场金融业态。面对传统而强大的商业银行体系，对企业（资金需求者或融资者）而言，资本市场的生命力和竞争力，显然不主要体现在融资的能力和规模上，而主要体现在它创造了一种高度市场化的、收益和风险均衡的、能够满足不同生命周期企业的融资机制的自主选择和组合上。一般而言，按照商业银行的理念和原则，相对成熟的企业会得到银行体系更多的关切和支持，而处在成长阶段中、前期的企业，特别是高新技术企业，由于存在较大的不确定性，信用基础薄弱，信用持续能力差，因而难以得到传统商业银行的信贷支持。这类企业特别是其中的高新技术企业，一方面存在风险的不确定性，另一方面又存在潜在的巨大成长性，这与资本市场风险分散功能和内在要求资产的成长性不谋而合。科创板定位于高新技术企业追赶世界科技前沿和满足国家的战略性需求，客观上顺应了资本市场的实质内涵。这将从根本上改变中国资本市场的功能结构。与实行多年的核准制相比较，注册制基础上的科创板，主要表现在以下五个方面的重要变化或改进。

一是企业股票发行的核许主体不同，将由核准制下证监会发行审核委员会，转变成上海证券交易所科创板股票上市委员会。这一变化不仅仅是主体形式的变化，更重要的是完成了证监会监审分离的制度变革。

二是股票发行定价的高度市场化，彻底告别了核准制条件下人为的定价机制。与发行定价的高度市场化相一致，科创板二级市场的交易结构、报价机制、涨跌度限制以及投资者适度性保护制度均朝着市场化和与市场风险相匹配的方向变化。

三是监管的重心和重点发生了重大变化。科创板的监管重点是信息披露和市场透明度，而不是市场波动；监管的重心将从前台即把握上市公司入市关转向中后台，即上市公司信息披露、市场交易的违规违法行为和事后的处罚。

四是虚假信息披露、欺诈上市、内幕交易、操纵市场等违规违法成本将大幅度上升，将彻底告别轻描淡写、助长违法的处罚机制时代。为此，将彻底修改包括《公司法》《证券法》《刑法》等在内的法律关于违法行为的处罚标准，建立集团诉讼制度，给违规违法者以巨大的法律威慑。

五是上市公司退市制度将大大加快，将建立一套标准清晰、与科创板相匹配的退市标准。在科创板，上市与退市将保持一个相对均衡状态。

我们有理由相信，注册制基础上的科创板，将开启中国资本市场的新未来。

中国金融业未来发展趋势分析

【作者题记】

本文发表于《商业观察》2018 年第 12 期。

中国经济发展成功的经验就是地方政府把工作重点放在经济建设上。改革开放 40 年来，中国能取得如此辉煌的成就，当然我们可以总结经验，特别是邓小平同志所开创的改革开放伟大事业，以经济建设为中心的指导原则。其实还有一个非常重要的支点，40 年来，我们的各级地方政府都把经济工作放在最重要的位置。很多国外的经济学家总结中国在如此短时间内经济能发展得如此成功，其中有一条是地方政府的作用。

我主要讲讲中国金融的发展。改革开放 40 年，中国金融取得了巨大的成就，通过几个指标来看。

第一，比如居民储蓄存款，1978 年末中国城乡居民存款的总额只有 210 亿元人民币，到现在是 68 万亿元。210 亿元到现在 68 万亿元，翻了多少倍，后面多少个零，我们可以计算一下。这是一个数据。

第二，从外汇储备来看，1978 年中国整个国家的外汇储备是 1.67 亿美元，现在稳定在 31 000 亿美元以上，最高的时候达到 39 900 亿美元。可见我们的金融业发展得有多快。

第三，从金融资产规模来看，在改革开放之初，中国整个的金融资产规模大概是 1 000 亿元多一点。

1978 年中国 GDP 是 3 679 亿元人民币，2018 年 GDP 接近 83 万亿元，虽然里面有价格的因素。从几个简单的数据来看，中国金融业发展是多么得辉煌，这也从一个侧面反映了中国金融取得的成就。我们都有一个习惯，首先要看到成绩，因为谈到改革开放 40 年的时候，忽略了成就是完全不对的，我们的成就绝对是第一位的，因为我们创造了人类发展历史上的奇迹。40 年前中国是一个贫穷落后封闭的国家，今天的中国富有生机，不断地开放，走向小康。历史终究成为历史，我们要向历史学习，我们要继承历史上很多很好的做法，总结历史，但更重要的是我们要展望未来。改革开放 40 年过程中我们取得如此大的成就，我们靠的是什么？这才是给我们最大的启迪。

中国金融业虽然取得的成就很大，但是面临的任务更重。把握未来中国金融业发展的时候，我们必须深刻地洞察金融业的未来发展趋势，必须顺势而为，如果是逆势而为那就是倒退，我们必须把握未来顺势而为。我们就要理解金融的未来是什么，趋势是什么。需要认真地研究。无论是金融部门，还是监管部门、政府部门，我个人认为都要对金融的未来有深刻的洞察力，否则我们做的很多事情都是在阻碍中国金融业的进步，都是在阻碍中国金融业的发展。

有的时候短期来看好像是这么回事，好像是为了应对某一项任务采取的措施，但是从长远的角度来看，它不利于中国金融业的发展，是因为我们还没有了解未来中国金融业将向何处去的问题。有几点需要我们理解：

第一，中国金融一定是开放的金融。博鳌亚洲论坛我也在现场，聆听了习近平总书记的演讲。总书记谈到中国整个经济的大门越开越大，特别谈到了中国金融业的开放。中国金融业的开放走了一条和其他国家不同的道路，其他国家的开放是从本国货币机制开始、从汇率机制开始，从而促进了国际资本的流动、推动了本国经济的发展，再推动市场的发展，走的是一条国际通行的道路，但是中国走的是自己的道路。比如说金融机构，人民银行宣布除了商业银行以外的所有金融机构不再设持股比例的限制，商业银行的持股享有同等国民待遇，和国内的投资者持股的比例是一样的。

在纽约要开一个金融机构是非常非常困难的，可见中国是有信心的。当然我们的市场还没有完全开放，我们的市场还是以探索式的开放来做尝试，包括合格境外机构投资者（QFII）、人民币合格境外机构投资者（RFQII），不是全面的开放，而是试错探索式的开放。我们的人民币也没有实现完全兑换的目标，但是我们走的是机构开放的路子。下一步我们的开放还要稳健、低调、坚定地推行人民币汇率制度的改革。

易纲行长最近的发言我非常赞同，中国金融机构的改革要低调进行，不要高调地宣称要替代谁。我们不想替代谁，只是想成为一个完全可以自由兑换的货币，至于未来它将处于什么样的地位，这完全靠我们经济的发展，靠我们法制的水平，靠我们的契约精神来维护人民币信用。随着中国经济实力的不断增强，中国技术水平的不断提高，我们的契约精神和法制水平的不断提升，人民币的长期信用就具有了稳健的基础。也许那个时候在全球货币体系中，人民币可以拥有它的一席之地，因此我们要坚定地推行这项改革。这项改革完成以后，市场的开放就随之而来。所以，中国金融的开放是大势所趋，这是个基本趋势。中国是大国，大国一般都是全球的金融中心。中国未来作为全球性的大国，全球金融中心这个目标也是要实现的。

第二，金融的科技化。这是个基本趋势，因为金融是一种为社会提供服务的机制，金融到最后是一种信息集约的产品。所以，金融的科技化将会广泛地渗透。高新技术等新的技术将会深度地影响金融的基因，进而也会改变中国金融的业态。我们要看到这个基本的趋势，我们不要以为商业银行一定就要做大，商业银行一定要有一个门店，不见得，因为未来新的业态会克服传统金融机构的时空限制。传统金融机构受到时空限制效率是比较低的，新的金融业态将会跨越时空限制，大幅度提高金融的效率。也就是说，我们要正确地看待新的金融业态，不要把新的金融业态看作妖魔，看作新的风险的来源，不见得。就像在物物交换时代，把纸币看成是风险的来源一样，因为纸币人们可以造，实际上有了诚信和很好的技术以后，纸币显而易见比物物交换时代或者比金银货币时代是巨大的进步。金融的科技将使得金融的脱媒速度加快，我们要做的是监管要跟进。我们经常说监管者要不断地理解金融的进步，运动员都已经跑到二环了，监管还在四环，不能让运动员回到四环，监管必须进步，要前移到二环，和运动员保持同样的速度。所以，监管要跟上时代的步伐，不要拖时代的后腿。科技对金融将产生颠覆性的影响，我们对此要有高度的认可。中国金融值得骄傲的地方就是科技金融，就是第三方支付。

第三，中国金融市场脱媒的趋势会加快。之前中国金融市场脱媒被严重地约束了，市场脱媒最后的结果是推动金融市场的发展，特别是资本市场的发展。在相当长时间里中国金融市场脱媒是不快的，受到了观念和体制的约束，所以未来金融会以更快的速度脱媒，金融机构应该理解这样的趋势，要跟上这样一个脱媒的变化。未来中国的资本市场肯定会有很大很快的发展。

第四，中国金融的多元性会客观地存在，而且会不断地多元化。多元主要表现为金融结构的多元性、融资工具的多元性以及金融资产的多元性。不要期望中国金融回到单一金融体系时代，我们要鼓励金融机构进行融资工具的创新，融资工具的创新可以更好地为实体经济服务。没有融资工具的创新，为实体经济提供服务就会难以落实到位。金融机构多元化的趋势最重要的是金融证券化的资产比重将会不断地提升。同时资产的多元性也会呈现出来，这里要特别谈到金融制度的多元性，中国的金融制度有一段时间有很快的创新，最近又被严重地压抑。

我非常赞成李克强总理关于如何减轻实体经济负担的重要讲话，包括金融创新的业态要加倍地保护，因为企业的发展是有周期的，需要不同的金融制度孵化帮助其分散风险，中国的金融远远做不到这一点。我们的高科技产业从成立的那一天开始就要借助金融的翅膀才能飞起来，但是企业在不同的周期需要不同的金融制度加以保障。所以，我们要创造从最传统的商业银行到非常现代的一系列金融业态，最重要的就是要服务于实体经济。

结构性改革：
中国金融崛起的必经之路

【作者题记】

本文发表于《声屏世界·广告人》2018 年第 10 期。

中国改革开放 40 年来，金融业的发展十分迅速——中国外汇储备从 1978 年的 1.67 亿美元增长至如今的 3 万亿美元左右。中国 GDP 从 1978 年的几千亿元人民币发展到如今的 83 万亿元人民币。金融业的发展推动了中国经济的发展，换言之，金融促进实体经济，实体经济是金融的基石，两者之间相辅相成。尽管当前中国的金融规模很大，但其结构性改革不足。金融业的发展不能只看数量的变化，其核心在于结构变化，只有结构变化了，其功能才会得到改善和提升，如盲目地追求总量的扩张，势必会阻碍中国金融业的发展。

一、提升金融服务实体经济的能力

金融结构改革的目的之一就是提升金融服务实体经济的能力，融资服务是金融服务实体经济最初级、最简单的一个功能。除此之外，金融还有更加复杂的服务于实体经济的功能，包括并购重组、存量资源的配置、便捷安全的新支付方式等。未进行结构改革的金融只能为实体经济提供最简单的融资服务，而并购重组，以及一些基于存量资源支付清算服务的功能则非常落后或无法实现。

二、改善金融功能，提高竞争力

金融功能的改善需要通过结构性改革才能完成，融资是金融的早期基础功能，比融资更加重要的是风险配置功能或财富管理功能。评价一个国家金融行业是否发达，最关键的要素就是财富管理功能，而不在于国家融资能力的强弱。如果一个国家的金融体系有很好的财富管理功能，那么这个国家的金融正逐步走向现代化发展模式。如果这个国家的金融主体仍处于提供融资的阶段，那么这个国家的金融行业发展则落于人后。

三、造就金融多样性的结构改革

在不同的领域里，结构性改革被赋予不同的内涵，但是在金融体系里，结构性改革非常重要的一个目的就是造就金融的多样性，任何希望金融回归单一性的想法都是在阻碍金融业的进步，指望靠金融回归单一形态能实现金融的风险控制，这不符合现代金融的理念。金融多样性是评价一个国家金融功能改善，以及现代化程度的又一标志，所以必须通过改革造就金融的多样性。只有金融形态的多样性，才能实现功能的提升和升级，这也是金融多样性改革的重要内涵。

（一）推动金融资产结构的多元化

原来金融资产是单一的，银行的资产占绝对的主导地位。改革开放40年来，虽然金融资产的多样性有所增加，但传统的金融资产占比巨大，必须推动中国金融市场的发展，大力发展资本市场，让市场配置金融资源，从根本上改善中国的金融结构，拓宽储蓄向投资的转化渠道，提高资本形成的效率，降低金融体系风险，促进资本流动的功能，这对中国金融功能的改善至关重要。

（二）推动金融工具和融资工具的多样性

金融结构性改革的核心要点，是要理解融资工具的多样性对实体经济发展的重要性，就如人体中的血管一样，主动脉固然重要，但毛细血管也同样重要，中国的金融总量规模虽然很大，但是如何让它流入实体经济非常重要。金融监管的核心是疏导，是把这些"毛细血管"通过一些必要的措施疏通，推动融资工具的多样性。

（三）推动金融业态的多种化

商业银行固然是中国金融的主体，但要推动中国金融业态的多样化，就要对商业银行进行改革，增加商业银行的外部竞争，如果传统的金融不主动改革，就要为其创造新的竞争力。市场是金融的第一次"脱媒"，科技进入金融之后，改善金融的功能，促成了金融的第二次"脱媒"。金融第二次"脱媒"的重点在于支付方式的改变，虽然商业银行的融资功能难以替代，但是新的支付业态完全可以替代传统的支付业态，这也造就了金融业态的多种化。

当科技植入金融后，我们要认真地把握好中国金融的未来，理解金融的未来以及它的必然趋势，只有坚持中国金融业与实体经济的结构性改革，才能保持其竞争力。

中国金融风险结构正在发生悄然变化

【作者题记】

本文发表于《金融经济》2018 年第 11 期。

不发生系统性金融风险是极其艰难的事情，需要深入的研究，对未来金融趋势的研究不应望文生义，而是应该基于金融的内在趋势以及包括科技在内的其他外部因素对中国金融所带来的深刻影响。

中国三大核心问题之一是不发生系统性金融风险，而且是将其放在首要位置。随着中国的进一步开放，中国的金融风险会变得更加复杂。研究中国金融未来会发生怎样的变化，如何去顺应变化，以及有哪些东西发生了变化，这是一个重要的课题。我们需要对过去、今天，特别是未来的趋势作出清晰的判断和准确的描述，否则就无法守住不发生系统性金融风险这个重要的底线。

一、厘清金融监管改革的理论逻辑至关重要

理论准则是防范系统性金融风险的前提，理论研究是巨大的财富。真正的理论研究不应该是应景式的，而应该是洞察未来的，投其所好的理论研究基本上没有意义，理论研究一定是在所搜集的信息范围内科学地观察并分析中国金融的未来。中国金融的开放步伐显而易见在加快，改革开放是中国的

第二次革命，它将会深刻地改变中国，深入地影响世界。

开放是基本的趋势。中国不可能在封闭条件下做出有世界竞争力的金融，封闭成就不了一个大国，只有开放才能成就一个大国的崛起。开放一定会遇到一些新的外部不确定性，开放既有收益又有风险，两者之间会在更高层次上进行匹配。金融的开放会给中国未来的金融业带来什么新的风险，是一个需要深度研究的课题。金融监管改革一方面是中国金融改革的重要组成部分，它必须随着中国金融基础架构的变化而变化。另一方面，金融监管也是中国金融发展的组成部分，因此需要对金融监管进行思考，并且作系统深入的针对性研究。

目前，中国的金融监管模式和改革目标模式并不清楚，因此厘清中国金融监管改革的理论逻辑至关重要。

二、立体化金融风险推动金融监管改革

现实动因推动金融监管改革，开放和科技的力量使金融底层发生了改变，导致传统的金融监管工具、传统金融架构不能覆盖日益复杂的风险。

首先，中国的金融结构特别是金融资产结构发生了明显的变化，其中非常重要的是中国金融资产结构中证券化的金融资产规模在迅速地增加，比例也在提高，这说明市场脱媒的力量在加大。中国过去的金融体系受到了压力，但政策的趋势仍然是希望成果能回流到银行体系，这里的本质是逆金融趋势的，来自市场的去中间化力量正在促使中国金融的内在结构迅速地发生改变，脱媒是一种趋势。可见，一个大国金融现代化必须走金融脱媒的道路，这是不可阻挡的、基本的道路。

其次，来自科技的力量。没有一个国家科技像在中国这样产生如此颠覆性的影响，这是因为中国市场化程度不够，科技作为新的变量加入之后加快了市场脱媒，而且是以加速度的方式在推动中国金融业态的调整。结构调整和业态调整相互交织在一起，加快了中国金融变革的步伐，慢慢地促使中国金融的功能发生变化，中国金融的功能已经开始由单一的融资功能走向融资、财富管理和风险管理并重的时代。

金融功能和金融业态的变化以及金融资产结构的变化有着密切的内在的关系。随着功能的变化，中国金融风险结构也悄然地发生变化，传统金融功能是以融资为主，金融中介和金融机构是最主要的载体和媒介，通过它完成整个金融活动，这是整个金融过去的情况。因此，传统金融风险主要是来自金融机构的风险，非法集资虽然也存在，但不是标准意义上的金融风险，而是非法的案件，违法的金融现象并不等价于金融风险，金融风险是自然客观的存在。

传统金融风险主要是机构风险，所以监管的重点是对金融机构的监管。《巴塞尔协议》的核心是通过内在资本重组去对冲潜在的风险，使外在风险不至于影响整个金融体系，资本充足率成为最重要的被监管指标，并在此基础上展开其他监管指标的设计。现在中国的金融风险日益变得多元，其中一个是市场风险，因为证券化的金融资产作为财富管理基础类的资产的部分不表现为机构风险，而是表现为市场风险。市场对透明度的要求、对信息披露的要求显得特别的重要。金融产品的性质决定了资本市场基石是透明度监管，因为大部分金融产品具有财富管理的功能，机构投资者包括个人作为财富储备资产组合重要的组成部分，这部分比重在日益提高。于是导致传统风险开始转移，由原来主要是机构风险演变成机构风险和市场风险并重，这个时代的来临意味着中国金融的巨大进步。这是从业态和结构来看，底层的部分发生了重大的变化。

还有一个现象，中国金融开放的步伐加快，将会立体化中国金融二元风险结构，推动中国金融进入复杂的、立体化的风险结构时代。随着外部风险的慢慢进入，特别是随着人民币国际化的推进、中国金融市场的对外开放以及未来中国资本市场成为国际金融中心之后，金融风险变得多元，立体化的风险马上会形成。

三、对接宏观审慎和微观行为监管，大数据助力智能化监管

中国金融的监管应该在底层结构和外部结构发生的变化场景是非常清晰的条件下重新被思考。监管的重点、监管的顺序、监管的架构和监管准则

的设计都要系统式的，包括宏观审慎和微观市场行为监管的合作与衔接。我们既要研究人民银行宏观审慎监管架构的指标，也要研究银保监会和证监会微观行为监管的指标，同时找到这两种指标的转换系数，如果不能实现良好的对接，会导致实际金融功能的衰减。人民银行和其他监管部门发布建立了整个中国金融大数据平台，这就要求风险监管不能只是进行传统意义上的监管，比如现场检查、事后监管等，中国风险监管要进入智能化监管时代，必须充分利用信息技术和大数据平台，设计制定宏观和微观的监管指标转化系数，从而对中国金融风险的波动进行动态的监测。总的来说，中国金融监管的课题非常丰富，大量的内容需要深入地思考和研究，中国金融处在积聚的变革中，不成熟但是在变化，而且过程复杂。尽管包括科技化在内的市场脱媒是基本趋势，但是中国金融传统文化依然形成了独特的影响力。中国金融博大精深，如果能够找到宏观审慎和微观监管的转换系数，这将会非常有趣，这是未来的目标。

现代经济体系的五大构成元素

【作者题记】

本文发表于《经济理论与经济管理》2018年第1期。

习近平总书记在党的十九大报告中强调，我国经济已由高速增长阶段转向高质量发展阶段，正处在转变发展方式、优化发展结构、转换增长动力的攻关期，建设现代化经济体系是跨越关口的迫切要求和我国发展的战略目标。

我认为，中国未来所要构建的现代经济体系，至少应有以下几个重要元素。

第一，现代制造业、现代装备业以及体现现代产业进步的新兴产业，必须要在现代经济体系中占据主导地位。如果用传统的第一、第二和第三产业这种简略的划分方法，中国制造业即第二产业的后端部分一定是越来越发达的，服务业也是非常发达且占比很高的。也就是说，在这样一个产业体系结构中，第二产业后端比重会迅速提升，而后端部分就是科技含量很高的现代制造业和装备业。这样的产业结构将更富有竞争力，传统工业社会产业的比重将会大幅度下降，对过度依赖资源的产业的比例主体会大幅下降，产业的科技水平不断提高，经济结构更加合理。

第二，现代经济体系一定是绿色的、能体现出生态文明的经济体系。过去40年来，中国经济保持了高速增长，这个高速增长的一个显著特征就是它的外延性，对自然资源的过度耗竭、过度使用。自然资源和人口红利以及我国制度改革所焕发出来的动力等多方面因素共同推动了中国经济增长，其中自然资源和人口红利对经济增长的推动作用是明显的、不可否认的。

中国正在进入一个老龄人口占比相对较高的国家行列。随着时间的推移，人口老龄化程度会越来越高，人口红利已经消失或即将消失。当然，我们也没有必要因为人口红利没有以前那么明显或者不再存在就对中国经济很悲观，因为中国经济增长也不完全依靠劳动力优势。人工智能能在一定程度上弥补劳动力短缺问题，科技会在一定程度上弥补劳动力相对短缺的负面作用，也就是说高科技会在一定程度上缓解人口问题对经济增长造成的负面影响。

过去很长时间里，我们的一些主导产业与自然资源高度相关。现在的中国已经不能够承受如此大规模经济体对自然资源的消耗，这种经济发展模式使得我们的生态环境、生存环境受到了严重破坏和威胁，所以绿色的、与自然环境相协调的、生态文明的经济体系是现代经济体系的重要构成要素。

第三，未来中国经济体系应该更多地追求经济增长质量而不是数量，也就是说现代经济体系追求的将是质量和效率。党的十九大报告对到2050年中国的发展战略制定了两步走的战略，其中没有使用过去的百分之多少或者翻几番的增长目标。这表明，我们需要一个相对稳定的增长，更需要一个高质量、高效率的经济结构和经济体系。现有经济体系的社会福利水平需要改善。我们过去一方面追求GDP的增长速度，另一方面追求税收、财政收入的增长。虽然财政收入增长对一个国家非常重要，但是社会在经济增长中享受到的福利水平更重要。所以，我们所追求的经济增长应该提升全社会的福利水平，使全社会享受到经济增长所带来的生活改善和生活质量提升。实际上，这就暗含着经济体系中与人民生活密切相关的产业，比如养老、健康、医疗、教育等，应该有更好的发展。简单追求增长速度，而使我们的生活环境恶化肯定不是我们所需要的。

第四，中国所要构建的现代经济体系一定是市场化的，而不是政府主导的。我们不希望也不会回到计划经济时代，计划经济没有任何优势，计划经济严重扼杀了经济活力。所谓的基于大数据的计划经济作为一种经济制度同样是不可取的。现代经济体系一定是市场化的、相互竞争的，同时也是开放的。中国所构建的现代经济体系绝对不是封闭的，它会沿着更加开放的方向使中国经济与全球经济融为一体，成为全球经济中的重要组成部分。从某种意义上说，中国经济未来应该对全球经济起某种引领作用。

第五，在现代经济体系中起基础作用的是以现代制造业与现代装备业为代表的实体经济，但起核心作用的一定是现代金融体系。我们所要构建的现代金融体系与以前传统金融体系的差别在于，现代金融体系在中国现代经济体系中的作用将会比以往任何时候都更重要，金融在现代经济体系中的核心作用将更加突出。现在我们还不能说中国金融业已经成为中国经济的核心，而且即便成为核心，也不意味着中国金融可以脱离实体经济而发展。在整个经济运行和资源配置过程中，现代金融发挥主导性作用，但是金融创新不能脱实向虚、自我循环、虚假繁荣。同时，现代金融体系对中国经济持续稳定增长、对降低中国经济风险会有很好的促进作用。现代金融体系的核心是分散和管理风险，使实体经济和金融风险处在一个合理配置的状态。

上述五个方面是我对现代经济体系的理解，是我们所要构建的现代经济体系的核心元素。同时，作为现代经济体系核心和基石的现代金融体系，我认为主要有三个方面的特征。

第一，现代金融体系是高度市场化的，金融资源越来越多地通过市场来配置，而不是通过机构来配置，当前金融体系中金融脱媒的力量比以往任何时候都更加强烈。金融不脱媒，中国金融的现代化就完成不了，只有通过市场的力量才可以实现金融的脱媒和现代化。金融体系现代化的重要标志就是在全社会金融资产结构中，证券化金融资产的比重不断提升，证券化金融资产的规模不断扩大，这意味着金融体系将从原来的以融资为主要功能逐步过渡到融资和财富管理并重的时代，这是现代金融体系功能演变的基本趋势。我们现在的金融体系之所以还不是现代的，是因为功能上是落后的，财富管理的功能非常弱，证券化金融资产的规模和比重都相对较小。所以，要通过市场力量，通过脱媒的力量提升中国金融的功能，使金融从相对单一的融资功能过渡到融资与财富管理并重。

第二，现代金融体系一定是高科技的金融体系，科技对金融的渗透将会比以往任何时候更加强烈、更加明显。金融与科技的结合具有无比强盛的生命力和强大的效益。如果没有高科技的植入，全球将永远停留在传统阶段，例如，取款必须要拿着身份证到银行去核查之后才允许，金融服务会受到时空的约束。当科技介入之后，取款转款只需按一下手机就可以了，这就是科技的力量。未来科技对中国金融的渗透将会比以往任何时候更加明显。现在我们已经看出了这种趋势，科技已经或正在改变中国金融的业态，改变金融的基因，甚至改变传统金融理论的分析架构。也就是说，我们过去二三十年学习的那一套理论架构，到了今天你会发现有一半都可能没有用了，因为金融的业态和功能发生了变化，金融的 DNA 发生了变化。例如，金融风险，虽然与以前从表象上看很相似，但实际上 DNA 发生了变化。就如同普通感冒与 H7N9 病毒一样，表现都是流鼻涕、发烧、咳嗽，外在症状相似，但是病毒发生了根本的变化。科技的介入使得原来的一些最基础的概念，比如什么叫货币、谁来发行货币、货币怎么来划分等都发生了变化。所以科技的力量是构建现代金融体系的重要因素。

当前，中国金融在全世界最有影响力的就是科技金融，或者说基于移动互联网的第三方支付。科技使得中国金融中的支付业态发生了革命性改变，这种变化推动了中国经济结构调整，加快了中国经济结构的转型。我们不能认为科技融入金融后风险就增大了，没有证据表明新金融比传统金融的风险更严重，新金融也不可能回到传统金融。人类社会进步的动力就是科技。

第三，现代金融体系一定是开放的。这与现代经济体系是一样的。从某种意义上来说，中国金融是全球金融体系中最具有增长功能的一级，中国金融市场特别是资本市场成为国际金融中心，也是中国构建现代金融体系的题中之义和必然要求。2009 年 5 月，国务院提出到 2020 年，要把上海建设成与中国经济和金融环境相匹配的国际金融中心。这意味着届时人民币可自由兑换一定实现了。人民币自由兑换、自由交易，也是构建现代金融体系的应有之义。2016 年 10 月 1 日，人民币正式加入特别提款权（SDR）货币篮子，权重为10.92%，超越英镑和日元，列第三位，但是作为全球储备货币真正的市场份额没有这么高的比例，未来我们一定有信心超过这一比例。随着人民币国际化和国际金融中心的形成，外国资本可以在遵守中国法律的前提下进入中国资本市场进行投资，开放的、发达的、具有良好流动性的债券市场、股票市场是人民币国际化后的重要回流机制，人民币国际化和国际金融中心的形成是中国构建现代金融体系的第三个必备要素。

展望未来，如果能够顺利构建现代经济体系和现代金融体系，中国经济实现可持续增长就有了充分的保障。

金融业发展与人才培养

【作者题记】

    本文整理自作者在首届（2017 年度）中国金融教育发展论坛上的主题演讲内容，后发表于《中国金融》2017 年第 12 期。

    改革开放 40 年来，我们的金融人才培养对于中国金融业的发展作出了突出贡献。中国金融业能有今天，能成为一个世界性的金融大国，与改革开放近 40 年来金融人才的培养密不可分。但是，如果我们站在更远的将来，站在金融强国的角度，用引领世界金融发展趋势的标准看，中国金融人才的培养之路还很漫长，还有很多问题需要解决，很多的观念和认识需要深化，很多体制约束需要改革。

一、金融资产的膨胀与风险

    今天，中国已经发展成金融大国，虽然我们还不是金融强国。从 1995 年到 2016 年的 20 多年时间，中国金融资产规模增长了近 40 倍，无论是证券化的还是非证券化的，抑或是金融总资产，都有较快增长。按不同口径计算金融资产总规模窄口径 270 万亿元，宽口径 360 万亿元。同时，中国的 GDP 增长也很快，2016 年达到 74 万亿元。这一时期金融资产的膨胀速度大大超过经济增长速度，经济的金融杠杆越来越高。这显而易见隐含了某些结构矛盾和金融风险。习近平总书记在主持中央政治局有关金融问题的学习会上提到，金融安全是国家安全的重要保障。这种大规模的金融资产的膨胀内含着很多风险。如何理解这种结构性金融风险，在金融教学和研究中非常重要。

二、对新概念的疑惑

当今社会，无论金融生活还是金融理论研究，各种新概念、新术语层出不穷，这种现象需要我们认真思考。现在有些人天天在阐释新概念，似乎没有几个标新立异的概念都不好意思，我对此深表忧虑。实际上，从理论研究的角度来看，概念是比较稳定的，不可随意更换、创新。现在人们热衷于谈金融去杠杆。我不知道，如何"去"杠杆？为什么"去"杠杆？我们很难"去"杠杆，只能"降"杠杆或"优化"杠杆。金融本质上就是杠杆，金融自诞生那一天开始，杠杆就出现了。也有人说要把金融风险消除在萌芽状态。实际上，金融风险是消除不了的，更不可能消除在萌芽状态。因为，风险与金融与生俱来。从有金融那一天起，风险就已存在。金融的背后就是风险，没有风险就没有金融。风险就是未来的不确定性。我们能做的是，不要让金融风险变成全面的金融危机。所有的规则和行为包括监管准则、现场监管等都是试图防止这种微观层面的金融风险变成全面的金融危机。防范系统性金融危机，是我们的底线和最重要的任务，并不是说把所有的金融风险都控制住。过度理解风险控制就会得出金融"去"杠杆的荒谬建议。金融的杠杆功能是去不了的，没有杠杆就没有金融，也没有效率。我们唯一能做的是适度"降"杠杆，把风险控制在一定范围、一定程度。

三、金融监管的要义

监管的核心含义是什么？顾名思义，监管就是为了防范金融风险蔓延。但是，监管首先是要观察事物的发展趋势，观测到风险点，要判断这个风险点有多严重，不是说一定就要把这个风险点挑破，制造风险。我们要科学、完整、系统地把握金融风险。这非常重要，并且这种把握一定是站在金融未来发展的趋势角度，而不是站在保护落后的金融状态的角度。要理解，金融是有生命力的；要理解，金融是和科技密切相关的一种业态。也就是说，现代金融的生命力在于科技的应用，没有科技这个心脏就没有现代金融。科技植入金融体系后，金融的业态和风险都会发生变异。这需要认真研究和仔细观察。要对这种变异的风险和传统的风险进行科学比较。如果把这个变异的风险看成是金融危机的来源，那就出了问题。

我们要站在这样的角度，站在金融与科技结合的角度，站在金融未来发展趋势的角度去观察今天金融的一系列问题，才能看得清楚。从过去的角度、用过去的标准去看待不断变化的金融，我们会做错很多事，监管就会成为阻碍金融发展和金融技术进步的力量，就会让本来的潜在风险变成现实中的剧烈的人为风险。

四、理论逻辑的重要性

理论研讨需要我们解放思想。只有解放思想才能找到正确的道路，才能把握正确的方向。在金融人才培养方面，重视理论逻辑能力是非常重要的。所谓理论逻辑能力就是把握事情本来面貌的能力，就是把握事物的过去、今天乃至未来的演变规律的能力。有深厚的理论功力，心中才会有数。学术大家们为什么那么从容，是因为他们有强大的理论逻辑，知道事物朝什么方向发展，万变不离其宗。在我的教学生涯中，我非常反对金融系学生无论是本科生还是研究生都那么重视实习，把实习看成研究生阶段最重要的任务。这么大好的时光跑去实习干吗？有时学生与导师都不熟悉就跑去实习了。我经常在中国人民大学讲，如果中国人民大学金融学科的学生把重点放在实习找工作上，这是中国大学教育的悲哀。我们最重要的时间是要放在理论逻辑的训练上。

我始终认为，金融学领域需要有很深的理论逻辑，如果决策者的理论研究做扎实了，政策混乱的现象就会相对减少。

五、资本市场的核心功能

最近监管部门出台了一些政策对资本市场的收购行为加以抑制，但没有并购重组还叫资本市场吗？资本市场最重要的功能就是并购重组而不是增量融资。如果从量上看，股票市场的增量融资功能远不及商业银行的间接融资有效果，商业银行每年新增贷款八九万亿元，而资本市场新增融资规模最多1万亿元。但资本市场之所以在现代金融体系中处在核心地位，是因为它有存量资源的配置功能，这是商业银行所不具有的。对存量资源的重新配置才是资本市场最重要的功能。增量容易存量难。存量涉及利益结构的调整，世界500强公司大都通过并购重组，实现了资源的整合。

我认为，资本市场发展的重点不能放在IPO上，虽然IPO有它的某些现实性，但是资本市场的核心功能是并购，资本市场的规则重心是推动并购重组。当然，我们必须反对忽悠式虚假并购重组，必须严惩并购重组背后的市场操纵行为，必须打击各种内幕交易，但这并不妨碍我们大力推动合理有序、公平透明的并购重组。与传统金融不同，现代金融不是融资金融。现代金融最重要的功能是风险配置和财富管理，要实现这一功能，就必须推进资产证券化，这样资本才能合理流动，风险才能有效配置，这就是资本市场的作用。

所以，资本市场的很多政策都要从这个角度去思考。比如说，资本市场要发展，就一定要有大量的机构投资者进入。过去天天呼唤机构投资者，但是一旦机构投资者真来了，我们又不适应了。机构投资者中有些是财务投资者，有些是财富管理者，有些是并购者。在资本市场上，门外有些这样的机构并非坏事，它们是市场功能的校正器，是价格形成机制的推动者。在市场力量的推动下，大银行充裕的资金成为中小银行同业存款的主要来源。同业存款的大幅增加，反映出中国金融业的竞争尚不充分。尽管商业银行的同业活动存在这样或那样的问题，我们对此应当加强监管，但不能把它扼杀，否则会影响到小银行的生存。小银行本来信誉就不高，大银行的同业存款就是其重要的资金来源，通过客户的下沉，再找到一个大银行所不能服务的客户群体，完成资源的有效配置。这实际上是中国金融发展到现在的一种必然现象。

六、金融人才培养的五个要素

金融人才培养是个复杂的系统工程，总结自己从教数十年的经验，金融学科在培养理念、课程内容、教学方案等方面要注意五个方面的问题。

第一，理论逻辑能力的训练是金融人才培养的基石。正如前面我所提到的，我们一定要警惕学生热衷于实习这种短视行为。我一向反对自己的学生把心思过度花在"实习"上，甚至为他们急于实习而愤怒。我告诫他们，要把基础打扎实，在校期间要阅读大量文献；基础扎实，自然前途无量。中国人民大学有一个制度，130多个博士点，每个博士点都有主文献。每个博士点精选古今中外50部学术著作、100篇学术论文。这些文献都是经过教授们认真讨论后才确定的。主文献制度主要是让学生了解在这个学科历史上有哪些学者作出过什么贡献，以及这些学者之间的学术关系。学习主文献的过程，就是学生理论素养积淀和学风培养的过程。总之，深厚的理论逻辑是金融人才培养最重要的内容，我们虽然不可能使每个学生将来都成为金融学家，但即便是从事金融实务工作，理论逻辑也是不可或缺的。我们学生中的绝大多数人毕业后都进入金融实际部门，但是从他们后来的职业发展上看，理论素养仍然非常重要。

第二，要培养学生解决复杂实际问题的卓越能力。理论逻辑是基石，卓越的专业能力是培养重点。培养专业能力的核心是培养解决复杂问题的潜能。这种能力需要洞察未来，能够把握问题的原因和实质，能有效制订出解决问题的系统方案。这是人才培养的重点。我们不要求每个学生掌握整个货币结构演变的规律和内在动因，但是我们要求他们了解并把握货币结构变化对宏观经济、金融市场和资产价格的影响。特别是，随着金融和科技的深度结合，新的金融业态不断涌现，如今的金融专业能力也意味着具有运用新科技的能力。如果对科技和金融的结合没有深入了解和把握，在实践中也难以与时俱进。

第三，要有创新动力和风险意识的平衡能力。现代金融没有创新能力是不行的。金融业面对的是需求不断变化的客户，是日新月异的金融技术，所以创新意识、创新能力非常重要。传统金融习惯于让作为客户的融资者、投资者、金融服务的需求者遵循传统金融的规则，而不是主动顺应客户多元化的需求。新的金融业态彻底改变。客户的需求成为新金融变革的主要动力，并以此为基础控制风险。我对两种金融业态都有切身体验，并经常对二者进行观察和比较，分辨它们之间存在的各种差异。比如，从支付体验上看，两种业态的差异尤其明显。现在越来越多的人习惯于微信支付，或者用支付宝进行购物和消费。传统的金融支付虽然也上线了，但操作还是很麻烦，要求打开 APP 输入用户名、输很多密码，有的还必须要插 U 盾，用户感到很麻烦。传统支付的基本逻辑是要保护客户财产的安全，这并没错，但是它对客户体验的便捷性没有足够的认识，以至于在产品和服务创新中往往设置了很多规则，在安全与便捷之间失去了平衡，降低了用户体验的愉悦感，从而把大量的市场机会拱手让给了新型支付机构。对金融从业者来说，风险意识至关重要。风险意识是金融业内人士的安身立命之本，没有风险意识的金融家迟早会灭亡。金融从业者永远不能铤而走险，永远不能有一赌赢天下的冒险之举。风险意识除了技术层面的风险管控和风险对冲外，也包括遵守法律。然而，风险意识也需要科学理解、系统把握。如果理解不当，也会导致在业务发展中畏首畏尾，裹足不前。有些人机械地理解风险意识，以至于无所作为、不思进取、因噎废食。

适度的风险意识是金融人才培养至关重要的内容。但过度强调风险，就会因循守旧，阻碍金融创新和发展。因此，要科学、完整地理解风险，要在推动金融变革和科技进步的基础上，在提高金融效率的基础上，在满足客户多元化需求的基础上最大限度地控制风险。

第四，要有开放的态度和国际化视野。中国是个大国，我们需要学习发达国家的经验，我们要兼容并蓄。因此，开放、包容和学习的态度至关重要。就金融而言，我们要广泛吸收西方发达国家特别是美国关于金融发展和金融监管的一些经验和做法。

第五，金融人才要有敬畏法律的心态和道德底线。对金融从业人员而言，遵纪守法和道德约束至关重要。金融是一个以信用为本的行业，从事金融业的人如果没有诚信就丧失了基本的职业操守。诚实守信和敬畏法律，都是金融人才培养的第一课。

发审制损害了公平

【作者题记】
　　本文整理自作者 2017 年 7 月 8 日出席"中国投资 50 人论坛"时的演讲，发表于《中国经济周刊》2017 年第 30 期。

　　投资者关注的是股票价格的变化，学者关注的是这种价格变动背后的原因和逻辑。资本市场资产价格的定价不是静态的，净值也好，利润也好，现金流也好，都只是股票定价的原始基础与起点，不是它的全部因素。市场定价的主要因素与投资者的市场预期有关，与其他金融资产收益率变量有关系，当然也与经济周期、产业周期有关。

　　如果市场信息披露是充分的（当然这个假定非常难以实现），我们就要认定市场的交易价格是合理的。只能在一种情况下可以怀疑价格，就是信息披露不完整，或市场被操纵。信息披露不完整，是指除了初始信息披露、公司信息披露以外，还应包括市场信息披露，以及核实是否有内部交易、是否有操纵市场等情况。当排除了虚假信息披露，排除了内幕交易，排除了操纵市场行为的时候，就应该认定这个价格是合理的。这个理念非常重要，否则会找不到大家评价市场的基石与准则。

　　从这个意义上说，我并不特别反对大股东或创始人股东的减持行为。我很少对大股东减持发表抨击性看法，除非有证据表明，这个大股东的交易是在虚假信息披露下进行的，或者违背了约定的交易规则，这是他违规了。如果市场真的完整地披露了信息，大股东在遵守减持规则下以一个适当的价格减持，那一定意味着在他看来，这个价格已经有某种泡沫化的成分，与其重置成本相比较，他认为这个交易价格能为他获得一个溢价收益。从这个意义上来说，他的减持有利于市场价格的理性回归。

　　资本市场的存在究竟为了什么？资本市场之所以100多年来在全球都有一个非常蓬勃的发展，一定有其内在的生存逻辑，我想这个内在生存逻辑主要是因为金融需要具有一种对资产和风险进行定价的能力。缺少这种能力，这个金融体系就是落后的，也就很难进行资产重组和存量资源的再配置，也就意味着这个金融体系没有财富管理的功能，资本市场发展对一个国家金融功能升级具有重要的推动作用。一个国家，特别是中国这样的大国，如果没有资本市场，其金融功能就会停留在比较原始的状态，即主要为实体经济提供融资服务的初始阶段。

　　金融要为实体经济服务，融资服务属于初级层次，之后是要升级的，逐渐变成融资和财富管理并重。随着人们收入水平的提高，金融功能的发展重点是财富管理功能不断增强。一国金融工具或金融资产从融资服务到财富管理，是金融体系功能的升级。金融功能的转型靠什么机制来完成？靠发展资本市场服务来完成，靠金融脱媒的力量来实现。

　　在全球性的金融大国中，你会发现一个非常重要的特征，就是人们收入水平提高以后，收入不仅仅要满足当前的消费，也不仅仅要满足投资的无风险收益，更应满足收益与风险在较高层次的财富管理的需求。这就要求形成一种机制，以实现收益与风险在不同层次上的平衡。资本市场恰好提供了这样一种制度和机制安排。

　　坦率地讲，我也认为，资本市场有一个天生的功能，就是财富的再分配，使社会财富能够通过这个渠道流向那些可以更好地让财富为社会服务的机制中去，这是一个趋势。当前中国的财富分化趋势非常明显，较短时间内就发生了显著变化。实际上，中国百亿元富翁，除了极少数外，多数似乎与资本市场有关系。

　　我们要通过一种什么样的机制让这种财富再分配，变得至少从规则层面是合理的，而不能有寻租机制，像我们当年的高考改革那样。1977年之前，中国有一个推荐上大学的机制。两种制度从结果来看都会产生大学生，但是起点的公平性就完全不一样。我们歌颂邓小平同志恢复的高考制度，是因为这种高考制度具有公平竞争的机会。有了公平竞争，才有人才辈出。

我非常反感股票发行的审批制度，这就如同当年推荐上大学一样，从身份上天生地就剥夺了发展的公平机会。无论哪个资本市场，结果都是不一样的，都会出现财富分化，但机会必须是公平的。我们要发展资本市场，一定要想到这一点。像我们要搞市场经济一样，分化一定会出现甚至相当严重。如果我们从结果上来看不公平，就会找不到出路，也找不到解决问题的办法。

只要起点是公平的，信息是透明的，就要相信通过竞争后的结果。这对一个国家的制度设计是极其重要的。在这个问题上要深刻理解，要接受机会公平后的现实。如果不接受现实，只能返回去，这可不行。透明度是资本市场的灵魂，资本市场能不能公平，能不能存在下去，首先在于信息透明，有了透明度，市场才会有公平。

中国资本市场走到今天，为什么会出现一系列扭曲？我看是因为经济母体基因在深刻地影响着它。这个基因从政策、法律、规则上都突出体现了那种与现代资本市场不匹配的因素。

国际金融中心一定是财富管理中心。财富管理要有高度的流动性，人家才肯来。中国要成为世界性强国，就要把人民币作为一种全球性的重要货币，没有一个强大的资本市场，没有人民币国际化的回流机制，人民币国际化难以实现。

要发展资本市场，必须把握住资本市场的灵魂。资本市场与商业银行的核心元素不一样。商业银行风险控制的基石是资本充足，控制不良率。但资本市场不是，资本市场最重要的是透明度。如果缺乏深度理解，监管的重点就会出现偏差。把重点放在信息披露上非常正确。

监管就是监管，不要赋予监管者太多监管以外的职责和功能，否则监管就会变形，就会不堪重负。监管者没有推动市场发展的任务和目标，监管者对于市场发展指数变动、市值管理和市场规模都没有直接责任。监管者的责任就是如何保证市场公平。保证市场公平的前提是透明度，所以，对信息披露和市场透明度的监管，是世界各国市场监管者的核心职责所在。

关于金融风险的几点思考

【作者题记】

有人说，要把金融风险消除在萌芽状态。实际上，金融风险是消除不了的，更不可能消除在萌芽状态。因为，风险与金融与生俱来。从有金融那一天起，风险就已存在。金融的背后就是风险，没有风险就没有金融。风险就是未来的不确定性。我们能做的是，不要让金融风险变成全面的金融危机。本文发表于《文汇报》2017年6月13日005版"时评·国内"栏目。

习近平总书记在中共中央政治局第四十次集体学习时指出，金融安全是国家安全的重要组成部分，是经济平稳健康发展的重要基础。维护金融安全，是关系我国经济社会发展全局的一件带有战略性、根本性的大事。习总书记强调，准确判断风险隐患是保障金融安全的前提。

那么，我们如何理解金融风险呢？

一、不能让风险变成危机

现在，金融生活中或者金融理论研究中有很多新术语，我们似乎进入了一个概念不断创造的时代，似乎天天有新概念、天天在学习新概念、天天在阐释新概念。我对这种概念"不断创造"的现象深表忧虑。实际上，从理论研究的角度来看，概念是比较稳定的，不可随意更换、创新。有人说，要把金融风险消除在萌芽状态。实际上，金融风险是消除不了的，更不可能消除在萌芽状态。因为，风险与金融与生俱来。从有金融那一天起，风险就已存在。金融的背后就是风险，没有风险，就没有金融。风险就是未来的不确定性。我们能做的是，不要让金融风险变成全面的金融危机。

所有的规则和行为包括监管准则、现场监管等都是试图防止微观层面的金融风险变成全面的金融危机。防范系统性金融危机，是我们的底线和最重要的任务，并不是说把所有的金融风险都控制住。金融的杠杆功能是去不了的，没有杠杆就没有金融，也没有效率。我们唯一能做的是适度"降"杠杆，把风险控制在一定范围、一定程度。

二、监管要把握金融发展趋势

我经常在想有些词的核心含义，比如说"监管"。监管的核心要义是什么？监管显然是防范金融风险蔓延的重要屏障。但是，监管首先是要观察事物的发展趋势，观测到风险点，要判断这个风险点有多严重，不是说一定就要把这个风险点挑破，制造风险。我们要科学、完整、系统地把握金融风险，并且这种把握一定是站在金融未来发展的趋势角度，而不是站在保护落后的金融状态的角度。要理解，金融是有生命力的；要理解，金融是和科技密切相关的一种业态。也就是说，现代金融的生命力在于科技的应用，没有科技这个心脏，就没有现代金融。科技植入金融体系后，金融的业态和风险都会发生变异。这需要认真研究和仔细观察。要对这种变异的风险和传统的风险进行科学比较。如果把这个变异的风险看成是金融危机的来源，那就出了问题。

因此，站在金融与科技结合的角度，站在金融未来发展趋势的角度去观察今天金融的一系列问题，才能看得清楚。

三、现代金融不是融资金融

资本市场的并购重组是其最基本、最核心的功能，没有这个功能，资本市场就没有生命力，也就没有存在的价值。资本市场的规则重心是推动并购重组。我们当然反对虚假并购重组，反对操纵市场基础上的并购重组，反对内幕交易，但我们必须推动合理有序、透明的并购重组。中国要建立现代金融，一个非常重要的任务就是推动资本市场的发展。资本市场不发展，并购就很难，也就难以建设现代金融体系。现代金融不是融资金融。传统金融主要是融资金融。现代金融最重要的功能是风险配置和财富管理。要完成风险配置和财富管理，就必须推进资产证券化。这样，资产才能流动，风险才能配置，这就是资本市场的作用。

所以，资本市场的很多政策都要从这个角度去思考。比如说，资本市场要发展，就一定要有大量的机构投资者进入。机构投资者有些是财务投资者，有些是财富管理者，有些是并购者。又比如，同业存款大幅增加，这实际上是中国金融发展到现在的一种必然现象。大银行有国家信用作担保，负债廉价而充足，又缺少有效的投资渠道，于是这些大银行充裕的资金就成为中小银行同业存款的主要来源。同业存款的大幅增加，反映出中国金融业不充分的竞争。

四、要科学完整地理解风险

金融人才有个意识至关重要，是永远不能忘记的，那就是风险意识。风险意识是金融人才与生俱来的禀赋，没有风险意识的金融家迟早会踏上不归路。所以，金融人才 DNA 中的风险意识是不可或缺的。我们永远不能铤而走险，永远不能有一赌赢天下的冒险之举。风险意识除了技术层面的风险管控、对冲外，也包括遵守法律。

风险意识如果理解不当，也会导致金融裹足不前。有些人机械地理解风险意识，以至于无所作为、不思进取。就像出门有可能会被车撞到，因此选择宅在家里，这就走向极端了。这样的风险意识是僵化的。显而易见，我们还是要出门，而且要开车出门。从概率上看，开车出门肯定比在家被车撞到的概率要大，但是效率大大超过潜在风险。因此，不能把风险意识作僵化理解，那样的话，金融就没有效率，更谈不上进步。要科学、完整地理解风险，要在推动金融变革和科技进步的基础上，在提高金融效率的基础上，在最大限度地满足客户需要的基础上来控制风险。

不能因有风险就停止金融创新

【作者题记】

本文发表于《金融经济》2017 年第 9 期卷首语。

现在有一句话传播很广，说"金融要为实体经济服务"，还有一句话叫"脱虚向实"。这些话实际上是说实体经济是一个国家的基础，也是金融发展的基石，这个逻辑本身没有问题。但细细想来，比如金融要为实体经济服务，在政策层面，就会变成为实体经济提供融资，哪里有融资困难，金融就要为它提供融资服务。

至于"脱虚向实"，一些研究者认为这个"虚"指的是中国经济的金融化过度了，所以要"脱虚向实"。其实现在供给侧结构性改革的背景，是实体经济在大多数领域都是产能过剩。"脱虚向实"如果转到医疗教育还可以，因为存在短缺，但是如果想到传统的实体经济比如制造业就很困难，因为已经产能过剩了，需要去产能。也有人说这个要向新技术、新产业里走，实际上那些地方还真不缺资金，因为那原本就是资本追逐的产业，比如人工智能，很多资金蜂拥而至。这些领域你别愁，资本是逐利的，灵敏度很高，闻一闻就知道哪个地方能赚钱。

与"脱虚向实"差不多的还有金融要为实体经济服务，我觉得这个提法本身没有问题，但要看怎么服务。如果说金融仅仅是为实体经济提供融资服务，这是没有问题的，因为那些新兴的成长性很好的产业资本会自动进入，传统的也没有必要进入，没有必要给它提供融资，因为似乎产能过剩了。

金融为实体经济服务应从更深的层面去研究。首先是提供更高层面的服务，比如提供并购服务。因为企业要不断发展，我们看看全球 500 强中相当多是通过市场并购完成的。金融为实体经济服务很重要的是为这些企业的扩张提供一个很好的金融手段，包括并购的机制。一个国家的金融结构要改革，如果只是停留在融资服务上很难为实体经济服务好，所以要推动金融的结构性改革，同时要发展资本市场，提供并购服务，这是更高层面的服务。

其次，要为这些未来新的主导产业提供金融服务。这个金融服务就是提供一种分散风险的服务。一种新技术要变成未来的新产业，中间充满了不确定性和风险，实际上金融制度的改革就是要为新技术转变成新产业的过程提供保障，这个保障就是分散风险的金融服务。

最后，金融为实体经济服务还要为实体经济的资产提供定价的功能。一个企业值多少钱，怎么进行定价，不是人们主观上的定价，而是需要市场定价，有了定价，金融才能交易。所以，从这个意义上说，要让金融对风险有定价的能力，这个市场才会很快地发展起来。有了对风险的定价，金融交易才能成为可能，有了金融交易，实体经济就活跃了。

不能因为新的风险出现就停止金融创新。这些看似比较朴实的提法，里面包含很深的道理，一定要体会。中国金融领域缺什么呢？

无论是个人还是企业，特别是小微企业、中低收入阶层，缺少适当的金融服务，一是需要财富管理服务，二是需要资金和融资服务。这两个需求群体非常庞大，但又很难得到这些金融服务。

中国金融需要大力发展，只有通过改革开放才能完成。在这个过程中风险会发生很大的变化，金融风险和金融业态是相伴随的。不同的金融业态有不同的金融风险。在创新的过程中，也许会有新的风险出现，我们不能因为有新的风险出现就停止金融的创新，只要新的金融功能能够覆盖新的风险创新就值得。

亟须重视股票市场的财富管理功能

【作者题记】

　　本文认为，资本市场的核心功能是实现资产和风险的合理定价，其基础在于公平透明的交易制度。监管者没有推动市场发展的任务和目标，对信息披露和市场透明度的监管是世界各国市场监管者的核心职责所在。本文发表于《清华金融评论》2017 年第 9 期。

　　一般而言，投资者关注的是股票价格的变化，学者关注的是这种价格变动背后的原因和逻辑。资本市场资产价格的定价不是静态的，净值、利润、现金流等都是股票定价的原始基础与起点，但不是其全部因素。总而言之，市场定价的主要因素与投资者的市场预期有关，与其他金融资产收益率变量有关系，也与经济周期、产业周期有关。如果市场信息披露是充分的（这个假定非常难以实现），我们就认定市场的交易价格是合理的。也只能在两种情况下怀疑价格：信息披露不完整或市场被操纵。其中信息披露不完整包括初始信息披露、公司信息披露，也包括市场信息、内部交易信息和虚假信息披露等。排除了内幕交易和操纵市场行为时，就应该认定这个价格是合理的。这个理念非常重要，否则会找不到评价市场的基石与准则。从这个意义上来看，我们要理性看待大股东或创始人股东的减持行为。除非有证据表明大股东的减持交易是在虚假信息披露下进行的，或者违背了约定的交易规则时其必然违规。但如果市场真实完整地披露了信息，大股东在遵守减持规则下以一个适当的价格减持，那一定意味着在他看来这个价格已经有某种泡沫化的成分，与其重置成本相比较，这个交易价格能为其获得一个溢价收益。大股东的减持行为一定意义上有利于市场价格的理性回归。

从更深层次来思考，资本市场的存在究竟为了什么？从全球市场来看，资本市场产生 100 多年来，在各国都有非常蓬勃的发展。其内在的生存逻辑主要是金融需要具有对资产和风险进行定价的能力。若缺少这种能力，整个金融体系就是落后的，也就很难进行资产重组和存量资源的再配置，也就意味着这个金融体系没有财富管理的功能。在这个内生逻辑之下，资本市场的发展对任何一个国家金融功能升级具有重要的推动作用。特别是中国这样的大国，如果没有实现资产和风险市场化定价的资本市场，其金融功能就会停留在比较原始的状态，即主要为实体经济提供融资服务的初始阶段。

金融当然要为实体经济服务，不过融资服务仅属于初级层次。随着实体经济融资需求的提升以及提供融资的投资者财富的积累，整个金融服务是要升级的，要逐渐变成融资和财富管理的并重，金融功能的发展重点则是使整个金融体系的财富管理功能不断增强。一国金融工具或金融资产从融资服务到财富管理是金融体系功能转型升级的体现，这主要靠发展资本市场服务来完成，靠金融脱媒的力量来实现。

全球性的金融大国都有一个非常重要的特征，就是人们收入水平提高以后，收入不仅要满足当前的消费，也不仅要满足投资的无风险收益，更应满足更高层次上收益与风险在不同水平相互匹配的财富管理需求。这就要求金融市场需要形成一种机制，以实现收益与风险在不同层次上的平衡。资本市场恰恰提供了这种制度和机制安排。资本市场一个天生的功能就是财富的再分配，使社会财富能够流向可以更好地让财富为社会服务的机制中去。这也是社会金融体系发展的趋势。

当前，中国的财富分化趋势非常明显，较短时间内就发生了显著变化。实际上中国的百亿元富翁中除了极少数外，多数与资本市场有关系。我们需要通过一种完善的机制让财富实现再分配，变得至少从规则层面是合理的，而不能有寻租机制。资本市场的效应必然会出现财富分化，但机会一定且必须是公平的。正如改革开放走市场经济道路，财富的分化也一定会出现一样。但若在制度设计不公平或者公平制度缺失的情况下，这种贫富分化反而会更为严重，且会造成一定的"劣币驱逐良币"的恶性循环。因此制度设计一定要机会公平。只要起点是公平的，信息是透明的，就要相信通过竞争后的结果。这对任何一个国家的制度设计都是极其重要的。同时必须深刻理解并接受机会公平之后的现实。

总而言之，透明度是资本市场的灵魂，资本市场能否公平，能不能存在下去，首先在于信息透明，有了透明度，市场才会有公平。反观中国资本市场，如今出现了一系列扭曲的现象，除了经济转型的影响之外，有一些政策法规等未能及时跟上，使中国资本市场的发展表现出一些与现代资本市场不匹配的因素和特征。而国际金融中心一定是财富管理中心。财富管理要有高度流动性，人才才肯来。因此中国要从大国成为世界性强国，构建现代化的以资本定价机制为核心的资本市场已迫在眉睫。同时在人民币国际化的进程中，要把人民币作为全球性的重要货币，若没有一个强大的资本市场和人民币的回流机制，人民币国际化也难以实现。

目前中国资本市场监管层已理解了资本市场的核心功能，正在把握资本市场的灵魂。值得注意的是，资本市场与商业银行的核心元素不一样，商业银行风险控制的基石是资本充足，控制不良率。但资本市场最重要的是其透明度，如果对此缺乏深度理解，监管的重点就会出现偏差。监管就是监管，不应赋予监管者太多的监管以外的职责和功能，否则监管就会变形而不堪重负。监管者没有推动市场发展的任务和目标，监管者对于市场发展指数变动、市值管理和市场规模都没有直接责任。其责任就是如何保证市场公平，而保证市场公平的前提是提高市场透明度，所以对信息披露和市场透明度的监管，是世界各国市场监管者的核心职责所在。

建立投资者适当性制度体系

【作者题记】

本文发表于《上海证券报》2016 年 9 月 12 日第 009 版·专版和《证券时报》2016 年 9 月 12 日第 A05 版。同时，被《中国证券报》2016 年 9 月 12 日第 A01 版和《证券日报》2016 年 9 月 12 日第 A03 版·专题刊登。这四家证券报同时刊登此文，用了不同标题。

今年 9 月 9 日，中国证监会就《证券期货投资者适当性管理办法》（以下简称《办法》）公开征求意见。《办法》从投资者分类、金融产品分级、经营机构适当性匹配以及监管措施和法律责任等方面，全面、系统地阐述了投资者适当性管理制度。《办法》的出台，是我国资本市场制度建设的重要组成部分，是对现有投资者适当性制度体系的一次重要完善，也是落实"依法监管，从严监管，全面监管"要求的具体体现。

依据国际通行定义，投资者适当性管理是指金融中介机构所提供的金融产品或服务应当与客户的财政状况、投资目标、风险承受水平、投资知识和经验相匹配。从本质上看，投资者适当性管理属于投资者保护范畴。投资者适当性制度的建立，旨在保障投资者进入金融市场初始环节的合法权利。

从初创到成长的 20 多年，无论从规模体量还是体制机制来讲，我国的资本市场建设都取得了巨大成就。然而，在资本市场发展过程中，对投资者的保护是不足的。我们应当明确一个理念，即资本市场是投资者进行资产配置和风险分散的市场，对于投资者的保护是资本市场制度建设的重中之重。在我国资本市场中，以中小投资者为主的投资者结构将长期存在，不同投资者对于市场的认知、产品的理解、风险的把控与承受能力存在巨大差异，而证券期货市场瞬息万变，产品种类多样，结构日渐复杂。经营机构开发客户、销售产品的冲动与投资者处于信息相对弱势地位的冲突，决定了监管部门构建投资者适当性管理体系的重要性。依据不同投资者的特点，匹配合适的产品，对于保障中小投资者合法权益，引导市场健康、有序发展具有重要意义。

自 2009 年以来，经过多方共同努力，我国资本市场投资者适当性制度建设日渐完善，创业板、金融期货、融资融券、股转系统、私募投资基金等市场、产品或业务，依据各自特点，建立起有针对性的投资者适当性管理办法和制度，对于保护投资者权益发挥了积极作用。但是，从证券期货行业的角度看，现有的法规制度专注于细分市场或产品，相对零散、独立，对于经营机构的适当性义务规定不够系统和明确，同时缺乏统一、清晰的监管底线要求。可以说，更具基础性和一般性，适用于指导全行业的投资者适当性管理的基础性制度依然缺位。《办法》的出台填补了投资者适当性管理制度中基础性制度的空白，它从全局性、规范性的角度出发，以严格落实经营机构的适当性义务为主线，从基本理念到分类标准、监管准则，为各市场、产品、服务的适当性管理提供统一、基本的依据，与现有制度共同形成结构完整、层次清晰、有分工又相互衔接的适当性管理制度体系，成为投资者合法权益的重要制度保障。

就具体内容来看，《办法》提出对投资者进行分类，对风险产品进行分级，对适当性管理的各个环节进行从严规范。《办法》明确规定经营机构的适当性责任，要求经营机构在了解、把握投资者风险认知和承受能力、产品风险性的基础上，履行适当性的各项义务，实现将适当的产品销售给适当的投资者，从而保护投资者合法权益的目的。另外，鉴于普通投资者与专业投资者在知识储备、风险认知与承受能力方面的巨大差异，《办法》着重强调对普通投资者利益的保护。《办法》还加强了对违规机构及个人的监督管理和责任追究，确保经营机构自觉落实适当性义务，真正发挥适当性管理制度的积极作用。

总的来说，《办法》构建了一系列切实可行的制度安排，通过强化经营机构的适当性责任，向投资者提供有针对性的产品和差别化的服务，保护投资者尤其是普通投资者的合法权益。另外，《办法》强化了监管职责和法律责任，对经营机构的适当性义务进行了明确、统一的规定和要求，通过监督管理、行政处罚和市场禁入等措施，保证相应规则和制度的落实。

投资者适当性制度是资本市场的一项基础制度，也是落实投资者保护的重要环节。《办法》作为资本市场的一项基本制度规范，和已有各项制度共同构成投资者保护的法律体系，为切实保护投资者合法权益、约束金融服务机构短期行为冲动、增强经营机构长期竞争力以及监管部门的监督追责提供基本依据。《办法》的出台，是近期我国证券监督管理部门加强资本市场制度环境建设、重视投资者利益保护的监管理念的集中体现，对于推动我国资本市场体制机制建设和完善，实现资本市场长期、健康、稳定发展具有重要意义。

大国经济与大国金融

【作者题记】

本文发表于《人民日报》2015 年 2 月 17 日第 10 版，标题略有变动。

中国经济是大国经济，要有与之相匹配的大国金融。发达、开放、具有国际金融中心地位的资本市场是中国大国金融的核心元素，这是建设大国金融的基石。

中国是个大国，必须构建与大国经济相匹配的大国金融。中国所要构建的大国金融必须具有以下结构性元素：一是发达、透明、开放、流动性好的资本市场。这样的资本市场具有资源特别是存量资源调整、风险流动和分散以及经济增长的财富分享机制等三大功能。二是具有市场化创新能力和能够满足客户多样化需求的金融中介。三是发达的货币市场。通畅的货币市场主要负责流动性管理，它与商业银行一起形成大国金融的血液循环系统。四是人民币的国际化。这不仅包含人民币的可自由交易，还包括人民币成为国际重要储备性货币。

四大结构性元素中，资本市场处在核心、基础的地位，发达、开放、具有国际金融中心地位的资本市场是中国大国金融的核心元素，这是建设大国金融的基石。经过 24 年的发展，中国资本市场已是具有 2 600 多家上市公司，到 2014 年末市值超过 37 万亿元人民币，主板、中小板和创业板并存的全球市值第二大市场。但无论在资源配置的市场化程度、信息披露和透明度、市场投资功能和法制建设等方面，还是在开放与国际化方面，都与国际金融中心的要求存在巨大差异。

下一步，中国资本市场改革的重点是以股票发行注册制为重点的市场化改革。推进市场化改革的目的，是要让市场在发行上市、并购重组和退市机制等资源配置过程中发挥决定性作用，让市场有序合理地引导证券化金融资源的流动和配置，不断提升资源配置效率，提高市场透明度。

其次，现行并购重组规则遵循的是核准制条件下的审核程序，复杂而冗长，责权不清晰。要按照注册制的改革思路调整现行并购重组的规则和程序，就要从过去的实质性审查过渡到简化程序、明确标准、强化责任、事后监管的并购重组规则上来。

还要制定清晰、可操作的退市标准并严格执行。严格而有效的退市机制，是市场具有投资价值的重要保障，也是市场保持足够吸引力、抑制疯狂投机的重要机制。

最后必须推动债券市场的发展和改革。从中国的现状看，债券市场是个短板，严重阻碍了资本市场的国际化，成为制约中国资本市场成为国际金融中心的重要约束力量。

同时，还必须对包括《证券法》在内的与资本市场有关的法律、法规进行相应调整和修改，必须改革与资本市场投资资金来源相关联的资金管理规则和政策。此外，由于各种社会形态的资金是市场的稳定器，要允许甚至鼓励一些社会形态资金进入资本市场投资。

互联网让金融体系"深"起来

【作者题记】

本文发表于《人民日报》2014 年 4 月 25 日 005 版"评论"栏目。

一项金融制度，一种金融产品，如果能受到大量融资者的欢迎，一定是它的"对面"有欠缺，难以提供这种金融服务。大国经济有很多的标识，包括总量规模、产业结构、贸易、人才与法制，其中非常重要的指标是金融体系。与大国经济相适应的大国金融，应当具有什么样的特点？这应是我们今天按照中央要求，"促进互联网金融健康发展"的前置考题。

完善的金融体系至少需要三个方面的支撑。一是有足够的窗口，它的融资和投资活动有广泛的平台，同时这个体系是透明的，让市场参与者拥有充分的选择空间。二是有足够的长度和宽度，不仅在国内配置资源，还可以延伸到国际来配置资源、分散风险。三是有足够的深度，没有深度的市场出现不了航空母舰，这里指的就是市场化的程度。

以此三点来检视中国金融领域的改革，不难看出，我们最缺乏的仍是金融市场化的深度。从这个战略层面来思考，中国经济要想维持百年的成长，完成现代化的目标，成为一个伟大的市场，构建一个充分开放、透明、竞争性的现代金融体系至关重要。当下，最为紧迫的改革突破口，就是完善金融市场体系，丰富金融市场层次和产品，让我们的金融体系足够"深"。

时至今日，中国的利率市场化仍在加快推进之中。可喜的是，2013 年从外部促进这一变革的新兴力量出现了，正是互联网金融。之所以将其视为推动金融市场化改革的重要一环，不仅在于几家民营资本的鲇鱼效应，更关键的是它触动了金融改革的根本问题。其中，包括利率的市场化、金融产品的创新，特别是服务对象的质的转变。

在部分金融企业中，一直以来存在为大企业服务、为富人理财的不良倾向。如何转向"普惠式金融"？互联网金融的出现，使小微企业获得融资的机会、中低收入群体进行财富管理的机会，都纷纷增进了。这背后，乃是互联网金融更强调的"一切为客户考虑"的市场化思维——你需要什么，我创造什么。

这些，与传统商业银行的"基因"是完全不同的。一项金融制度，一种金融产品，如果能够受到大量融资者欢迎，一定是它的"对面"有欠缺，难以提供这种金融服务。所以，当互联网金融把客户体验的快捷、灵活、高效放在首位，就如同"电商模式"对传统店铺的颠覆一样，形成了金融领域市场化的变革，逐步呈现商业银行、资本市场之后的第三代金融业态。

当我们以更加开放、包容的姿态推动互联网金融业发展时，不要忘了，任何金融类活动都有风险。互联网的风险更为特殊，这种风险是衍生性的，与传统的金融风险有根本差别，比如透明度，这就要求我们必须深入研究，特别是对于监管的标准是什么一定要搞清楚，因为只有明确了内部的风险结构与特点，才能让监管标准去对冲特定的金融风险。

中国金融体系的改革走过了30多年，市场的改革方面仍有不完美的地方。经验与教训告诉我们，一是让企业成为真正的市场主体，二是价格要由市场供求关系来决定。中国金融改革必须遵循这两条铁的规律。

建立战略新兴产业板
完善多层次资本市场

【作者题记】

本文发表于《第一财经日报》2014年4月22日A09版"金融投资"栏目。

当今世界新技术、新产业迅猛发展，孕育着新一轮产业革命，新兴产业正在成为引领未来经济社会发展的重要力量，世界主要国家纷纷调整发展战略，大力培育新兴产业，抢占未来经济科技竞争的制高点，以纽约证券交易所、伦敦证券交易所为代表的全球传统证券交易所也纷纷开设新的独立板块支持新兴产业发展。为了加快转变经济发展方式，加快建设创新型国家战略目标，充分发挥市场在资源配置中的决定性作用，我国多层次资本市场建设必须要跳出现有格局和既有思维的约束，从为实体经济服务的角度，大力鼓励竞争、提高效率、破除积弊，进行一场全面深入的改革。

一、多层次资本市场结构问题

第一，证券市场建立的初衷是支持国企改革，此后为推动民营经济发展，开始允许更多民营企业上市。2000年后，为了支持科技创新，我国相继推出中小板和创业板。近几年，政府的支持重点转向中小企业融资问题，因此催生了场外市场的发展。可见，每个新的市场层次的建立都是为了解决当时所面临的问题，带有"补课"的性质，缺乏一个全局性的顶层设计。

第二，我国主板、中小板与创业板市场在融资与再融资、交易制度与投资者准入等方面的要求与标准大致相同甚至完全相同，并未体现出不同市场层次之间的差异性，从而导致不同层次市场之间无法形成比较自然、合理的分层，多层次资本市场无法与多元化实体经济实现有效对接，资本市场有效服务实体经济的能力较低。

第三，随着中国经济转型进程的日益推进，近年来上海证券市场的服务功能几乎停滞，影响了上海作为金融中心服务实体经济的能力。据统计，在过去的 10 年间，上海证券交易所新增上市公司数量仅为 276 家，过去 6 年仅为 104 家，而英国伦敦、美国纽约、中国香港和新加坡在过去 10 年中的新增上市公司数分别高达 2 932 家、1 128 家、701 家和 503 家。上海证券市场服务新公司上市的能力基本处于闲置状态，而且在现有多层次体系格局下后续上市资源日益枯竭，服务实体经济发展的作用将不断弱化。

二、服务创新企业融资需求

从顶层设计出发，未来我国多层次市场的格局应当是纵向层次清晰、差异互补，横向打破分割、鼓励竞争。

第一，建议在监管部门主导下，建立清晰的多层次市场划分标准，避免不同层次间"同质化"无效竞争。同时，为支持经济结构调整和转型升级，各层次的准入标准应适当放宽和下移。这样，一定程度上可改善沪深交易所每年新上市公司家数比例严重失衡的局面，更多的中小企业和创新企业将有机会登陆资本市场。

第二，处理好主板市场和其他层次市场平衡发展的关系。在多层次资本市场中，主板市场是多层次资本市场的"压舱石"。然而，与近期中小板市场、创业板市场和场外市场"如火如荼"的景象形成鲜明对比的是，主板市场发展停滞不前，缺乏应有的吸引力和活跃程度。当前，迫切需要通过相应的制度和产品创新重构蓝筹股市场的生态体系，提升蓝筹股市场吸引力，实现多层次资本市场的协调发展。

第三，从市场结构和设计政策倾向上看，应支持战略性新兴产业发展。

当前，中国正在积极探索新的经济发展方式，由主要依靠投资拉动发展，向创新驱动发展转变，对多层次市场服务水平提出了更高要求。从国内现实来看，深圳证券交易所目前已经形成多层次市场格局，上海证券交易所为了更好地服务经济结构调整和转型升级，建议在其内部交易结构上设立战略新兴产业板，支持创新企业发展。战略新兴产业板本质上仍属有成长潜力的主板或有潜在成长性的蓝筹股市场。战略新兴产业板公司发展壮大后可以进入上证 180 指数，从而改善蓝筹股市场的行业结构，使蓝筹股市场及时反映中国经济结构转型和产业升级的变化，夯实资本市场稳定发展的基础。

互联网金融：金融改革的战略推动者

【作者题记】

　　本文发表于《上海证券报》2014 年 3 月 14 日 A01 版"上证观察家"栏目。

　　互联网金融对中国金融的"深度"改革，即打破垄断、形成适度的竞争结构，具有重要的牵引作用，它可能是推动中国金融体系结构性变革的战略力量。"二次脱媒"是互联网金融的重要特征，也是推动金融变革的重要力量，是金融的巨大进步。由于互联网金融解决了经济学中最难的问题——信息不对称性，所以它具备了解决金融面临的最难问题——风险的技术性手段。如果一种新的金融业态对于风险的识别和解决有了进一步的提升，那么它在制度设计上就是一种巨大的进步。

　　由于互联网金融的介入，中国金融的业态和结构一定会发生翻天覆地的变化，我们不能忽视这种即将到来的巨大变革。与此同时，制定一个适合互联网金融成长和发展，同时又能保证人们财产安全的监管标准也非常迫切。

　　2013 年，中国金融体系对内、对外改革开放的步伐明显加快，上海自贸区内金融实施全方位的市场化改革，允许民营资本参与商业银行的发起和设立，以及利率市场化的启动，股票发行制度向注册制方向的改革，互联网金融的蓄势而发，等等，这些都是这一年金融变革的重要标志。

　　金融市场化改革的趋向，影响着人们对诸多问题的思考。目前，中国的全方位金融改革已经启动。而改革开始之后，就有很多理论问题需要思考。中国金融体系需要"三维度"改革：一是通过资本市场的发展推进金融体系的"宽度"改革；二是通过改革和国际化推动金融体系的"长度"改革；三是以打破行业垄断、促进适度竞争、提高金融效率为目的的"深度"改革。互联网金融则对中国金融的"深度"改革，即打破垄断、形成适度的竞争结构，具有重要的牵引作用，它可能是推动中国金融体系结构性变革的战略力量。打破垄断只靠民营资本设立新的金融机构是远远不够的，它或许只是中国金融体系的有益补充，对中国金融体系的重大变革是不起决定性作用的。推动中国金融体系进行战略性改革的力量，除了利率市场化以外，只有互联网。我们需要从战略性的高度认识到互联网金融对中国金融改革的重大意义。

一、互联网金融在中国有深厚的逻辑基础

互联网金融发展具有自身的逻辑。一种新的金融业态的成长一定要富有逻辑，没有逻辑的话不可能长成大树。而逻辑的存在需要肥沃的土壤、充足的阳光，甚至还需要蓝天白云，充满"雾霾"的环境是不行的。在发展中国资本市场方面，我从一个乐观派逐渐变成一个忧虑派，因为中国的文化传统、金融意识、财富观念、信用基础、法律体系、政策取向等都从深层次制约着中国资本市场的发展。

互联网金融在中国会不会处在一个"雾霾"中呢？我想可能不会，因为互联网金融在中国有深厚的逻辑基础。当然，互联网金融对所有人来说都是一个全新的课题、一个不太熟悉的领域。要研究互联网金融，就必须从历史的长河中了解互联网为什么会有如此强大的能量，为什么会重构社会组织形态，为什么可以颠覆传统的产业帝国如商业，它是如何改变人们的消费习惯的。互联网必有它的过人之处，互联网金融也必有它生存和发展的逻辑所在。我们不仅要研究成熟国家比如美国的互联网金融的历史经验，更重要的是，我们要结合中国的文化传统、金融意识、财富观念、信用基础、法律体系、制度环境、政策取向等来研究中国的互联网金融的生态。

二、要认真研究中国的互联网金融生态

要研究互联网金融，以下几个重点似应思考。

第一，互联网金融独特的运行结构。在运行结构方面，我认为互联网金融和现行金融是完全不同的。如果互联网金融只是在传统金融上做了一些技术改造，那么，也只能称为一种创新，而不能称为革命。互联网金融实际上是"基因式"的革命，它和现行的金融所做的事情可能一样，但它们在"基因"上是不同的。就像玻璃和水晶在外观上相似一样，其实内在结构是不同的。它们赖以存在的运行平台完全不同，所以它们的运行结构也是不同的。

在此基础上，一个新的概念被引发出来。现在很多商业银行也借助包括互联网在内的现代信息技术来改造自身，这是不是"互联网金融"呢？我认为它不是。因为其运行平台仍然是传统平台，包括互联网在内的这些信息技术只是作为完善传统商业银行运行过程的一种工具，其基因没有变化，盈利模式没有变化，观念没有变化，理论基础也没有变化。所以，我认为，在传统平台基础上引进某些新技术，只是手臂的延长而已，当然这也是一种巨大的进步。如果构建新的平台来完成现代金融的支付和投融资活动，我认为其基因就开始发生了变化，这可以称为"互联网金融"。所以，我创造了一个词叫"金融互联网"，是相对于"互联网金融"而言的。

第二，要研究互联网金融的理论结构。互联网金融的理论结构与传统金融的理论结构有交叉的部分，但绝对不是传统金融理论的复制或翻版。互联网金融的理论结构除了与传统金融理论有相同的部分外，更为重要的是它的不同之处。比如，互联网金融基于信息的对称性理论所构建的理论结构。互联网金融和现代金融如果有一个巨大的差别的话，那就是互联网金融进一步解决了信息的不对称性问题。因为从理论上说，传统金融（比如商业银行）从信息角度来看，存在着严重的不对称性，就如同传统的商业对消费者来说，存在着严重的信息不对称一样。比如，一个消费者到市场上买一件价值 100 元的商品，个别卖家可能会要价 2 000 元，而另一处的商店只需要 200

元。由于消费者不知道这个信息，他可能会花 2 000 元购买这个价值 100 元的商品。在电商模式中，就不存在这个问题。因为电商解决了信息不对称性问题，解决了时空约束的问题，它给予消费者充分的信息知情权和消费选择权。互联网使金融活动在商业银行的基础上，开始向信息的对称性方向前进了一大步，使信息基本上接近对称。

互联网金融也在资本市场的基础上，进一步解决了信息的对称性问题，极大地改善了市场透明度。信息的对称性是合理定价的前提，而在信息不对称的条件下，定价是扭曲的，是损害效率的。所以，从这个意义上，互联网金融对传统金融来说实际上是"二次脱媒"。"二次脱媒"是互联网金融的重要特征，也是推动金融变革的重要力量，是金融的巨大进步。由于互联网金融解决了经济学中最难的问题——信息不对称性问题，所以它具备了解决金融面临的最难问题——技术性手段。金融最核心的问题是什么？是风险。在不同的金融结构下，风险的类型和形态不一样。比如，虽然商业银行面临着三种风险，但是最基础的风险仍然是信用风险。银行发放贷款之后，最担心的是借款人违约，不能如期还贷。而在资本市场中，透明度则是最大的风险。对于这两种风险，如果一种新的金融业态对于风险的识别和解决有了进一步的提升，那么它在制度设计上就是一种巨大的进步。

互联网金融对信息流进行了整合，从而形成了一个大数据的时代。大数据时代蕴含了一个重大命题：大数据会衍生出新的金融中介，大数据是所有交易主体行为的表现。互联网金融通过对大数据的挖掘，可以解决无论是商业银行还是资本市场所面临的共同难题，就是信用风险和透明度风险，对商业银行信用风险的识别尤为重要。目前，商业银行对信用风险的识别，主要看借款人的财务报表、收入水平、资产状况、信用记录等。这些识别机制没有问题，但是它有一个潜在的逻辑，就是富人相对而言具有较好的信用，穷人信用条件相对较差。所以，在现实生活中有钱人借钱很容易，中低收入水平人群借钱很难。在现实经济生活中，信用的好坏，与收入高低并不一定是线性关系。有一些很小的企业、一些收入不高的人，他们的信用可能也是很好的，富人赖账的也不少。可是我们用什么技术手段来甄别他们信用的好坏呢？大数据。为什么阿里小贷根本没有见过借款人，就敢发放贷款呢？因为它通过频繁的交易，去识别信用。互联网金融理论结构中还有"二次脱媒"理论、金融中介理论，互联网金融的发展可能产生新的金融中介——基于大数据平台的金融中介。

第三，要研究互联网金融的商业模式。金融和商业有一个共同点，即都是服务业，只不过金融服务业更高端一点。它们还有一个共同点，就是大多数产品可以标准化，这是互联网金融可以生存和发展的重要条件。由于互联网金融可以将金融产品成规模地标准化，所以它解决了经济活动中的一个重要问题——成本。产品的标准化和规模化可以使金融活动成本大幅降低，实际上，无论消费市场还是投资市场，大多数消费者或投资者只需要标准化的服务。由于成本约束，他们不需要定制服务。互联网金融由于更易将金融产品标准化，使其成本大幅度下降，从而使大多数人能够接受标准化的金融服务。在现行的金融结构下，有些人不需要定制式金融服务，因为受到成本和价格的约束。余额宝的出现延长了资产管理的客户端，原来资产管理是富人的事，比如私人银行只服务于资产规模达到一定数量级的高端客户，而余额宝则可以服务于收入较低的这些多数人。余额宝的商业模式是很受欢迎的。当然，互联网金融在定制服务方面没有优势，没有吸引力。亿万富翁的理财很少参与互联网金融的资产管理。所以，互联网金融是大众金融、普惠金融，而金融正好需要更多地为大众服务，不能只为高端客户服务。

第四，我们要研究互联网金融的风险特点。互联网金融需要有一个道德底线和风险底线，那就是保证资金持有人或委托人财产的安全。互联网金融不能成为传统意义上的非法集资平台，不能沦落为庞氏骗局。

互联网金融客观上存在替代边界，它显然不能包打天下。金融具有六项基本功能：一是跨期、跨区域、跨行业的资源配置；二是提供支付、清算和结算；三是提供管理风险的方法和机制；四是提供价格信息；五是储备资源和所有权分割；六是创造激励机制。在这六大功能中，互联网金融至少可以改善前四个功能，对后两个功能亦有正向促进作用。互联网与金融在基因上是耦合的。金融领域的利润空间非常大——工商银行、农业银行、中国银行、建设银行四家国有商业银行的利润已经超过中国所有实体经济利润的总和。基于如此庞大的利润，在金融领域做标准化产品一定会有巨大的发展空间，互联网金融一定会比互联网在传统商业领域发展得更加绚丽。当然，要看到，有很多领域互联网金融难以进入，比如需要定制和个性化特征的功能领域。传统金融如商业银行仍有相对大的发展空间。它具有客户优势、定制优势以及感知优势。在中国金融文化的背景下，很多人偏好于传统商业银行，尤其是老一辈人，他们不愿意参与到互联网金融当中。这与商业银行良好的信誉、严格的风险管控等相关。

互联网金融和现代金融是相互促进、相互竞争的关系，而不是你死我活的关系。但是，由于互联网金融的介入，中国金融的业态和结构一定会发生翻天覆地的变化，我们不能忽视这种即将到来的巨大变革。与此同时，对互联网金融监管标准的制定需要新的视角。如果用监管传统商业银行的标准来监管互联网金融，那么，互联网金融永远都不可能发展起来。所以，根据互联网金融的运行结构、商业模式和风险特点，制定一个适合互联网金融成长和发展，同时又能保证人们财产安全的监管标准是非常迫切的。

中国经济世纪增长与
金融模式的选择

【作者题记】

本文发表于《社会科学报》2014年1月16日001版。

中国是全球性经济大国。要维持中国经济的可持续性，我们要做什么？从2001年加入世界贸易组织（WTO）之后到2020年，中国经济维持9%左右的增长，问题不是很大，因为有资源、人口、制度优势，靠制度所释放出来的能量、人口红利、制度红利等可以维持中国20年的经济增长。但我们的长远目标是要像20世纪的美国那样，维持百年增长。20年的梦想只能解决小康问题。

美国一个世纪的增长背后有着复杂的原因，其中有两条值得我们学习。一是科学技术的进步以及在产业中广泛的应用。19世纪末期钢铁工业和冶炼技术的兴起，推动了钢铁工业的发展，20世纪30年代汽车工业的发展和普及，使美国走进了工业化。20世纪50年代计算机的发明以及信息技术的发展，进一步推动美国经济蓬勃发展，给予美国经济强大的动力和生命力，这是非常重要的。二是大家所忽视的，即美国金融体系对美国经济跨世纪的增长所作出的杰出贡献。美国金融体系最大的特点是其不仅可以通过它的开放在全球配置金融资源为它所用，也有很好的基础，即美元的国际化，美元的国际化加上开放的金融市场，可以吸纳全球的资源，通过这种开放的金融市场，也可以把风险分散到全球，也就是说，美国金融体系除了有强大的资源配置功能以外，还有非常结构化的、强大的风险分散的功能、风险配置的功能。

中国经济增长模式如果要维持100年的增长，应该学习美国。不能因为金融危机否定美国金融的价值，千万不要回到传统商业银行主导的时代。所以要维持中国经济的增长，我们必须要解决两个问题：第一个必须要解决经济增长的动力来源；第二个必须要解决中国经济增长所遗留下来的压力释放的问题，也就是风险释放。制度的设计只解决动力，不解决压力的释放，是会出现问题的。

首先要解决动力的来源问题。动力的来源主要是两个：第一个是科技创新及其在产业当中的广泛应用。这一点毫无疑问应该摆在首要的位置。第二个非常重要的动力来源是财富的迅速增长，特别是金融资产的迅速增长。没有金融财富、金融资产的迅速增长，这个国家难以维持持续性的增长。金融资产迅速增长不是空洞的，也建立在实体经济基础上。只有实体经济的增长不见得有大规模金融的出现，必须设计与此相匹配、创造大量金融资源的金融体系，这就是现代金融体系。要提供两种战略资源，即科技创新和金融资产大规模的增长机制，而不是一种资产泡沫化，要把两者分开。我们1990年的金融资产主要是银行的存款，只有3.8万亿元人民币，到了今天金融资产已经超过了100万亿元，其增长速度大大超过同期GDP的增长速度，我们不能怀疑这其中有任何的泡沫，这与中国经济20年的高速增长及金融资产大规模增长从而提供源源不断雄厚的资本有关系。

其次要解决压力的释放，通过金融体系的设计，让不断存量化的风险流量化，这是我创造的名词。金融功能从早期简单配置增量资源到今天主要配置存量资源，同时也要使存量化的风险流量化，这是金融体系的升级和换代。其中最重要的是资本上的作用，所以构建一个以资本市场为基础的现代金融体系，对中国经济的跨世纪增长是一个战略目标和战略任务。我相信如果我们正确处理好这样几个方面的关系，中国经济也能像美国那样实现100年的增长。

如何推进中国金融体系的
结构性改革

【作者题记】

本文发表于《金融时报》2013 年 7 月 18 日第 002 版，标题略有变动。

中国的金融结构应该说最近若干年没有太大变化，我认为还是比较传统的。换句话说，整个中国金融体系的改革力度和步伐应该是不大的，突出表现为金融结构还是比较传统，金融结构市场化程度比较低。目前中国的金融改革处在最困难时期。任何一个国家对农业、工业进行改革相对来说较容易，甚至对国内市场化的改革也相对比较容易，但对金融体系的改革是非常复杂和敏感的。

1978 年我国开始农村经济体制改革，后来也进一步推进了以工业为核心的城市经济体制改革。到 2001 年加入世界贸易组织（WTO）可以称为第三次重大的改革，使中国整个经济体系全面融入国际体系中。加入 WTO 后，整个中国经济的运行、国际化程度得到了迅速提高，也大大增强了中国经济的竞争力。实际上中国经济增长最快、质量最好、最富有竞争力的时期是加入 WTO 之后的这 12 年时间。这期间我们经过了金融危机的影响，从总体上来看，中国经济在这 12 年得到的提升是非常明显的。当时我们加入 WTO 也有顾虑，事实证明我们融入国际经济体系是多赢的。

时至今日我们放眼望去，近几年我们的经济体制有恢复到传统体制的趋势。因为政府、国有资本对经济的影响力太大了，我不认为这是一个健康的表现，也不认为这是改革的方向，这是对传统的复归。实际上目前金融体系的改革虽然没有复归，但是它似乎停滞了。一旦停滞就会衍生出很多的风险。在我看来很多微观风险固然重要，但是改革一定要继续推进，一定要把握住整个中国金融体系应该朝着什么方向改革和发展，这是至关重要的。我们之所以停滞了，之所以中国金融结构还比较落后，是因为我们还没有找到方向，或者即使找到了，也没有勇气往前推进，这是一个很大的问题。

目前，除了资产负债结构上的矛盾外，还有货币总量结构上的矛盾。很多人说总量是充足的，流动性是充足的，但实际上结构有严重缺陷，我们不能用总量充足来掩盖结构性的矛盾。中小企业也好，小微企业也好，包括资本市场，没有投资，就没有办法发展下去。如果这样下去以后就没有人愿意投资，因为他们的投资没有回报。在这样复杂的环境下，衍生金融危机是必然的。

所以我们的金融改革只能往前推进。我们的金融结构因为比较传统，所以它的功能也比较落后。我在很多场合讲，我们应该从战略角度考虑，中国需要什么样的金融体系是至关重要的。有人说加入 WTO 之后能维持 20 年的经济增长，一直到 2020 年，维持 8.5% 的高速增长。但 2020 年以后我们怎么办？这是一个很大的问题。除了产业结构转型以外，非常重要的命题就是金融在其中起什么样的重要推动作用。一个国家的经济增长，金融起到了很重要的作用，科学技术可以推动产业革命，推动升级换代，这些都是没问题的。问题的关键是以什么样的方式，以什么样的效率去转换新的产业？改革初期依靠的是科学技术。改革过程中我们还有加速器，那是金融的作用。所以我们要从这个角度理解，我们需要什么样的金融体系。

中国的金融体系一定要有两种功能，第一要有良好的资源优化配置的功能，第二要有很强的分散风险的功能。实际情况是中国的金融机构有优化资源配置的功能，没有分散风险的功能。金融体系还有一种功能是孵化财富，通过资产证券实现。这个思维是非常清晰的，美国的百年增长很重要的是金融革命的结果，它可以在全球配置资源，可以在全球分散风险。中国金融不能分散风险，也不能使风险流动起来。这源于我们对金融的理解非常传统落后。我们特别关注商业银行，实际上商业银行也需要整体的改革，所以我想这一条还要理解透。

如何改革？无非是三点。第一，推进整个金融结构的市场化，或者推动整个金融体系的市场化，利率市场化改革很重要。因为中国经济体制改革的成功得益于两条，一是老企业成为市场化的主体，二是市场决定价格。中国的金融体系目前之所以改革还没有全面成功，就是因为这两条没有做到。

第二，发展多层次资本市场本质上没有问题，但是在政策制定上出了问题，发展多层次资本市场的核心是要让资产流动起来。除了发展股票市场，还要大力发展债券市场。用好增量、盘活存量是非常对的。用证券化的方式，让货币结构发生重大的变化。我们要想办法把 M_2 拉长变成 M_3，M_3 就是流动性很好的证券化市场。

第三，汇率机制的改革。推动汇率的改革，推动人民币的国际化进程要加快，我认为这些是至关重要的。

资本市场是基础。现在资本市场有很多的问题。我是资本市场坚定的支持者。中国金融改革的重点一定是资本市场，加上人民币的国际化，这两个是最重要的。可是现在这些都表现得不尽如人意。

基于改变是漫长的过程，但我们可以改变制度。腾讯的市值是中国电信的 10 倍，按照以前的观念早年的腾讯不可能上市。我们的规则观念还是 20 年前的样子。一个没有投资价值的市场是没有前途的。我们很多的观念、政策、规则都太陈旧，包括我们对金融体系结构的理解也太传统了。唯有改革、开放、国际化、市场化才是中国金融市场的未来。

关于中国资本市场制度变革和
重点问题的思考

【作者题记】

本文发表于《证券日报》2013 年 1 月 15 日 A03 版"经济评论"栏目。

中国资本市场经过 20 多年的发展，其外部环境和内部结构已经发生了重大变化。目前中国的经济正处在重大转型期，金融体系改革处在关键期，资本市场发展处在敏感期。全球金融危机之后，中国经济取得了较好的恢复和增长，然而作为中国经济"晴雨表"的中国资本市场却与实体经济呈现出了较长时间的背离，这种背离不得不让我们思考中国资本市场究竟出了什么问题。在这个转型与改革的关键时期亦要思考，中国的未来需要构建一个什么样的金融体系，中国金融结构的变革方向是什么。

一、发行制度改革：重点关注四大问题

有的（拟）上市公司在初始信息披露中往往注重上市后的企业成长、战略设想，但真实地披露企业当前的信息远比未来的展望更重要，而这也正是企业发行上市核准的重点。

股票发行制度一直是理论界和市场诟病比较多的。中国股票市场出现了不少问题，不少人都会把它与市场发行制度联系在一起。目前的发行制度主要就是这四个问题：一是 IPO 要不要审，由谁来审；二是定价机制的改革还

有哪些方面需要完善；三是保荐人制度如何进一步改革；四是IPO信息披露的重点也是核准的重点在哪里。

（一）实行核准制仍然必要

中国目前所谓的核准制并不是严格意义上的核准制。严格意义上的核准制是达到了规定的标准就可以发行上市。我们目前的核准制，从执行的角度看，还有某种审批制的痕迹，虽然这种审批不是监管机构行政批准，而是由监管机构组织的由相关专家组成的发行审核委员会来审核批准的。从已有实践看，这种核准制仍然是必要的。

从带有某种审核性质的核准制到备案制的发行制度的变化，其重大的差别在于责任的明晰和责任主体的不同。目前实行的核准制，优点在于增加了几道过滤虚假信息的程序并有某种市场调节的功能，缺点主要在于责任不清。备案制的优点是权责分明，但需要良好的社会信用条件。

当前中国是否具备了实施备案制的条件？在目前要经过四道信息过滤程序的核准制条件下，每年都时有发生通过虚假信息欺诈上市的事件。当前中国的信用体系、自律精神、道德约束和违法成本远远没有到可自动约束这些造假行为的发生的程度。基于信用缺失、自律不足、违法成本低等因素考虑，现阶段IPO核准是不能取消的。核准环节对于过滤虚假信息还是起到了相当重要的作用。

从改革角度看，应由谁去核准比较恰当呢？有人认为，应当建立发审与监督相分离的制度，由此建议由现行的证监会发审委核准改为由交易所核准。这种建议从理论上是正确的，也是未来中国股票发行审核制度改革的基本方向。从现在开始，必须研究发行核准主体下移至交易所这个问题，与此同时，交易所也必须建立一套发行核准的风险防范制度，杜绝和防范寻租行为。

从中国资本市场的基本制度结构上看，应建立一套发行核准与事后监督的约束机制。没有约束和监督的权力，一定会滋生腐败，何况在股票发行这个巨大的利益衍生环节。"绿大地"造假事件暴露后，究竟该追究谁的责任，似乎并不清楚。核准和监管为一体的股票发行审核制度，最根本的缺陷就是责任不清、处罚不明。目前一旦出现欺诈上市的事件，主要是处罚发行人、中介机构以及保荐人。但发生如此重大事件，核准环节就没有责任？在发行核准过程中，在证监会内部是要经过四个环节的，最后才由发审委投票决定。核准环节出现问题了，各方都推卸责任，最后的实际结果是发行核准的四个环节似乎都没有责任，更没有处罚。出现了像"绿大地"这样的欺诈上市事件，至少应把发审委7位委员的投票结果公布于众，也可以把初审员公开，以加强社会对核准环节的监督。

（二）进一步完善定价机制

有观点认为，股票跌破发行价是因为新股发行定价太高。从理论上说，二级市场的开盘价和交易价低于发行价是很正常的市场现象，"破发"不是质疑定价机制的必要条件。中国股票发行制度中的市场化定价机制改革探索了10多年，现行的IPO定价机制没有根本性问题，不存在制度性缺陷，不存在方向性问题。现行中国股票发行制度市场化改革的两个基本要素是正确的：一是多元市场主体询价制度；二是信息透明基础上的市场化定价。通过多元投资主体的市场化询价机制来确定发行价格区间，方向无疑是正确的。

在资本市场规则制定方面，中国可能不是最缜密的，但至少也是最复杂的。我们关于股票发行定价的规则在不断修改，且有越来越复杂之趋势。现在还看不清楚这种越来越复杂的规则究竟有什么不同效果。

以中国证监会《关于进一步深化新股发行体制改革的指导意见》中"招股说明书正式披露后，根据询价结果确定的发行价格市盈率高于同行业上市公司平均市盈率25%的"需要董事会确认并补充披露相关信息为例，由于股票市场存在波动周期，企业也有不同的成长周期，不同市场周期和不同成长周期的企业其市盈率是不一样的，25%的规定实际上忽略了市场周期和成长周期的因素。

最近在股票发行定价机制改革中，修改了回拨机制。市场回拨机制比较复杂，但其核心思想是，市场高涨的时候要保证网上投资者尽可能多地中签，市场低迷的时候则让网下投资者更多参与。网上投资者主要是中小投资者，网下定向发售的对象则大多是机构投资者。这种修改在一定程度上反映了舆情对政策的影响，考虑了中小投资者在申购股票时的利益诉求。实际上，在市场高涨时，中小投资者往往会抱怨中签率太低；而当市场低迷时，中小投资者则将自己的套牢归咎于发行价格太高。这种诉求不能成为定价机制改革的缘由。

在改革定价机制的询价主体方面，新的规则增加了不超过 10 人的个人投资者，以提高定价的合理性。对这种改革我一直都是疑惑的。它有两个问题：一是这 10 位个人投资者挑选的标准是什么？二是这 10 位个人投资者在市场化询价过程中起的作用有多大？我看不出这种改革的现实意义在哪里。

从目前情况来看，虽然中国资本市场新股定价机制的基本框架已经确定，但竞价的方式需要调整。比如过去有的询价主体存在非理性竞价，竞价之后不参与申购，这种现象在一定程度上虚化了价格。我们要把竞价与申购有机地结合起来。这是定价机制改革的一个重点内容。

目前出台的股票发行改革办法中，引入存量发行机制受到投资者的关注。引入存量发行机制的主要目的是抑制高溢价发行，增加企业融资上市后的规模和流动性。在二级市场上，以往的做法是初次上市的企业的股票只有网上竞价申购的部分在上市首日流通。这在一定程度上影响了市场流动性，并导致了股票上市之初的价格爆炒现象。引入存量发行，对价格的合理形成、改善流动性有积极意义。

取消网下机构投资者申购股票上市交易的锁定期是改善市场流动性、抑制市场投机的另一项重要措施。锁定期锁定的股票通常都是机构投资者在网下批量申购的，它与中小投资者在网上竞价申购的股票在性质上是无差异的，从这个角度讲，机构投资者应该获得与中小投资者完全一样的上市交易权利，所以锁定期存在的理由既不充分也不利于市场的稳定和二级市场价格的合理预期。解除锁定期的基本初衷是试图让股票在上市初期有一个平稳的表现，不要出现过度投机，但效果如何还需进一步检验。

（三）保荐人制度改革要强化主承销商责任

保荐人制度是发达国家资本市场上一种重要的责任制度，是试图提高上市公司初始信息披露质量的重要保证机制。我们在 2004 年股票发行制度改革中正式引入这一制度。

从已有的实践来看，保荐人制度对规范上市公司运行、提高信息披露质量有多大价值仍存疑虑。保荐人制度在实践中造成了风险与收益的不对等、权利与义务的不对称，因此必须改革。让主承销商作为一个整体去代替两个保荐人承担相应的责任可能是更好的选择。

（四）初始信息披露要务实

在中国，拟上市企业通常只知道募集资金的权利，但相应的责任和义务却不十分清楚。要让企业深刻地理解作为上市公司，必须接受社会（包括证监会和投资者）的监督，必须履行信息披露的强制性义务。当然，在信息披露问题上并不是要披露上市公司的所有信息，不是披露得越多越好，而是只需要披露对股价有重大影响的信息，要防止市场噪声和垃圾信息淹没真实重大信息。

什么样的信息才对股价有重大影响？《上市公司信息披露管理办法》第三十条有详细说明，但对其中"中国证监会规定的其他情形"却没有明确的解释。有的（拟）上市公司在初始信息披露中往往注重上市后的企业成长、战略设想，但真实地披露企业当前的信息远比未来的展望更重要，而这也正是企业发行上市核准的重点。

二、股利分红：能否挂钩再融资？

中国证监会提出，要不断优化上市公司再融资的条件，把上市公司的现金分红比例与再融资条件有机地结合在一起。这一改革设想受到社会的普遍关注。

（一）股利分配与公司价值的关系

股利分配政策是上市公司董事会及股东大会可自行决策的政策，分不分红，以什么方式分红，分多少，这些实际上都是由公司董事会和股东大会来决定的。公司董事会和股东大会从自身利益最大化出发，同时考虑公司的财务状况和未来的资金需求，采取一个与公司今天乃至未来发展要求相适应的股利分配政策，是公司法赋予公司自身的权利，外界对于上市公司的股利分配政策可以倡导但不可强制。

中国有些上市公司业绩不差，但却很少现金分红，与此同时却从市场累计融资了数十亿元甚至上百亿元资金。这的确是一个令人疑惑的现实。我们知道，对于投资者来说，其投资收益无非包括两部分，一部分是现金分红，另一部分是资产溢价。在一个信息充分、市场有效的条件下，在红利税和资本利得税一致的前提下，现金分红所得与资产溢价所得是相等的。这一点在理论上是非常清楚的。

倡导现金分红是否有利于提升上市公司的投资价值？或者说，企业的股票价值是由什么因素决定的？"现金分红越多，投资价值就越高"这种说法成立吗？关于这个问题，实际上早有定论。遵循资本资产定价的基本原理，决定公司资产价值的核心因素是未来现金流或者说利润，分配制度、股利分配政策不是决定资产价格的因素。从价格形成角度看，现金分红后一定会有除权效应。静态看，这个除权实际上就是对现金分红的扣除。关于除权后是否会复权，那与现金分红这个股利分配政策无关。所以，分红政策实际上与公司价值无关。

（二）现金分红的税收效应分析

中国现阶段现金分红有自身相对特殊的税收政策安排。按照现行税收政策，现金分红要交所得税。2005年财政部和国家税务总局发布的《关于股息红利个人所得税有关政策的通知》规定，对个人投资者从上市公司获得的现金分红按所得的50%征10%个税；送红股，则按个人所得10%税率缴纳个税。2012年11月16日财政部、国家税务总局和证监会颁发了《关于实施上市公司股息红利差别化个人所得税政策有关问题的通知》，规定根据持股的期限确定不同的现金分红税率：持股1个月之内的，按现金分红所得20%征收个税；1 个月到 12 个月的，有一定的优惠，征收 10% 个税；持股期限超过 1 年的，个税税率降至 5%。与以往相比较，这种红利税率的调整有利于长期投资者。

由于现金分红和资产溢价所得实行了不同的税收政策，即现金分红视持股期限的长短采取三种不同的红利税率，而股票转让溢价所得现阶段免征所得税。在有效市场假说条件下，即股票的市场价格充分反映了已有所有信息包括财务信息的条件下，对投资者来说进行现金分红和不进行现金分红实际上有一定的收益差异。如果不进行现金分红，资产溢价的部分会高于现金分红的部分，其差额部分视不同期限投资者而言，分别为现金分红的 5%、10% 和 20% 即作为个税交给国家财政的那部分。如果进行现金分红，在有效市场假说条件下，股票价格会除权，投资者获得的现金分红必须扣除个税，即使按最优惠的 5% 计算，投资者收益也会由此减值，减值部分就是现金红利税的部分。对比西方成熟市场国家，因为它们对资产溢价和现金分红的税收安排大致是一致的，所以投资者收益没有因为不同的税收安排而不同。由此可见，税收对市场交易带来的成本是不能忽略的，对股市的红利分红政策亦会产生重要影响，对市场的交易结构具有一定的指引作用。

在上述的税收安排下，无法得出鼓励现金分红能够提升投资价值的结论，即使免去现金红利税，公司的投资价值也只是没有改变。因为决定公司价值的因素不是分配政策，而是未来利润。

三、结论：理论与现实的悖论

虽然从理论上说，现金分红并不能增加投资者持有资产的价值，但从现行会计准则、业绩评估标准和投资者特别是国有控股股东资产负债表、损益表等角度看，强调现金分红仍有一定的现实意义。在中国，衡量控股股东投资收益的重要指标仍是现金分红，交易性金融资产的溢价并不计入现期投资收益。对国有控股股东来说，即使交易性金融资产存有较大溢价，而通过减持这些资产以实现投资收益又需要复杂的批准程序。而对于一些上市公司如工商银行、中石油等战略性企业来说，国有控股股东即使资产存有较大溢价，一般也不会减持。在这种条件下，现金分红就成为其投资收益的唯一来源，也是评价投资者特别是国有（含地方国有）控股股东投资业绩的重要依据。所以，在现行税收制度安排下，虽然从理论上说，现金分红对投资者（包括国有控股股东）资产价值实际上有一定比例的扣除，但在资产溢价不能体现投资收益的情况下，现金分红收益对投资者尤其是国有股股东的投资收益确有重要的现实意义。所以，真理归真理，现实归现实，这就是中国目前的状况。

由此可见，把上市公司再融资与股利分配政策挂钩，从理论上难以获得支持，但从中国的现实看，似乎又是必要的。理论与现实呈现出悖论。

可转债是"攻守兼备"的金融产品

【作者题记】

本文发表于《上海证券报》2013 年 1 月 10 日 A08 版。

在一个真正成熟、完备的市场中，金融产品的种类应当能够允许投资者创造出未来多元化的报酬结构，以应对资本市场的各种风险。而在对这些新兴金融产品的探索中，可转换公司债券（以下简称可转债）是一个实现股、债两市联动的重要工具。选择合适时机推动可转债产品的发展，对于优化上市公司资质、保证投资者回报，以及提高 A 股市场自身机能具有重要的意义。

随着中国经济体制改革的不断深入，A 股资本市场从封闭、单一走向开放与多元，在短短的 20 年间取得了卓越的进步。市场参与者种类的日渐繁多，以及投资者成熟度的逐年提升，均促使中国资本市场的深度和广度日趋向海外成熟市场靠拢。

一、什么是可转债

可转债是指在一定期限内，依据约定的条件可以转换成股份的公司债券。在进行转换前，可转债是公司债券，持有人可以定期得到利息收入，且不具有股东权利；当可转债对应的正股价格显著增长时，持有人可按预定的价格转换成公司股份，分享相应的股票收益，从而达成在不同市场动向中的盈利保证。

从经济学的角度分析，可转债实际上是一种买卖双方权利及禀赋的打包互换。发行人的交换标的包括债权、转股权、回售权等，投资者用于交换的标的则包括对投资人资金的使用权、附条件股权和赎回权等。通过发行可转债，投资者和发行人实现了动态的权利和禀赋互换，并各自获取相关利益，且在实际交易过程中不断扩充新的内容，如加入修正转股价格权利等。

二、可转债的发展历程

作为一种广泛使用的衍生品，可转债在不同市场参与者中妥当配置风险和收益的作用深受市场重视，其在海外成熟市场上的发展历史长达百年有余，而中国可转债融资历史则相对较短。1997 年以前，国内尚未出台任何关于可转债融资的法规，部分企业在政府的许可之下，主要依照《公司法》等法律法规的原则性规定，进行了可转债融资的尝试。

1997 年 3 月 25 日，国务院证券委员会发布了《可转换公司债券管理暂行办法》，中国可转债开始了规范化的运作，在发行窗口和条款设置方面都更加具有市场逻辑。A 股可转债从含有"到期无条件强制性转股条款"的"必转债"逐步发展为价值合理、攻守兼备的复合型金融产品。2001 年 4 月底出台的《上市公司发行可转换公司债券实施办法》及配套文件进一步从政策上保证和强调了可转债合法的市场地位，使得可转债在 A 股上市公司再融资渠道的拓宽与完善进程中，超越了传统的增发和配股，一跃成为 A 股市场上最为炙手可热的再融资品种。2006 年 5 月开始施行的《上市公司证券发行管理办法》进一步对可转债的发行条件和发行程序进行了系统的规定，使上市公司发行可转债的行为日益规范化。在资本创新工具尚处于初期阶段的 A 股市场上，可转债产品的出现，使得无论是投资方或融资方都受益匪浅，甚至对于整个资本市场都起到了推动和完善的作用。

三、可转债给融资方带来的优势

对于拟发行可转债的上市公司来说，选择可转债作为融资方式有如下四大优势：

首先，可转债为发行人提供成本较低的融资方式。除去一定比例的发行费用外，可转债在转股前的外部融资成本主要为利息支出；由于其价值为债底价值与期权价值的叠加，因此，与同等信用水平、相同期限的公司债、企业债，以及短期融资券和中期票据相比，可转债都拥有对于发行人极具吸引力的利率优势。目前国内可转债首年票面利率基本在 1% 以下，年均票面利率也一般在 3% 左右，极大地降低了上市公司的显性融资成本。而在美国等海外成熟市场中，个别股性极强的可转债甚至设置了零利率水平。

其次，可转债是上市公司主动调控自身财务结构的有效工具。可转债发行初期对原股东的股份摊薄影响较小，且上市公司可以通过对于转股价格特别向下修正条款、回售条款、转股条款、赎回条款等的设置，依据公司在不同发展阶段的需要，对转股率进行一定程度的调控，逐步释放可转债对股本的摊薄作用，缓解净资产回报率、每股收益等指标的下降压力，从而将公司的财务结构维持在恰当的水平之上。

再次，可转债的发行对其正股及二级市场的冲击较小。可转债的发行一般采用向现有股东优先配售，余额及现有股东放弃部分则通过网上定价发行与网下配售相结合的方式予以发行。2009 年以来发行的可转债中，原股东获配比例平均为 44.66%，网上／网下发行的中签率平均仅为 0.53%；其中发行规模前十名的可转债原股东获配比例平均为 36.28%，网上／网下发行的中签率平均为 0.81%。可见可转债受到了公司原股东和二级市场投资者的一致青睐，相比于其他的权益类融资工具，发行人更容易控制融资对其正股和二级市场的影响。

最后，可转债在公司治理层面可起到风险转移的作用。例如，当发行人面临高风险、高收益的业务机会，最大化公司股东价值和最大化公司价值将会导致不同的投资政策，股东与债权人之间的利益冲突将严重影响发行人的决策效率甚至发展空间。而对于可转债投资者来说，当发行人投资高风险项目，如果项目成功，即可通过转股来分享公司更多的收益；如果项目失败，则只需承受和债券投资者一样的风险。因此，相比普通的公司债，可转债融资能够在一定程度上帮助发行人放开投资政策，减轻股东与债权人之间的冲突。

四、可转债给投资方带来的优势

对于投资人来说,可转债"攻守兼备"的特性亦使其成为良好的投资标的,特别是在弱市以及震荡盘整的环境下,可转债的优势更加明显。

首先,可转债具有"保本性"。可转债作为普通债权和隐含期权的叠加,投资者可以在股市低迷时持有债券到期领取利息收入,可以在股市震荡期权看涨时于二级市场卖出债券获取价差,也可以在牛市的背景下以远低于二级市场增持的成本将可转债转换成股票。尤其是在股市低迷或者持续震荡的过程中,如果持有可转债,当股市下跌,投资者可以得到固定的债券收益而规避正股下跌导致的损失,而在上涨阶段投资者可以选择出售可转债、转换为股票或者继续持有获得债券利息等方式来最大化自己的收益。这种更为安全、更多选择的金融产品也吸引了更多投资者的青睐。基于可转债的这种保本性,在市场走向具有较强不确定性的情况下,可转债的投资者在对市场的判断有误时,纠错成本极低。

其次,可转债具有"攻击性"。在A股可转债过去的发展历程中,条款及产品设置随着实践经验的积累越发具有灵活性和可操作性,如转股价格的特别向下修正条款,就在普通期权的基础上增强了可转债在特殊市场情形下的攻击性。A股可转债市场成立初期,可转债产品曾普遍采取高转股溢价率和固定转股价格的条款。但2000年以后,包括山鹰转债、雅戈转债和复星转债在内的几只转债,自愿将向下修正条件调整为"连续5个交易日的收盘价低于当期转股价格的95%",极大地强化了可转债的期权价值。2006年的《上市公司证券发行管理办法》中则明确约定了可转债转股价格向下修正条款的操作办法。不断修正的转股价格,使持有人可以享有转股价格的低位保障,在市场反转时留有转股获利余地,并在随后的反弹中取得更大的利润空间。

五、可转债对于资本市场具有重要意义

近年来,我国资本市场长足发展,取得令人瞩目的成就,但其中也暴露出一些问题,例如股权融资比例过高、投资品种匮乏、金融创新困难等。因

此国家从政策层面出发，大力推进资本市场改革，在 2012 年中央经济工作会议和"十二五"规划中明确指出要构建多层次的资本市场，提升直接融资的比重，大力推动债券市场发展，加强债券市场的创新和多样化。

自 1992 年深宝安发行国内第一只可转债以来，仅有 20 年。目前，我国可转债存量规模占整个资本市场的比重过低，与欧美等成熟资本市场相比有一定差距，虽然自 2010 年以后，我国可转债市场发展迅猛，但仍有巨大的提升空间。发展可转债市场符合我国目前资本市场改革的政策导向，能够在加快创新步伐的同时有效推动债券市场发展，提升我国资本市场的成熟度和风险分散能力。

自 A 股可转债市场建立以来，各市场参与者以及制度设计者进行了持续、有效的探索和创新，使得可转债产品不断完善、不断向市场化的逻辑靠近。2010 年以来，随着中行转债、工行转债、石化转债等大盘可转债项目的实施，A 股可转债市场大幅扩容。2010 年至今发行的 A 股可转债共 22 只，募集资金达 1 294.05 亿元，而通过配股、公开增发、非公开增发等股权融资方式，则实现了 13 794.23 亿元，可转债融资规模占比不足 1/10。另外，近三年可转债申购中签率最高为 1.89%，其中位数为 0.52%，其中燕京转债申购中签率最低，仅为 0.08%。2010 年工行转债、2011 年石化转债即使发行均超 200 亿元，中签率也分别仅为 0.82% 和 0.59%，相比公开增发网上申购中签率大多集中在 50% 以上的特点，可转债产品炙手可热，其申购热度居高不下。

因此可以看出，相对于股权类融资方式的规模而言，可转债的规模较小，长期来看存在很大的提升空间；且可转债产品的申购中签率大多集中在 1% 以下，更有甚者不足 1‰，如此之低的中签率数据直接体现了可转换债券的稀缺以及受投资者追捧程度。2013 年，可转债市场将进一步深化，中国石化、中国平安、民生银行等大型蓝筹股不同额度的可转债发行计划可在一定程度上缓解可转债产品供不应求的现状，对投资产品多元化起到积极作用。

可转债市场的不断扩大以及可转债项目平均不到 1% 的中签率，体现出上市公司以及市场投资者对于该种产品的认可，也为中国资本市场在创新性上的突破和制度上的发展打下了坚实的基础。

　　综上所述，从上市公司的角度，可转债作为一种受到市场追捧的再融资方式，具有经济、有效的特征；从投资者的角度，可转债具有保本的特性，且有利于其充分掌握并控制自身所偏好的报酬结构和风险；从资本市场整体的角度，可转债更是股市与债市之间的重要联动，是提高市场成熟程度的重要因素，同时由于其自身特性，可转债发行对弱势市场产生的冲击较小。选择合适的时机推动可转债产品的发展，对于优化上市公司资质、保证投资者回报以及提高 A 股市场自身机能具有重要的意义。

理念错位误导了中国资本市场

【作者题记】

本文发表于《资本市场》2013 年第 1 期。

中国资本市场的供求关系之所以长期处在失衡状态，严重背离实体经济，与我们发展资本市场的理念有密切关系。长期以来，我们重融资、轻投资，重为企业服务、轻为投资者服务。不正确的发展理念与对中国资本市场在中国经济社会发展的作用缺乏正确认识有关系。

一、发展理念错位

从深层次角度看，我们发展资本市场的理念是错位的，或者说是不正确的。长期以来，在发展资本市场理念方面，我们是重融资、轻投资；重融资者（企业）的利益，轻投资者的利益；把资本市场功能定位于资金池而不是资产池；把资本市场的改革和发展只看作是中国金融体系改革的补充，而非中国金融体系改革的核心；如此等等。

政策的设计和制定来自理念，理念支配着政策。理念清楚了，指导思想清楚了，政策的设计和制定就不会出方向性的问题。理念错位了，政策虽然用心良苦，那也是一个不好的政策。我们发展资本市场，没有树立正确的理念，或者说一些理念是口号化的，没有融化在灵魂之中。没有从灵魂深处理解为什么要发展资本市场。

首先，必须从理念上正确理解在中国为什么要发展资本市场。从金融功能的角度来看，资本市场的一个重要功能，就是使风险流量化，从而实现风险的有效配置。从更广阔的层面来看，要思考什么样的金融体系可以推动中国经济的持续增长。中国的经济规模越来越大，2012 年 GDP 将达到 50 万亿元人民币。中国经济所面临的内外部环境越来越严峻。一方面，从稀缺资源到能源等战略性资源都面临着严重的资源约束，另一方面又面临着中国经济庞大的存量结构的调整。中国经济要成长，推动成长的动力是什么？如何设计？如何推进？

杠杆化的金融体系是可以推动经济增长的。美国经济过去 100 年的成长与有一个与之相匹配的金融体系有密切关系。通过高度市场化的全面开放的金融市场去配置全球资源，通过杠杆化的金融市场来撬动越来越庞大的实体经济，从而推动科技进步，推动产业革命，促使经济长周期的出现，实现了美国经济的强盛。未来中国也要走这条路，金融就变得很重要。

什么样的金融能推动经济持续增长？我始终认为，能够不断推动中国经济百年成长的金融体系，其内核一定是发达的资本市场。通过商业银行大规模贷款，发行超额的 M_2 从而推动经济增长这种模式没有持续性，通过发行超额货币推动经济增长迟早会使经济泡沫化。在中国，M_2 和 GDP 的比例已经达到空前水平，股票价格低迷，房价就会上涨。全社会都去买房投资实际上是对资源的严重浪费。这种资产配置结构反映了中国金融体系的市场化程度低、证券化程度低，金融市场没有提供更好的投资途径和资产。这与美国的资产配置形成鲜明对比。因此中国需要大力推进金融体系的市场化改革，需要大力发展资本市场，以形成一个具有强大资产配置功能的资产池。

其次，要树立资本市场主要是资产池而不主要是资金池的基本观念，或者说资本市场的核心功能并不是要融资而是投资。银行和资本市场的根本差别就是，银行是资金池，资本市场是资产池。资产池的功能不仅要为实体经济服务，也要为投资者服务。发展资产池就要注重资产的质量，要为投资者提供可配置的充分揭示风险的证券化金融资产。资本市场发展可以推动金融结构的市场化变革，而现代金融结构的核心是资产结构。

所以，我们要树立发展资本市场是为未来中国经济百年成长奠定现代金融基础这样的理念，还要树立资本市场是资产池而不是资金池，或者说主要是为社会提供配置资产而不是为企业融资这样的理念。理念的正确是发展资本市场的前提。

二、供求关系失衡

资本市场是由供给和需求构成的。在资本市场上，上市公司的股票是市场的供给，上市公司通过提供证券化金融产品（主要是股票）实现融资。资金供给者即投资者通过用资金购买金融资产（这里主要是股票）来完成投资。一方是资产的提供者，另一方是资金的提供者。供求关系在资本市场上长期处在失衡状态。

首先看看资产的供给者亦即资金的需求者——上市公司。由于我们总是强调资本市场的融资功能，上市公司常常误认为，从市场获得资金是廉价的、无约束的，所以出现了即使指数跌破 2 000 点，仍有数百家企业在排队上市的奇怪现象。这种现象的出现是制度给了上市公司制度性红利。在中国，成为上市公司本身就是一种制度性红利。排队现象说明企业还在源源不断地供给股票，如果供给的股票质量很好则无可厚非，然而问题的关键在于这种股票的质量并不那么好。在这种情况下，市场出现了下跌，供求关系出现严重失衡。

有人提出减少一点供给，这种建议马上被指责为行政干预。证监会表态说，不暂缓 IPO，IPO 的速度是否暂缓由市场供求关系来决定，直至股价跌至公司不愿意 IPO 为止。要知道只要上市资源在中国存在制度性红利，就会一直有排队上市的现象。因此中国现阶段，从维护市场稳定化和实现市场供求关系的动态平衡角度看，有时还是需要一定的政策干预的。在目前市场状态下，暂缓 IPO 不失为从供给角度所作的一种调节，利大于弊。

从资金的供给者角度看，面对滚滚而来的供给，新增资金从哪里来？在现阶段中国资本市场的主力军仍是中小投资者，公募基金在最高峰时曾达到市场流动规模的 25%。从投资主体看，还有私募、人民币合格境外机构投资者（QFII）、进入市场规模不是很大的社保基金 ① 和商业保险资金。这样一个流量极不稳定、规模有限的资金来源在支撑如此庞大且源源不断增大的股票供给，市场不下跌才怪呢！

我国目前的制度是不允许其他资金进入市场的，现在只是号召老百姓进入市场。现状是中国居民更多地还是把钱存入银行，或者购买银行理财产品。在我看来，把钱存在银行或购买理财产品很难说是投资，银行发售的种种理财产品实质上就是商业银行批发式负债，它的收益率比社会平均利润率要低很多。

我认为，无论是机构还是个人，投资其实是财富成长的必由之路。投资有两类：实业投资和金融投资，股票投资是金融投资的重要形式。现行规则是不允许地方政府管理的养老基金进入市场投资的。这就是资金来源的现状。我国资本市场的制度安排只关注融资，不关心有多少资金可以进入市场。搞清楚这个情况后，就需要改革了。改革的目的就是要形成有利于市场供求关系动态平衡的政策架构。

三、拓宽资金渠道

首先要从供给下手。不能无限地供给，供给的闸口还是要调节的。中国的市场经济并不是完全自由的市场经济，虽然我不赞成行政干预太多，但是在任何国家都会根据面临的不同问题在不同条件下采取适度政策调节，以引导市场。欧盟是高度市场化的经济体，欧债危机严重时，也会出台做空的禁令，以稳定市场。不能说这是在盲目干预市场，实际上这是在减少市场下跌的动力。在中国，我们还没有到股指期货做空机制暂停的时候，融资融券交易的融券部分也没有放开，这是正确的。这时股票供给要适当放缓一点，市场要有一个培育的过程。供给手段是在不得已的条件下动用的，一般情况下不动用。

更主要的手段是扩大资金来源。当供给的资产是有价值的，揭示的信息

---

① 在股权投资方面，2012 年全国社保基金承诺出资 226.55 亿元，占基金总体规模的近 30%。

是充分的时候，更重要的是把资金的渠道拓宽。当前有限的资金渠道是难以承受如此大规模的股票供给的。

资金渠道如何拓宽？当前习惯性的做法是号召老百姓买股票，这个力量是非常有限的。在目前具有投资价值的时候号召老百姓把银行储蓄拿出来买股票没有错。以工商银行为例，工商银行市盈率不到 5 倍，属于小风险稳收益的品种。工商银行每股收益是在 0.8 元左右，如现金分红率在 40%，每股现金分红大约 0.32 元人民币，扣除红利税（5%），每股现金分红 0.3 元左右。工商银行目前市价在 3.8 元人民币左右，0.3 元除以 3.8 元，应有 8% 的投资回报，哪家银行的理财产品能达到 8% 的收益率？更不要说储蓄了。这个道理对社保基金、养老金同样适用。用社保基金和养老金去买这些市盈率在 5 倍以下的金融机构的股票，回报在 8%，何乐而不为呢？所以，做工商银行的客户，不如做工商银行的股东回报高。但现实是，有人把社保基金、养老金叫做"养命钱"，吓住人了，不敢投资了，似乎用这些所谓"养命钱"投资于市场就是千古罪人。"养命钱"这个词把很多人吓住了，最终只能把"养命钱"放在银行或者挪用投资房地产了。实际上，这才是最大的不负责任。中国的社保基金、养老金缺口之所以很大，与资产缺乏升值机制有重要关系。

在中国，发展资本市场，需要着力思考资金渠道的拓宽。美国的养老金、退休金、商业保险资金，甚至大学里的校友基金，很少有现金状态。他们认为把钱存在银行是浪费，也是不负责任的。他们的理念是，任何一分钱都要形成有收益的资产。我们可以在资产选择上进行动态收益的匹配，但不可以把这些宝贵的资金放在保险柜里。所以，我们要改革社保基金、地方养老金管理办法，要建立以市场为导向、专业化为平台的透明的资产管理机制。我认为这是改革的重点。

与此同时，中国资本市场必须开放，要创造条件让外部资金有序进入中国资本市场。没有滚滚而来的外部资金，中国资本市场终究是难以发展起来的。所以，唯有改革和开放，才能发展中国的资本市场。改革的基本方向就是市场化，开放的基本目标就是国际化。

四、四项改革措施

中国资本市场目前已经出现了信心危机。要扭转当前资本市场的颓势，当务之急是要采取有效措施稳定市场，恢复投资者信心。概而言之，拟采取以下措施：

一是适当收缩市场融资规模，放缓 IPO 发行的速度，缓解市场资金供给压力。

二是采取适当措施和政策，引导新增资金进入股市。除了中央管理的社保基金继续按比例进入市场外，要鼓励地方政府管理的社保基金和养老金，运用市场化和专业化机制，按照一定比例进入市场。必须改革所谓"养命钱"的管理机制，改革的基本方向就是在专业化运作的基础上，适当提高市场投资的比例。唯有投资，"养命钱"才会增值。与此同时，要进一步扩大 QFII 规模，降低 QFII 进入标准，提高国际化的程度。

三是鼓励大股东特别是蓝筹股国有大股东增持股份，鼓励有充分现金流的上市公司实施回购，以稳定市场投资者信心。

四是必须改革 IPO 前股东股份减持制度，适当延长这些股份的锁定期，制定一个动态的、与企业成长相匹配的结构化的减持办法，从存量角度减轻减持套现对市场所形成的巨大压力。

在中国，发展资本市场的道路注定是曲折的，但发展的前景一定是美好的。中国资本市场赖以成长的土壤是肥沃的，中国资本市场发展根植于中国不断成长的经济。中国在未来 10 年保持每年 7.5% 的成长，虽有困难，但问题不大。因此中国的资本市场有很大的成长空间。但是仅有肥沃的土壤，没有适当的温度和环境是不够的。温度和环境就是制度、规则和政策，要让温度回到 20℃，万物都会生机盎然，资本市场也会得到发展。所以，当前要调整我们的制度，修改我们的规则，制定一个适合资本市场成长的政策环境，只有这样，中国资本市场动态可持续成长才会出现，中国经济持续增长的财富效应才会出现。

中国资本市场近期若干
改革措施分析

【作者题记】

　　本文是作者 2012 年 5 月 17 日在参加由中国国际经济交流中心举办的
第 35 期经济每月谈时的演讲整理稿，发表于《中国市场》2012 年第 29 期。

　　中国证监会近期推出了一系列有关资本市场的改革措施，也提出了一些
有别于过去的观点，这些改革措施或观点被媒体统称为"新政"。我认为，最
近的改革措施是以往改革和发展的延续。

一、资本市场这一轮改革和以往改革的关系

　　要较为全面、准确地理解和评价资本市场这一轮改革，就有必要对资本
市场以往的改革与发展进行回顾。从 2005 年以来，资本市场逐步进行了股权
分置等基本制度和宏观结构的改革，这些改革使得资本市场逐步趋于成熟，
为这一轮改革奠定了坚实的基础。这一轮改革在很大意义上也是对以往改革
的延续与发展。

　　（一）以往改革回顾

　　中国资本市场具有全局意义的制度改革，是实际上始于 2005 年 5 月，基
本完成于 2007 年初的股权分置改革。换句话说，从 1990 年设立资本市场以

来，对资本市场进行系统的制度变革，实际上是从 2005 年开始的。而从 1990 年到 2005 年，中国资本市场一直处于探索和试验的阶段，虽然其间颁布了《证券法》，也有很多实际规章和规则，但从结构角度来看是非常不成熟的。因为在 2005 年之前中国资本市场是股权分置的市场，从基础结构来看，是不规范的。因此，这种基础结构的不规范带来了市场运行的不规范、投资者行为的不规范等。从 2005 年起，管理部门和理论界意识到要对股权分置进行系统的改革。实际上，在股权分置改革启动之前，在周小川任证监会主席的时候，就已经深入思考如何推动中国资本市场制度变革了。周小川在证监会期间的工作，为股权分置改革奠定了一定的理论基础，也作出了一些有益探索。尚福林任中国证监会主席以来，特别是 2005 年 5 月至 2011 年 10 月，中国资本市场的改革和创新主要侧重于制度层面和宏观结构层面，如股权分置改革。笔者以为，股权分置改革是自从有了资本市场以来最为重要的改革，是具有里程碑意义的。它从制度层面再造了中国资本市场，为后来市场的发展奠定了制度基础。

这一时期的改革主要包括股权分置改革、券商综合治理、蓝筹股回归 A 股、融资融券交易、股指期货、资本市场结构系列建设（中小板、创业板）等。这些改革涉及的是宏观结构或者说资本市场框架，为后来的市场规范运行奠定了较坚实的基础。在 2005 年之前，中国资本市场经常会出现很大的问题，其中一个原因就是当时的券商制度设计。因为当时的设计是券商可以吸收客户的存款、保证金，由此可能导致挪用保证金，出现了制度的缺陷。蓝筹股的回归，为投资功能奠定了基础，也为全球影响奠定了基础。没有蓝筹股的回归，就没有这么大的市值，对全球市场的影响力就没有这么大。融资融券交易其实是做空的机制。同时，也出现了股指期货等，特别是这期间推出了中小板市场和创业板市场。这些都是极其重要的市场建设和制度规范。

与此同时，这期间还完成了一系列信息披露、并购重组等方面的规则和措施。这一时期的改革为未来中国资本市场的发展奠定了宏观机制，也成为未来进一步推进改革的起点。

（二）这一轮资本市场改革的重点

这一轮资本市场改革从 2011 年 10 月起，重点在于微观结构的改造和对一些重大规则的改革或修正，因为宏观的大结构在过去几年中基本奠定了。这一轮改革有时也会涉及资本市场一些基本理念的反思，这些改革实质上主要涉及监管规则、市场结构和市场制度等方面。

笔者认为，这一轮资本市场改革实质上是过去资本市场宏观制度改革在微观结构上的延续，目的是为中国资本市场的现代化、国际化奠定更为扎实的微观基础。中国资本市场未来的目标是建成全球金融中心，因此，要推动中国资本市场的现代化、国际化，仅有宏观架构的确立是不够的，还必须要有微观的扎实基础，其意义是非常重要的。

二、这一轮资本市场改革的主要内容

这一轮资本市场改革着重于微观层面，主要包括市场基本制度或规则层面上的改革、市场结构和市场秩序方面的规则修改、券商的改革和创新。同时，也提出了一些新的投资观念。

（一）市场基本制度或规则层面上的改革

这一轮关于市场基本制度或规则层面的改革涵盖发行制度、创业板退市机制、主板退市规则完善以及分红制度等。

1. 发行制度改革

不少观点认为，二级市场价格的不正常，有时会跌破发行价，投资者利益受到损害，是发行制度的问题。笔者认为，这其中虽然与发行制度有关系，但是也并不完全与发行制度有关系。二级市场的价格低于发行价是正常的市场行为，跌破发行价是一种正常现象，而且只有通过市场化机制才能校正发行机制和发行定价。尽管如此，笔者认为，过去的发行制度仍然存在着一些瑕疵，当然从总体意义上说，经过这些年的改革，从 2000 年开始的发行制度市场化改革以来，发行制度在这 11 年间在逐步朝着市场化的方向发展，这是正确的。从定价机制看，中国发行制度有瑕疵，但没有太大问题。只要把瑕疵进一步完善就可以了，不要指望发行制度的改革能解决中国资本市场的问题。首先，这一轮改革的重点是：关注询价的有效性。过去询价制度本身有一些问题，比如，有人报了价，但不见得去购买，甚至会有与发行人串通的嫌疑。保荐人、主要的询价者和发行人的确有某种关联，这的确有问题，使得询价脱离了真正的市场供求关系。因此，这一轮改革主要关注询价的有效性，如关注保荐人、询价者、承销商与发行人之间是否存在操纵询价的嫌疑，以及这种询价未来的连续性——如果询价过高，需要发行人作出说明：为什么这么高？为什么明显超出行业的定价？换句话说，这是从微观上要求有更加细致的信息披露。笔者认为，这一思路是正确的。其次，关于存量发行。存量发行是这次发行制度改革最明确的地方。以前的发行是增量发行，对 IPO 是增量发行，这次则不同：除了增量发行以外，还可以把原存量的股份拿出一定比例，在控制股东不丧失控股权的前提下，发起人可以将其部分存量股份和新股一起发行。笔者认为，这可以在一定程度上有效抑制询价的不合理现象。当然，从实践角度来看，存量发行未来会产生一些问题：原发起人股东特别是控股股东是公司的重要股东，存量发行可能会使其不太关注公司的未来发展，这可能会使上市公司的未来发展存在不确定性。

最后，和以往相比较，取消了网下申购锁定期。以前要锁定 3 个月，这次和网上是一样的，哪天上市哪天就可以交易。目的主要是增加初次上市的规模和流动性，从而使初次上市的价格能够相对比较合理。由于规模会相对增大，因此初次上市时操作市场空间将会变得比以往小。保荐人和主承销商可以邀请自然投资者也参与询价，10 个自然人参加询价并不会起多大的引导作用，但对整个市场的定价能否起引领作用还有待时间的检验。

总体而言，这种发行制度的改革目的是让定价变得合理，同时增加定价信息的透明度——因为定价都是对信息的定价，如果信息不透明，那么定价就有问题。另一个目的是抑制炒新。以往在很多场合都是炒新，一上市交易价大多都会超发行价 50%，甚至 100%，几天后股价就会慢慢跌，甚至连续跌两三年，这样的情况会严重损害投资者的信心。因此，现在深圳证券交易所、上海证券交易所都对炒新的账户高度关注。

2. 推出创业板市场的退市机制，完善主板退市规则

这次引起广泛关注的是推出了创业板市场的退市机制，同时完善了主板退市规则。创业板推出2年多以来，退出制度始终没有建立起来，这在一定层面上使得创业板的价格有泡沫化的倾向。因此，在刚开始的一年时间里，创业板二级市场的价格都在100倍市盈率以上，发行价格平均市盈率都在70多倍。这种高市盈率价格难以为继。如此高的市盈率预示着未来将会有巨大的风险。这么高的价格，与没有创业板退市制度有着内在的逻辑关系，即由于没有建立相应的风险制度和结构，炒作普遍化。

在这种背景下，创业板经过2年的运行实践，最近深圳证券交易所推出了创业板退市制度，其中有三点非常重要：一是违规违法迅速退市。中间没有警告，没有缓期，要迅速退市。创业板的上市公司规模比较小，这样规模的企业中国有数万家，所以违规就退市，没有太大问题，因为这方面的资源非常丰富。不像主板，大型企业（如中石化、中石油）退市就很麻烦。主板不是没有问题，而是主板的企业有一个缓冲期，考虑到其影响比较大，涉及的面非常广，因此有警告制度等。而创业板就不存在这个问题，必须迅速退市。二是虽然不违规违法，但如果不及时披露信息，也要迅速退市。违规违法是指披露虚假信息、内幕交易等，这些都是要迅速退市的。不按规定披露信息，虽然信息是真实的，但是没有按照证监会和交易所指定期间披露信息，特别是财务信息，也将迅速退市。如果会计师审计机构提出完全不同的看法，这样也有可能迅速退市。三是借壳是不允许的。主板有借壳的，创业板上市公司的壳不允许"借"，即非上市的公司想通过创业板公司来借壳上市，是不允许的。此外，还有很多具体的财务指标，如交易量、交易价格等，都可能导致退市。

创业板退市的意义很重要。同时，也完善了主板市场退市规则。主板市场规则完成的重点主要是增加退市的指标体系，以前主板退市制度并不完善，现在是从业绩、市场流动性、是否合规、主体资格存续等四个方面确定了退市的程序，加快了退市的速度，建立了股市退市股份的转让等。

3.分红制度

现在正在形成分红的义务规则，上市公司只要赚了钱，就要拿出一定比例进行现金分红。以前这方面没有强制规定，而是由上市公司根据自己的财务状况自行决定是否分红以及分红的数额和方式。在中国，有一个特殊现象，红股是分红的重要形式，但现在则更多地强调现金分红，目的主要是让市场恢复投资功能、财富管理功能。财富管理，现金分红是重要指标，同时也是检验上市公司盈利真实性的重要试金石。每股赚5角现在分2角，但盈利中有一些可能是应收款，所以现金分红有对盈利真实性的考验。现在正在形成分红的义务规则，正在研究调整上市公司现金分红与再融资指标的约束。过去上市公司再融资，当然也有一个现金分红指标，就是最近3年的现金分红不能低于最近一个会计年度利润的30%。这个指标有点低，对强制性分红过于宽松，我建议最近3年的现金分红必须要占到最近3年利润总额的40%。这是分红制度的改革，这个理念是正确的。

（二）市场结构和市场秩序方面的规则修改

市场结构和市场秩序方面的规则修改包括三个方面。

1.市场相关交易收费标准的调整

市场相关交易收费不含佣金和印花税，印花税只有财政部、国家税务总局有权报请国务院批准才能调整，证监会是不能调整的。佣金是券商自己定的，中国证监会有一个指导性标准，不能低于8‰或者6‰。因此，这次降低有关收费是指证监会和交易所的相关收费，包括经手费、过户费等，这个收费下降了25%，对市场起到了一定的作用。虽然量非常小，但是其努力降低投资者交易成本的指示性意义非常重要，有助于推动市场的发展。

2.鼓励新增资金进入市场投资

鼓励新增资金进入市场投资，大幅增加QFII的规模，特别在中美战略经济对话之后又增加了300亿美元额度。之前是新增500亿美元的QFII额度，现在新增800亿美元。过去10年中，QFII规模只有250亿美元，速度非常慢。现在要新增800亿美元，这是很重要的。同时，证监会也正在研究社保基金和其他的养老金以及企业年金，以适当的方式进入市场进行组合投资，并降低其交易成本，努力增加进入市场的资金规模。虽然这里面有一些超出了证监会的职权范围，只能建议，提供优质的服务。比如，社保基金，各地有，中央有，以多大的规模、多大的比例进入资本市场投资，是由各个地方政府以及社保基金理事会来决定的，当然，不能超过约定的比例。如果降低成本，也能使新增资金进入市场。市场比较低迷，主要是因为新增资金不够。由于最近采取相对谨慎的货币政策，新增资金进入市场的规模非常小，比如广义货币最近是13%的增长，可是经济增长、通货膨胀是超过这个数据的。这样一来，进入市场的新增资金就非常少。资本市场每年融资规模都在1万亿元左右，上游资金下不来，下游又要拿走很多，所以指数在不断下跌，我们需要增加上游资金的流入。这个思路是对的，上游资金包括QFII，也包括人民币的境外基金。人民币离岸业务现在规模越来越大，也有很多人民币基金想进入中国市场，但是受到很多规则的限制，现在正在推动人民币境外基金进入中国市场。

3. 市场秩序方面的改革

严厉打击虚假信息披露、内幕交易和操纵市场行为。内幕交易直接破坏了市场的公平，也使市场的公信力受到严重的伤害，因此这方面的改革正在强化。尤其需要提出的是，必须强调中介机构（如会计师事务所和保荐人、主承销商）的诚信原则，它们的诚信对于维护市场秩序具有重要的基础作用。

（三）券商改革和创新

中国的证券公司经过20多年的发展和多轮重组，制度层面上已经步入规范发展阶段。证监会对券商的监管，目前来看规模是以净资本监管为基础，合规监管为重点。在合规的基础上，监管部门关注净资本规模，这是监管的准则。中国的证券公司目前的问题是：成长空间有限。100多家证券公司的利润加起来大概也只有500亿元。

证券公司是存在一些问题的。首先，中国的证券公司没有融资权利，以前它们挪用客户保证金，但这严重损害了客户的利益。现在仍没有向银行借款的权利，只能以自己的净资本进行运作，所以成长空间非常小。而且大券商、小券商在这方面几乎没有什么差别，行业的成长空间有限。中国证券公司的净资产大概还不到高盛的一半。无论从国内还是国际上看，中国证券公司能力都有待提高，这和制度约束有关系，一定要打开证券行业的成长空间。其次，中国证券公司的盈利模式相对单一。这个行业的利润平均55%是靠经纪业务完成的。再次，中国证券公司的社会美誉度不高。最后，中国证券公司在金融体系内辐射力不强，证券公司本应是推动中国金融结构变革的主要力量，但目前来看比较难。

因此，必须进行相关制度的改革，以加强券商综合创新能力，推动市场发展。券商改革和创新的重点在于：拓展行业成长空间；提高自主创新能力；形成多元盈利模式；加强守法和诚信建设。

（四）资本市场发展的若干观念

关注资本市场的发展，有必要重提若干观念。

1. 倡导价值投资，抑制市场投机

倡导投大、投优，投资必须选大的、优的。摒弃炒小、炒差的观念。从一般意义上说，这个理念是对的，但仍存在某些不同理解。实际上，回顾美国过去100年的资本市场成长历史，可以发现投资于中小企业的股票收益明显高于蓝筹股，因为蓝筹股成长空间有限。投资于中小企业的收益是蓝筹股的2倍。中国中小板、创业板时间比较短，现在还无法统计。从这个意义上说，从社会普遍倡导的理念来看，倡导价值投资是可以的，但是这些都要得到理论和实际的验证。

2. 建立投资者适当性分类和管理

低收入阶层最好不要进入市场，因为市场风险大，此类投资者承担风险的能力不足，这种忠告是善意的。那么，他们不进入股市又进入哪里？回归银行存款，显然是不合时宜的。存银行收益太低，买国债排队买不到。买什么呢？有时只有到银行买理财产品，银行的表外业务也是主动负债的东西，风险和收益还不如去储蓄。实际上让上市公司发行公司债是替代品，中石油、中石化这些业绩很好的公司可以发行公司债，其收益率会比国债高。从较长远的角度看，这里其实存在一个潜在的命题，即股市风险很大，收益很低。笔者认为，这是一个似是而非的结论，这种潜在的命题就意味着股权的收益要低于债权收益，这显然不正确。从理论上说，股权投资收益一定要超过债权收益，这样企业才会有盈利。在各类投资产品中，从长期来看，资本投资的收益还是高于黄金、房地产以及国债的。关键在于如何把握。

三、这一轮资本市场改革的意义

这一轮资本市场改革的意义主要包括三个方面。第一，这一轮改革并不是对以前改革的否定，而是其的发展和延续。以往的改革主要侧重宏观结构，而此次是微观层面的改革，所涉层面不同。没有以前的改革就没有今天的资本市场。第二，这一轮改革的基调是市场化，关注的重点是公平，目的是恢复市场的投资功能（财富管理功能）。如果说以前的改革是规范化，那么此次改革主要是市场化，其目标是倡导公平。第三，这一轮改革的最终目标是推进中国资本市场的国际化，推进中国金融结构的变革，实现中国金融体系的现代化，为中国经济的持续稳定发展奠定现代化的金融平台，为到2020年把上海、深圳建成国际金融中心奠定坚实的微观基础。

中国金融改革与资本市场发展

【作者题记】

本文发表于《理论视野》2012 年第 9 期。

一、中国金融改革的战略目标

中国金融改革的战略目标是什么？经过 30 年的改革和发展，中国的金融体系有了重大调整，竞争力明显提升，但中国金融改革的战略是什么，始终还不是十分清楚。只有战略目标明确，未来才能有效地推进我们的改革，才能更好地设计我们的各项改革政策和措施。

我认为，再经过 10 年或者是 20 年的改革开放，中国金融体系应该是一个以发达金融市场特别是资本市场为基础的现代金融体系。这是中国金融改革和发展所应追求的战略目标。这样一个战略目标，实际上在文件或者教科书里并不是经常提到的。这个战略目标实现的基础是发达的金融市场，而发达的金融市场最重要的核心是资本市场。这样的现代金融体系有两大核心功能：第一大功能是，可以在全球范围内配置金融资源。金融本质上还是要为实体经济服务的。中国经济规模越来越大，我们需要一个什么样的金融体系才能使经济规模不断增大的中国经济实现可持续增长呢？中国金融体系如何成为一个对中国未来百年成长源源不断的动力系统，这是我们必须思考的一个战略问题，这就如同美国的金融体系推动美国经济百年成长一样。具有这种强大资源配置功能的金融体系必须是开放的，是高度市场化的，它可以在全球范围内配置资源，以此推动中国经济的持续性增长。第二大功能是，有很好的风险分散的能力，风险一旦来临，这样的金融体系可以在全球范围内分散风险，以确保金融体系的安全和经济增长的稳定性。

二、当前金融改革的三大任务

我所主张的这样一种金融体系，大体上可以实现这两大功能。如果我们把这样的以市场为基础的金融体系确立为我们金融改革的战略目标，当前乃至未来一段时期内我们就必须推进三项改革。

（一）要进一步推进中国金融体系的市场化改革

中国金融体系的市场化改革主要包括两个层面的内容：

一是中国金融机构的市场化改革。中国金融机构市场化改革的核心是金融机构的多样性、多元化，重点是民间金融的阳光化和制度化。要让更多的民间资本参与到包括商业银行和其他非银行金融机构的发起、设立、并购重组和运行中。这样有利于提升金融机构的市场化程度和市场化竞争力，才会清除地下钱庄的高利贷化。高利贷市场是对实体经济的严重摧残和侵蚀，必须通过一种制度的设计使其阳光化，这是中国金融体系市场化改革面临的一大问题。

温州金融综合改革的使命和目的，实际上就是要探索民间金融阳光化、制度化和金融机构的多元化。但这种改革是不是具有全国推广的价值，正在观察，但这条路是必须走的。虽然金融是一个特许行业，不提倡过度竞争，但还是要有适度的竞争。适度竞争才会为客户提供高质量的金融服务，才会推进改革。推进金融体系市场化改革的重要基点，就是要推进金融机构的多元化，其核心是民间资本要参与其中的改革和发展。

二是必须推进中国金融结构向市场化方向调整和变革，其中，大力发展包括资本市场、货币市场在内的金融市场是其关键。没有一个发达的金融市场，没有一个发达的资本市场，这样的金融体系就没有分散风险的能力。刚才提到过，我们未来的金融体系一定要有分散风险的能力，没有分散风险的能力，可能辛辛苦苦30年，一夜回到解放前。有了分散风险的功能，虽然每天都在波动，但实际上金融体系还是安全的。所以，金融体系分散风险的功能至关重要。沙漠、戈壁貌似没有风险，其实风险很大，大海虽然每天都有波涛，但其实是安全的。金融过去最重要的功能被定义为配置资源，而现在实际上配置风险是最重要的。这就是要发展金融市场特别是资本市场的原因所在。

（二）要加快利率市场化的改革

我们知道中国经济体制改革的成功经验有两条：第一条就是让企业包括国有企业成为真正的市场化的主体，有完全的定价权，产权明晰，责任利益边界清楚。第二条经验就是，价格由供求关系来决定，由市场来定价。对比中国金融改革，我们前一条做到了，后一条没有做到。中国金融机构成为市场化的主体正在实现，但是对价格的决定权目前还没有。利率主要还是由国家来确定的，从而才会出现银行体系高额的垄断利润。在实体经济连续下滑的情况下，从2012年半年报披露的情况看，银行业的利润平均增长了20%，在实体经济严重困难的时候，银行业还有如此高额的利润，这实际上是垄断价格带来的，来自利率的垄断。

利率市场化有利于发展金融市场，有利于调整中国传统的金融结构。利率市场化不是提倡恶性竞争。在中国的商业文化中，有一个问题，一听到市场化就开始恶性竞争，通过价格战把对方置于死地。任何行业的发展，都应有一个适度的利润，没有适度的利润这个行业是不可能发展的。在金融领域特别要注意这一点。

（三）要加快推进人民币的国际化

这是三大任务中最具有战略意义的。中国经济体制改革，闭着眼睛想一想还有什么大事是没完成的，那就是人民币的国际化没有完成，那就是中国金融体系的开放没有实现。人民币不国际化，金融市场就是一个封闭的市场，建立一种可以在全球配置资源和分散风险的金融体系就不能实现。这其中，人民币的国际化至关重要。在我们的金融文化里，有时对风险的理解过度了。我们对风险理解得特别深，以至于一定程度上束缚了我们的改革，以至于我们不敢往前走。

2008 年全球金融危机，多少有点让我们后怕，不知道未来还有什么问题。实际上，人民币国际化是大势所趋。人民币要顺势而为，尤其当欧元出现危机的时候。人民币国际化要过两个门槛：第一个门槛是，成为完全可交易的货币。第二个门槛是，成为国际贸易的重要结算货币。只有跨越这两个门槛，中国金融体系的国际化，建设现代金融体系的目标才可能实现，才有可能把上海建设为国际金融中心。上海建成国际金融中心不是一个口号，它是未来中国经济的发动机，如同纽约成为全球金融中心、成为美国经济强大的发动机一样，意义和作用非常重要。它不是一个形象工程，是实实在在的制度改革，但前提是人民币必须国际化。也许在人民币国际化进程中会遇到很多困难甚至风险，那也要迈过去。现代金融本身就是风险，没有风险就没有现代金融。物物交换的时代是没有风险的。纸币的出现意味着有了金融风险。所以对风险要有一个完整的理解，否则我们就会缩手不前，改革和发展就会停滞。

前面说的战略目标和金融改革的三大任务，到 2015 年或者到 2020 年都应基本实现，否则我们将错过最黄金的时期。我们具备了推动金融改革三大任务的所有条件，剩下来的就是对当前形势的判断、缜密的政策设计和推进改革的勇气。

三、关于当前中国资本市场的一些看法

当前中国资本市场的确遇到了严重困难，很低迷，背离了中国经济。中国金融体系现代化没有资本市场的大发展是不可能实现的，这一点一定要有深刻的理解。中国资本市场发展之所以如此曲折，源于我们对资本市场的误读和偏见。比如说误读，不少人都认为，资本市场是一种财富分配机制，没有"创造"财富的功能，这可能是一种误读。实际上，资本市场有发现价值的功能，有让金子闪闪发光的功能，发现价值从一定意义上说，也是一种

"创造"价值的过程。金子埋在沙子里谁都不知道它的价值，因为它被掩盖了。当我们把掩盖的沙去掉后，金子就会闪闪发光了。资本市场就是这样发现价值的，不要以为它本来就有价值，不要以为埋在沙子里也会闪闪发光。为什么工商银行在上市之前，很多学者都认为它基本上已经破产了，上市之后为什么就会有过万亿元的市值呢？这就是资本市场的作用。

长期以来我们对资本市场怀着偏见，说是泡沫的发源地，是赌场，是投机者的乐园。以为在资本市场上赚取的财富就是投机性财富，不值得一提。这些偏见误导了政策，政策让资本市场不断边缘化。

在实践中，还有一些偏见和误读。比如说，以为资本市场只是融资的场所。我到各地去调研，各地的领导都说，我们当地有多少家上市公司，去年融资了多少。这种认识就是典型的误读。他们把融资看成资本市场上唯一的功能。实际上资本市场最核心的功能不是融资，而是孵化财富，是投资。资本市场最核心的功能是财富管理，股票是证券化后的企业资产，是财富管理最重要的配置对象。由于误读和偏见，资本市场在中国的发展道路将会很漫长，也会很曲折。但是我们必须把这些偏见和误读讲清楚，要正本清源。

误读和偏见带来了我们政策的严重偏差。中国资本市场长时间处在一个供求关系严重失衡的状态中。我们的政策在处理资本市场供求关系方面是严重失衡的。我们只关心融资，而忽略投资功能，只关心融资者的利益，不关心投资者的利益。当前我们最重要的是要恢复市场信心。中国资本市场已经出现了信心危机，要高度重视。恢复市场信心必须要做三件事。

第一，要让市场融资的速度减缓下来，水库都没有水了，怎么还在放水呢。

第二，要让新增资金进入市场，采取有效的政策去引导这些资金进入，包括地方政府的社保金和养老金。我看了审计署的报告，地方政府对养老金和社保基金的管理是不称职的。它们要么把钱放在银行做存款，要么挪用。前者是不尽责，后者是违规违法。把这些社保基金、养老金变成银行存款真是失职，我们经常说我们的社保基金、养老金有巨大缺口，这种管理办法当然会有缺口。不投资就一定会有缺口。养老金、社保基金一定要有投资功能。我们要靠投资才有可能保证未来的退休金支付。

所以我们要形成一个市场化投资的文化，这些资金都需要进入市场，它们都需要有增量收益，我们的政策要允许这些资金的部分比例进入市场。都说这是养命钱，不能投资，这是吓唬人，"养命钱"吓住了很多人。美国人的养老金就不是"养命钱"？关键是制度建设和机制完善。不是把钱放在保险柜里，那是"大财主"文化。我们需要投资文化，不需要"保险柜文化"。把这些"养命钱"搁在家里，锁在保险柜里就负责任？那才是真正的不负责任，没有投资财富永远不会增加，谁把钱锁保险柜里会升值？一分钱都不会增加的。钱存在银行里也不是投资。很多貌似负责任的口号实际上才是最不负责的、最没能力的表现。

第三，发展资本市场的政策要重新审视，不要让政策把资本市场边缘化，更不要把资本市场妖魔化，要从战略高度去理解发展资本市场的意义。只有这样做，中国资本市场才有希望。中国资本市场没有希望，中国金融改革就没有希望，中国金融改革没有希望，中国经济也就没有希望。

改善资本市场政策环境
推动增量资金入市

【作者题记】

本文发表于《中国证券报》2012 年 1 月 13 日 A04 版 "观点与观察" 栏目。

刚刚过去的 2011 年，是中国资本市场黯淡无光的一年。这一年中国经济在 2010 年增长 10.4% 的基础上，继续高速增长。与此同时，中国股票市场（以上证指数为例）则在 2010 年下跌了 14.3% 的基础上继续下跌 21.7%。从当前情况看，调整失当的政策，制定、实施有利于稳定并推动资本市场发展的政策措施至关重要。笔者认为，政策调整的核心内容是，增加进入市场的增量资金，改善市场运行的政策环境，适当调整相应的政策，特别是货币政策，并适时放缓市场供给增长速度。

当前中国资本市场已步入真正意义上的全流通时代。从短期来看，市场存在解禁期，长则 48 个月，短则 12 个月，解禁期到来会压制市场上涨，使市场定价重心下移。从 2007 年 2 月股权分置改革完成到现在，市场都在消化股权分置改革带来的到期解禁股减持压力。笔者认为，解禁股压力基本消化需要 5 年时间，也就是说到 2012 年，这种解禁压力才会减轻，市场会进入一个新的变动时期。

中国资本市场正面临持续性的巨大融资压力。由于金融结构性缺陷，中国股票市场承受着较大的融资压力，其中，商业银行在资本市场上的融资需求巨大且持续。仅上市商业银行每年可能要在资本市场融资 3 000 亿 ~4 000亿元人民币。通常情况下，为保持 8% 的经济增长，我们每年的新增贷款都在 8 万亿元以上。按照《巴塞尔协议Ⅲ》和银监会的相关要求，8 万亿元新增贷款要消耗 5 000 亿元的核心资本，其中上市银行占整个银行的比例是70%~75%。也就是说，上市银行每年要消耗 3 000 亿 ~4 000 亿元核心资本，这对市场形成巨大压力。这与中国金融特别是商业银行创新不够有关，唯有进行金融结构性改革和创新，才能解决这一矛盾。

当然，中国资本市场发展的基础是实体经济持续增长和结构转型。到2020 年，中国经济还将维持较高的增长速度，年均增长在 8% 左右。中国经济增长模式同时进行结构性转型。我国内需会有较快扩展。从出口为主转向内需为主的经济增长模式转型，这对中国资本市场的发展将带来更大的机会。

中国资本市场面临不断开放和国际化的内在要求。笔者认为，到 2020年，中国金融市场将形成以上海—深圳资本市场为轴心的市场，建成全球最具影响力的金融增长极。届时，中国资本市场将是全球最重要、规模最大、流动性最好的国际性金融资产交易市场之一，仅股票市场的市值就将达到100 万亿元人民币，证券化比率超过 100%。同时，将形成股票市场、债券市场、金融衍生品市场相互协调、共同发展的资本市场结构系列，资本市场的功能将得以完善。

此外，2020 年，中国资本市场将成为重要的财富管理中心。投资者队伍进一步发展，类型趋于多样。机构投资者特别是私募基金会快速发展，所占流通市值之比将从目前的 25% 左右上升到 50% 左右。市场功能进一步改善，将从关注增量融资（IPO 和增发）过渡到关注存量资源配置（并购重组），功能的转型使市场更具持续性和成长空间。

但是，当前中国资本市场还存在诸多问题，要让投资者有信心进入这个市场，让市场回归本源，必须制定与战略目标相匹配的政策措施。从当前情况看，调整失当政策，制定、实施有利于稳定并推动资本市场发展的政策措施至关重要。政策调整的核心内容应是，增加进入市场的增量资金，改善市场运行的政策环境，适当调整相应的政策，适时放缓市场供给增长的速度。

具体来看，第一，适当增加和提高战略性资金进入市场的规模和比例。这些战略性资金包括社保基金、企业年金和部分商业保险资金等。从目前市场状态看，这些资金有序进入市场，既能稳定市场，还能把握投资机会，风险较小。

第二，鼓励大股东增持股份，修改 IPO 前股东减持股份的规则，尤其是修改股权分置改革后新上市的公司 IPO 前股东减持套现规则，使其具有一定的约束性。

第三，不断扩大外资和 RQFII 进入市场的规模，适时推进中国资本市场的国际化进程。QFII 制度已实行 8 年，目前规模是 216.4 亿美元，需要审视并修改有关 QFII 制度，适当降低门槛，扩大入市规模。随着人民币国际化进程的推进，境外人民币规模越来越大，虽然在 2011 年 12 月政府批准试点 RQFII，但初期试点额度仅有人民币 200 亿元，应有序引导并扩大规模。

第四，积极改善中国资本市场发展的政策环境。货币政策环境方面，从经济增长、价格变动趋势和资本市场发展角度看，当前仍然偏紧的货币政策应回归到常态化的货币政策，应择机适当下调存款准备金率。红利分配政策方面，上市公司有盈利的，应强制性要求进行分红，由当前的三年累计现金分红占报告期一年利润的 40% 改成占三年累计利润的 30%~40%，并将现金分红比例与再融资有机地结合在一起，强化中国资本市场的投资功能。

第五，营造良好的市场环境，严厉打击各种违规违法行为。应提高信息披露的透明度和质量，打击各种形式的恶意的虚假信息披露，防范信息披露的技术性遗漏、差错，在中小板、创业板市场尤为重要。此外，打击各种形式的内幕交易，重点在于监控 IPO 前之股东减持行为和保荐人及其关联人之投资行为，以维护市场的公平性。同时，打击各种形式的操纵市场，重点关注大股东及利益相关者并购重组对市场带来的波动，以保证市场的公正性。

第六，适当放缓市场供给增长速度，以修复处在失衡状态的市场供求关系。具体措施包括：暂缓国际板的推出；适当放缓 IPO 步伐，有序调节大规模再融资的频率和规模；审视中小板和创业板的经验教训，调整中小板、创业板的发行频率。

只要进行上述政策的调整和完善，中国资本市场就有望进入正常的发展轨道，中国资本市场的战略目标就一定能实现。

从全面紧缩转向结构性宽松

【作者题记】

本文发表于《中国证券报》2011 年 9 月 14 日"观点与观察"栏目，标题略有改动。

在目前的情况下，中国的宏观经济政策特别是货币政策要考虑外部需求的变化。中国的宏观经济政策应该具有灵活性、针对性和延续性，同时要采取结构性的定向宽松政策，全面总量紧缩的政策应该结束了。

一、货币政策不宜再紧

从短期看，欧债风险实际上要比美债风险大得多。全球金融市场未来还会出现大的动荡。中国 A 股不会独善其身，不过动荡波幅会小一些。总体来看，中国资本市场波动最为重要的外部因素是欧债，内部因素则主要来自政策的不确定性。

全球金融市场大幅度波动，会在一定程度上影响到中国的经济增长。在目前的情况下，中国的宏观经济政策特别是货币政策要考虑外部需求的变化，考虑外部金融市场的动荡，而不只是考虑 CPI 的变化。

CPI 虽然是中国宏观经济政策特别是货币政策的导向性指标，但是在目前特殊的条件下，要适当考虑外部市场波动的影响。中国的宏观经济政策应该具有灵活性、针对性和延续性，同时要采取结构性的定向宽松政策，全面总量紧缩的政策应该结束了。

当然，定量宽松并不意味着中国重走 2008 年的老路子。这次欧美债务危机对于欧美居民收入来说影响较小，对中国经济的影响要远远低于 2008 年。在这种情况下，房地产调控不宜放松，但货币政策应当作出结构性调整。

二、跳出美元陷阱

在现有美元本位制的国际货币体系下，美元陷阱是一个怪圈：减持美国国债，美元就会贬值，美元贬值，人民币就会升值，人民币升值会影响到我们的出口和经济增长。为了稳定人民币汇率，又要买进大量的美元，因为美国国债的流动性比较好，规模也最大，短期支付风险不大。这就进入了只能买美债的怪圈，这个怪圈无论是中国还是日本似乎都跳不出来。

要跳出这个陷阱只有两条路：一条路是从根本上改革美元本位制的国际货币体系。未来新的货币体系应该是稳定的或者说具有可选择性的，但目前的现实是欧元和欧元资产比美元和美元资产要更加动荡不安，而日元规模太小，日本经济前景更渺茫，日元难当重任。在这种国际货币体系格局下，没有什么选择的余地，只有推进多元化国际货币体系的改革，使人民币成为多元货币中的重要一元。这个改革是根本之举。另一条路是调整中国的经济增长模式，扩大内需在经济增长中的作用。

当然，这两条路都是漫长的过程，短期内不会出现太大变化。短期内唯一能做的是，对外汇投资主体进行改革调整。可以扩大外汇投资主体，并通过适当方式投资一些战略资源、股权乃至黄金资产。更为重要的是，应推进汇率制度改革，把风险由现在的央行一家承担，变成成千上万的主体承担，当然这也需要汇率制度彻底实现市场化改革。

美债危机对全球金融体系、国际货币体系以及对中国的影响都是双重的。一方面，市场风险加大。美元、美债都是全球最重要的货币和金融资产，一旦出现波动，中国所拥有的美元资产面临着贬值的风险，其他国家也是一样。另一方面，从长期来看，美债大幅波动，信用评级的调低有利于全球货币体系的改革，有利于全球金融市场结构的调整，有利于新的元素、新的力量的成长，有利于从美元本位制的国际货币体系向多元化的国际货币体系的过渡。对中国来说，人民币的国际化和中国金融体系的现代化、市场化和国际化则面临新的契机、新的可能。

中国发展金融市场不是要成为债权大国，而是要成为债务规模与经济成长相匹配的大国。全球金融改革的核心是要使全球金融资源保持相对均衡的分布。中国金融资源要有合理分配和增长，这与中国金融发展的战略目标是一致的。

宏观经济的远虑与近忧

【作者题记】

本文发表于《宏观经济管理》2011 年第 4 期。

中国社会，从经济的角度来看，近忧远虑都存在。从近期来看，面临着控制通胀和保证经济平稳较快增长的双重压力。从中期来看，面临着收入分配制度的改革和社会保障体系建设的双重困扰。收入分配制度改革不但要解决中国社会贫富差距扩大的趋势，而且体现着经济增长模式转型的含义。因为如果没有收入分配制度的改革和调整，经济增长模式的转变是不能完成的。也就是说，从过度依赖外部需求拉动经济增长过渡到内外需均衡拉动，逐步实现以内需拉动为主的增长模式，是难以达到的。同时，也面临着社会保障体系的完善问题。

实际上，中期目标需要解决社会公平问题。这是一个非常艰难的时期，需要建立社会公平机制，因为中国社会已经进入中等发达国家起点的水平，2010 年我国人均 GDP 超过了 4 000 美元。中期的目标任务是非常艰巨也是非常困难的。我国的收入分配制度，需要在政府、企业、居民三个主体之间进行利益结构的调整，基本方向就是要大幅度增加居民的收入，适当减少财政收入，放缓财政收入的增长速度。但是，在传统的地方政府绩效考核体制下，经济增长仍然是一个核心指标，要调整的难度很大，但是又必须要推动。

从远期看，我国的增长面临着资源约束和金融体系的现代化能否实现的双重挑战。若把金融体系的现代化作为一个长期目标，那么，金融体系如果不能实现国际化改革、形成市场化趋势，我国经济就难以为继。我国经济要维持20年的增长，是没有问题的，现已完成了前10年的高速经济增长，还可以通过尚存在的人口红利和制度改革优势，以及加入世界贸易组织之后的一些制度便利，继续维持10年的高速增长，但是到2020年的时候，中国怎么办？会不会进入停滞的阶段？会不会像日本那样，20年以后经济停滞不前？这需要从战略的高度上进行分析。

为了使中国经济不至于停滞，像美国那样实现百年增长，就要设计一个像美国那样的百年增长模式。这其中最关键的主要有两条：一是科技创新所带来的产业革命，没有产业革命，一个庞大的经济体不可能实现100年的长周期增长。因此，必须推动科技创新。二是以科技创新推动产业结构调整。美国100年的增长是由两次产业革命推动的：一次是20世纪初的钢铁工业大发展以及后来的汽车工业发展及普及，推动了美国经济20世纪60年代的大增长；另一次是20世纪后40年代主要通过信息技术，推动了美国经济的高速发展。我国的产业革命可能不完全在信息技术上，可能是在新能源、新材料上。

面临资源的严重短缺，要实现经济体系现代化，要维持百年的增长，必须建立一个开放的、可在全球范围内配置资源的现代金融体系，要在全球聚集资源。同时，要在全球分散风险。

怎么解决近期的忧患呢？必须保证通货膨胀不至于进一步恶化、经济不会出现大起大落的波动。这首先涉及这次通货膨胀的原因。这次通货膨胀是改革开放30多年来最复杂的通胀。从体制上看，目前我国经济的外向型程度、货币环境的外部性明显增强，经济活动呈现全方位开放的态势，金融、货币体系也大部分开放，使经济的复杂性大幅度提高。在这样的大前提下，通胀主要是输入性的。这次通胀的逻辑起点是2008年的金融危机，现实起点是美联储的量化宽松货币政策。这是我国通胀发生的第一级推动力。我国过去两年的量化宽松货币政策是这次通货膨胀的第二级推动力。而自然灾害再加上劳动力成本的提升，就成了这次通胀的第三级推动力。

货币政策需要新思路，宏观调控需要新视角。面对这样的通胀，货币政策首先要着力数量供给。实际上，过快过多地提高利率，不一定对治理通胀有多大作用，因为提高利率本身客观上会带来更大的外汇占比，它比提高利率所带来的收缩流动性作用要大得多。常态化工具应是存款准备金率，最后还要进行央行票据的微观调节，起到资金价格的发现作用。在这样的配置下，货币调控机制的基本方向是正确的。实际上，货币政策本身不能对供给形成太大的影响，期望货币政策既调节基础又调节供给的想法是不现实的。财政政策要发挥作用，通过税收政策等手段来刺激供给的增长。

当然，这种政策架构的方向是对的，但力度是需要掌控的。货币政策操作过于频繁，过于急于求成，试图想明天就降低 CPI，是不可能的。需要 3~6 个月才会在价格上体现出来。过于急于求成会为后续的经济埋下潜在的风险，使得未来的经济可能在 2011 年下半年出现某种幅度的波动，而到 2011 年 8—10 月，又要采取相对宽松的货币政策。我国的经济周期已经越来越短，正常的经济短周期是 4 年，而我国的经济周期已变成了 2 年，第一年增长，第二年控制，第三年又要刺激，这是一个值得重视的问题。

还有个问题就是缺乏前瞻性，这和急于求成、急于见效有关，不知道如何在现阶段实现通胀、CPI 和经济增长的动态调整。实际上，随着经济的发展，CPI 上涨基本是常态化的。任何国家的现代化过程，一是经济净值的提升，二是人民生活水平的改善，三是价格水平的上升，只不过居民的收入提升会超过价格的提升。因此，指望 CPI 很低是不现实的，宏观经济视野要不断调整，现阶段的通货膨胀和 CPI 增长要有一个宽泛的动态区域，这就需要对我国经济环境有很深入的把握，才能够理解。

总的来看，解决近忧还是要在控制通胀和保持经济稳定增长中找到一个科学的、动态的、稳定的增长点。

大国经济需要大国金融战略

【作者题记】

　　本文发表于《传承》2011 年第 7 期，后经修改转载于《中国经济时报》2015 年 8 月 19 日第 8 版·圆桌论坛。

　　中国今天已经成为全球经济大国。全球金融危机后，中国加快了作为全球经济大国的步伐。但是，我们的经济在密度方面还比较落后，密度较低，正表明我们这个国家有潜力。这样一个经济大国必须要有与之匹配的金融体系，为此，要制定一个大国金融战略。中国经济崛起要有金融的崛起才可能持续，建立一个能吸纳全球资源的开放性金融平台日益迫切。

一、全球货币体系要从单极走向多元

　　人民币可能是继美元之后未来非常重要的国际性货币，拥有人民币的多元国际货币体系，对于未来全球经济发展和金融体系稳定具有战略价值。

　　2008 年全球金融危机的规模、深度都比 70 多年前的那场金融危机要更广更深。它的发生有其内在原因。作为经济的重要符号，赖以支持金融市场的实体经济已经发生重大变化。金融危机的出现表明，金融体系要适应实体经济的发展，同时也要矫正过度膨胀或者结构上过度倾斜的金融体系，从而与实体经济相适应。所以，金融危机的基础部分在于实体经济。倒不是说这次金融危机的爆发是实体经济出了大问题，而是说全球实体经济在近 60 年发生了重大变化。现在的全球金融体系、货币体系和市场结构都是在 60 多年前建立起来的，第二次世界大战之后所确立的布雷顿森林体系的框架里就已经形成了今天的全球金融体系和结构，基本没有太大变化。

全球金融变革对中国来说有两方面的战略意义。其一，全球货币体系的改革为人民币国际化提供了机遇。以美元为核心的单极货币体系有很多缺陷，显而易见是需要改革的，而且也具备了改革条件。以前人们常说 G7，后来俄罗斯加入变成 G8。金融危机后，世界经济需要新兴经济体的加入，形成 G20，中国的话语权显著提高。后来又出现 G2 的概念。G2 既是对中国的赞扬，也是对中国的一种预期。尽管从战略意义上看，两国集团时代远未到来，中国还没有那么强大，但是从 G7 到 G8，到 G20，最后到 G2，反映出中国实力的不断强盛。

中国政府一向强调，要反对贸易保护主义，反对投资保护主义，推动贸易市场的自由化，推动国际货币体系改革，同时要求现行国际货币的发行主体要有责任感。推动国际货币体系改革，包含了人民币国际化的政策含义，包含了未来国际货币体系不可能是单极的、以美元为核心的体系，而一定是一个相互制衡的、多元化的国际货币体系。不过，多元也不会太多。比如，欧元从诞生之日起就埋下了危机的种子；欧元是超主权的，在现代货币史上是里程碑，但它的确有缺陷。

从单极走向多元，将是这次国际货币体系改革的基本方向，也是未来国际货币体系形成的基本特征。人民币可能是继美元之后未来非常重要的国际性货币，拥有人民币的多元国际货币体系，对于未来全球经济的发展和金融体系的稳定具有战略价值。

中国经济规模现在已经是世界第二，不论从规模、单个经济指标来看，还是从影响力和未来增长率来看，都没有问题。但是一些国家还不能适应中国经济的崛起，也不能适应人民币的国际化。

在人民币问题上，美国一直主张人民币升值。中国在崛起过程中的内部不利因素，通过 30 年的改革开放消除了很多，或者说解决得比较好。但是，我们现在遇到一个比内部因素更复杂的外部环境。现在是从贸易开始，未来会延伸到金融领域，会非常复杂。中国要成为一个大国、强国，金融就一定要强。这涉及国家的战略目标。实际上，人民币国际化更有利于全球的稳定。人民币国际化并不意味着人民币要取代美元。人民币和美元是相辅相成的，而不是恶性竞争的关系。

金融危机带来的第二个机遇，是我们要构建新世纪全球新的国际金融中心。人民币的国际化还不是我们的最终目标，我们还希望各国政府和投资者拿着人民币到中国的金融市场来投资，这样，我们就能把金融市场做大。

为什么美元在60多年里都受到世界各国的推崇？是因为它有一个非常庞大且非常开放的金融市场，无论是债券还是股票市场，人们都愿意到美国去投资。对中国来说，未来更大的目标是要构建新世纪全球新的金融中心，这个金融中心将是中国金融崛起的核心、支柱和基础。

全球金融中心有一个漂移的过程。从13世纪到21世纪，全球金融中心随着经济中心的转移而转移，随着相关国家的强盛、贸易的发展，国际金融中心以世纪为期限不断地移动。13世纪是威尼斯，15世纪开始是阿姆斯特丹，从17世纪开始慢慢漂移到伦敦。那时金融中心的主要任务是贸易结算，没有金融中心，贸易就很难发展，所以，早期的金融中心更多的是结算中心，是货币的交换中心。到19世纪末，金融中心开始漂向纽约。重要的是，20世纪国际金融中心的功能发生了变化，由原来的清算中心、货币交换中心转变成资产交易中心，金融资产成为财富的主要存在形态。这一时期的金融中心，已经升级为财富管理中心。美国的兴起有很多因素，一个强大的金融体系是其中最重要的原因之一。

我们在相当长的时间里，认识不清中国金融模式的战略目标是什么。我们把金融改革的重心长期放在发展多元化的金融机构上。但是，如果没有一个市场化平台，这些金融机构迟早都会变成类银行。所以，中国金融改革的重心一定要从建金融机构转变为搭市场平台。金融市场的核心是资本市场。要搭建一个又宽又厚、具有高度流动性又很透明的金融市场，这才是中国金融改革的重心。把这个平台搭建好，金融机构才有创新空间和市场竞争力。

这就是中国建设国际金融中心的战略价值所在，它可以改变整个金融体系和金融结构，能使风险流动起来，使金融体系既安全又有效率。我们不能因为金融危机的出现就否定中国金融改革的方向，不能因为金融危机是由美国次贷危机引起的，就否定美国金融体系的优越性。美国要是没有这个金融体系，将风险分散到全世界，全球受到的损害会更大。

有人提出，要回到实体经济占绝对统治的时代。我不赞成。金融危机后，新的金融增长极的出现将会彻底改变全球金融市场的格局，新的金融中心出现将是这次金融危机之后最重要的结果，而这个新的金融中心就是上海，或者说以上海为符号所代表的中国。

这就是从金融角度所看到的全球金融危机带给中国的两个机遇。2010年决定将上海建设成新的国际金融中心，这是正确的决策。新的国际金融中心一定是市场选择的结果。这又会带来很多挑战，需要很多软条件加以匹配。

这一战略目标实现的过程，将会是中国建设现代化强国的过程。建设全球金融中心，某种程度上也能够推动中国的社会进步、经济发展，其中最重要的是带动社会的进步。社会不进步，经济进步也就没有意义。

二、人民币国际化的利与弊

人民币国际化的第一个好处是分散风险，第二个好处是在全球配置资源。而风险则在于，中国经济的外向型越来越大，外部的风险因素在不断增加。

人民币国际化是一个大概念，其中包含两层含义：第一，人民币一定是可自由交易的货币，在世界各地的金融市场可以按照供求关系来自由交易。第二，仅仅是可自由交易的货币还不够，人民币的最终目标是要成为全球重要的储备性货币，是一种财富储备手段。在目前的国际储备货币中，日元占3%，美元占65%，欧元占25%。未来人民币的目标也许是占30%，全球国际储备货币的格局会因此发生重大变化。到这个时候，人民币才真正实现了国际化。

第一个目标，可自由交易的货币，是我们主动改革就能完成的。第二个目标，即成为国际储备性货币，则完全是投资者和市场选择的结果，是综合国力的反映，是社会稳定的体现，是社会进步和法治化水平提高的表现。

人民币国际化和新的多元国际货币体系的形成有重要的内在联系。没有人民币的参与，未来多元国际货币体系是没有实质意义的。目前，我们在人民币国际化方面已经做了一些政策安排，特别是 2009 年出台了一些政策，包括与 9 个国家的中央银行进行货币互换。此举对人民币国际化有重要作用。同时，推进双边贸易鼓励人民币结算，特别是边境贸易、区域贸易用人民币结算，虽然数量有限，但意义很大。从政策安排上看，我们应不断地扩大人民币的影响，从区域扩展到全球。这是人民币国际化的阶段性安排。

值得注意的是，我们对人民币国际化需要进行收益风险分析。我们的经济体系里缺少风险分散或风险流动的机制。人民币国际化一方面可以使得我们获得与风险相匹配的收益，另一方面也把未来的风险分散了。

现在，金融改革似乎有阻力，不少人被全球金融危机吓倒了。从总体上看，中国的金融体系除了资本市场外，改革、创新进展缓慢，商业银行的改革和创新进展更慢。这不是好事。

人们对资本市场存在一个误区，以为资本市场只是发行股票进行融资。实际上，真正成熟的资本市场，股权融资的规模是很小的。1990 年之后，美国资本市场上通过股权融资的数量就很少。资本市场实际上是一个定价机制，即存量资源配置机制、财富管理机制，它不是简单用来融资的。资本市场在融资方面没有优势，反而是银行有优势、公司债有优势，融资不见得一定非要发行股票不可。

中国经济未来增长 20 年是没有太大问题的，但是，怎样才能持续 100 年？美国在 20 世纪的 100 年中，只有六七年时间出现过停滞或衰退，包括 1929 年到 1933 年的 4 年，以及石油危机的 2 年。亚洲金融危机和拉美金融危机发生时，美国的经济增长都在 2% 左右。长期持续的经济增长成就了强盛的美国。

我认为，中国经济的跨世纪增长有两个重要因素不能忽视：一是科学技术，因为靠廉价的劳动力不可能推动产业升级。经济长周期增长的起点一定是科技进步引发的产业革命。二是现代金融。现代金融既以杠杆效应推进科技与经济的结合，在创造源源不断的金融资本的同时，又提供了一个分散风险或使风险流动起来的稳定机制。

所以，人民币国际化的第一个好处是分散风险，第二个好处是在全球配置资源。美国那么发达，一个重要因素就是因为全球人都在用美元，美元的离岸业务和本土业务一样大，也就是在海外流通的美元规模和在美国国内流通的美元规模一样大。人民币国际化的风险在于，中国经济的外向型越来越大，外部的风险因素在不断增加。开放条件下金融风险的控制，要有很高超的技巧和很好的制度设计，通过一系列政策工具来不断对冲风险，使风险处在可控状态。这对宏观经济管理提出了新的要求。

三、重股市、轻债市不符合金融发展规律

建设全球新的金融中心，不是说要建设一个强大的中央银行和监管部门，也不是说商业银行很强大，而是说市场很强大。

从理论上说，金融体系现在已经演化成两种模式：一种是以传统商业银行为主体的金融体系，其典型代表是日本和德国。这种模式的缺陷主要是风险不太流动，财富管理的功能不明显。另一种是以市场或资本市场为核心的金融体系，其典型代表是美国和英国。

与发达国家相比，中国的金融体系比较落后。教科书上说，中国要构建一个以中央银行为核心、以商业银行为主体、多元金融机构并存的金融体系。这是对现实的概括，不是我们的发展目标。我是强烈主张以第二种模式，也就是市场主导型的金融体系来发展中国的金融。现代金融体系中最核心的东西就是资本市场，只有它发展起来了，风险才能流动起来。所以，建设全球新的金融中心，不是说要建设一个强大的中央银行和监管部门，也不是说商业银行很强大，而是说市场很强大。

很长时间以来，中国社会总是用一种"有色眼镜"去看待资本市场，因而也经常会出一些歧视性政策来打压资本市场的发展。从 1990 年到 2005 年的 15 年，中国资本市场几乎没有发展，至少其发展的速度大大低于中国经济的增长速度。与此同时，美国金融市场的增长速度却是美国经济增长速度的

2~3倍。

从2005年开始，我们对资本市场的认识慢慢进入轨道，但其间仍有波折。商业银行本身要转型，因为靠利差生存的银行是没有竞争力的，利差终究会越来越小。中国的商业银行有那么大利差的根本原因，是公司债市场没有发展起来。

从2007年开始的3年时间，我们的资本市场总市值从1万多亿元增加到最高峰值的32万亿元。到2020年，中国资本市场的市值可能会达到100万亿元，因为届时的中国经济规模将接近于美国。这里，我们只算了股票市场的市值，如果加上急需发展的债券市场，规模会更大。中国是一个重股票市场、轻债券市场的国家，这不符合金融发展的规律，这样的风险匹配机制存在重大的缺陷。缺乏风险结构调整的机制，大家都去买股票，系统性风险都一样，差别只表现在行业和公司本身所存在的非系统性风险上。我们没有风险管理的结构性产品，所以，要大力发展公司债市场和国债市场。国债市场目前主要在银行间市场，老百姓买不到，交易所交易规模很小，这也影响到投资者的资产配置和公司融资安排。现在的情况是，公司要么向银行贷款，要么发行股票，没有中间的融资工具，因此，一定要大力发展公司债市场。只有资本市场上的产品丰富、结构多元，中国金融市场才有可能成为全球金融中心。

中国资本市场的改革除了理念要正确，政策也要恰当。把市场做大是我们最重要的目标。过去20年，我们的主导理念是控制市场，这与我们金融改革的目标不匹配。因此，供给政策注重供给与需求的动态平衡，是发展中国资本市场的政策重心；不断开放、提升中国资本市场的国际性是关键；提高透明度、改善中国资本市场的投资功能是基础。

四、经济崛起要有金融崛起做保障

金融的开放和市场化，与实体经济的增长、产业结构的调整、增长模式的转型相互之间需要匹配起来。

进入21世纪后的这10年，中国经济的确发生了重大变化。我认为，

2000 年前，中国在经济层面还只是一个区域大国。在安理会，我们有否决权，但经济上规模并不大，影响力有限。经过这 10 年特别是加入世界贸易组织后，中国的确开始迈向全球经济大国。什么叫全球经济大国？一般有 10 个指标，我们有 8 个达到了，但在金融和经济密度方面还没有达到。就经济总规模而言，很多主要工业品的产量，包括进出口贸易规模、资源拥有总量、现代制造业产量，我们都排在全球前三位，中国的出口规模已经是全球第一，超过了德国。所以，中国今天已经成为全球经济大国，2008 年全球金融危机后，中国加快了作为全球经济大国的步伐。但是，我们的经济在密度方面还比较落后。密度较低，正表明我们这个国家有潜力。这样一个经济大国必须要有与之匹配的金融体系，为此，要制定一个大国金融战略。中国经济崛起要有金融的崛起才可能持续，建立一个能吸纳全球资源的开放性金融平台日益迫切。

中国实体经济的发展仍然是我们当前最重要的任务，也是我们制定一切经济政策的着力点。金融的开放和市场化，必须与实体经济的增长、产业结构的调整、增长模式的转型相互之间匹配起来。有时候，在一种政策趋向下可能难以面面俱到。我认为，保持经济持续稳定增长，实现产业结构升级换代，推动经济发展模式转型，是中国宏观经济政策的首要目标。从这一角度看，美国要求人民币大幅升值不可取，否则一定会对中国的实体经济带来很大的负面作用。政策目标往往需要有一个顺序安排。人民币的国际化发展没有中国产业的强大竞争力是走不远的，而中国的产业要有某种不可复制性，要有众多国际品牌，因为仅仅靠廉价的劳动力是不够的。

中国资本市场的六大作用与五大发展背景 ①

【作者题记】

本文发表于《中国证券报》2011 年 2 月 22 日 A18 版。

一、六大作用：资本市场对中国经济、社会发展的巨大贡献

中国资本市场究竟对中国经济社会的发展起了什么作用？学界、政府和社会上不少人并不认为资本市场的作用有多大，他们大多都是从融资额和融资比例的角度来评判资本市场的作用和地位的。不少学者都是拿资本市场的融资额与银行的融资额相比较，从而得出资本市场并不重要的结论，这是不正确的方法，也是不正确的结论。因为这种比较本身就不是衡量两种金融制度重要性的标准。

在这 20 年中国经济发展和社会进步的过程中，资本市场起到了不可忽视的重要作用，这种作用正在与日俱增。概括地说，主要有六大作用。

一是资本市场作为现代金融的核心，推动着中国经济的持续快速增长。

到 2010 年底，中国经济总规模将接近 40 万亿元，约 6 万亿美元，总规

---

① 该论文与本文集第一卷收入的《中国货币市场未来 10 年发展的战略目标与政策重心》一文部分内容有一定重叠，是理论观点的压缩和提炼。

模超过日本。资本市场从资本筹集、公司治理、风险释放、财富增长和信息透明度等方面不仅推动了经济的持续增长，而且大大提升了经济增长的质量。没有资本市场的发展，今天很多看起来很成功、很强大的企业，可能已经破产倒闭了。所以说，资本市场是企业腾飞的翅膀，又是中国经济前行的动力。

二是资本市场加快了社会财富特别是金融资产的增长。

经济的发展需要财富的集聚和优化配置，社会的进步需要以财富的大幅度增加为前提。没有社会财富的增加，说社会会进步，我不相信。以资本市场为基础的现代金融体系，不仅是经济成长的发动机，而且还为社会创造了一种与经济增长相匹配的财富成长模式，建立了一种经济增长基础上的可自由参与的财富分享机制。这个作用太重要了。以前中国人收入的增加主要靠增量收入，存量财富缺乏成长机制，存量财富带来不了多少新增收入。我们有了钱就存到商业银行，储蓄存款怎么能增长你的存量财富呢？后来发现存款增加不了多少存量财富，就赶紧投资房子。一个社会，如果靠投资房子去增加你的存量财富，只能说明这个社会的金融体系不发达，金融体系没有提供投资者可自由选择的成长性资产。资本市场实际上创造了一种可选择的具有与经济增长相匹配的财富成长机制。

我在很多地方都讲，所有的资产中，股票是最好的。各种理论和经验都表明，从收益风险比、流动性等方面看，股票是现代社会最应配置的金融资产。美国一位教授写了一本书，拿股票、房地产、长期国债、黄金四种资产作比较，时间跨度是 1896 年到 1996 年的 100 年。研究发现，在这四种资产中，收益最好的是股票，在股票中，中小企业好于蓝筹企业。第二位的是房地产，收益率只有股票的 1/10。第三位是长期国债，最后是黄金。研究结果与中国的理财观念不同。大多数中国人的理财观念刚好与此相反，黄金排在最重要的位置，投资房地产放在比投资股票更优先的地位。这实际上是一种误区。

说资本市场提供了一种与经济增长相匹配的财富成长机制，是有实证支持的。更重要的是，资本市场建立了一种人人可以参与的财富分享机制。这是经济民主的重要体现。

资本市场的财富效应，加快了中国社会财富特别是金融资产的增长速度。1990 年中国社会的金融资产只有 3.8 万亿元，证券化的金融资产几乎可以忽略不计。到 2010 年，中国全社会的金融资产超过了 100 万亿元，其中，证券化金融资产（股票 + 债券）超过 40 万亿元人民币，增长的速度大大超过了同期的经济增长速度。这里面就有一个命题，就是资产没有泡沫。有人说，快速增长的金融资产中有大量泡沫，我不以为然。我认为这是中国经济社会和中国金融结构转型的必然表现，没有金融资产如此大规模的增长，中国经济的持续增长难以维持。

最近一年来，我心里总有一个情结或者说心中有一个彼岸，那就是如何让中国经济能够维持 100 年的增长，百年增长就是心中的彼岸。这个想法来自哪里？来自美国跨世纪增长的启示。美国经济从 20 世纪初到这次金融危机，整整成长了 100 年。看看美国经济百年成长史，就非常清楚。百年间只有 7 年的衰退，主要在 1929—1933 年和 20 世纪 70 年代的石油危机时期。我在想，美国经济这样庞大的经济体，能够维持百年增长，其中必有奥秘。奥秘在哪里？细细想来，跟两个因素是有最密切关系的：

其一，科技创新以及由此引起的产业革命，这是人所共知的道理。科技创新推动了产业革命，产业革命成为美国经济长周期增长的起点。美国这样大的经济体，要进入几十年甚至百年增长周期，要有原动力。这个原动力一定是产业革命带来的。产业革命之前，一定有科学技术的突飞猛进。

翻开美国现代经济史可以看到，在 20 世纪初，冶金技术的提高推动了钢铁工业的发展，加上后来汽车工业的发展和汽车的普及，推动了美国经济差不多 40 年的增长。到了 20 世纪五六十年代，信息技术和通信技术的发展，特别是信息技术的突破，带来了新的产业革命，后工业化时代催生了纳斯达克和微软、英特尔、苹果等新型领袖企业的出现，美国在 20 世纪 70 年代之后，经济突然间开始加速，到了 20 世纪 90 年代末期，美国经济和日本经济已经不能同日而语了，开始把日本抛在后面了，实际上美日两国的经济有一段时间是并驾齐驱的。中国经济要维持百年增长，没有科学技术进步和创新，没有产业的转型，只想靠大规模投入来维持经济的持续增长，那是不可能的。所以"十二五"规划提出来的大力发展七大战略新兴产业，是非常正确的。中国经济要实现一个长周期的增长发展，光靠人口红利是不够的，靠制度红利也是不够的，需要科技进步和创新，需要找到一个产业革命的原动力。21 世纪的产业革命从哪里开始？这个需要思考。我个人认为可能在新能源、新材料革命领域，也可能在生物工程方面。这些领域的产业革命可能会成为下一轮新的经济长周期增长的起点。经济增长长周期的逻辑过程，不会因为国别的差别和制度的差异而不同，具有同质性。

其二，就是美国的现代金融体系和以资本市场为基础的金融结构。这也是美国和日本在最近 20 年在经济上拉大差距的根本性原因。我在想，经济增长除了科技进步是最根本的动力源以外，还要有一个使科技进步这个动力源发挥乘数效应的加速器，这是什么呢？这就是现代金融。要让科技进步迅速有效率地推动产业的升级、转变成新型产业，金融的作用不可或缺。这种金融制度不仅要媒介资金供求，而且还能创造一种与经济增长相适应的源源不竭的金融资源增长机制。我始终认为，在迈向现代社会的进程中，要维持经济持续增长，金融资源或者说金融资产的大规模增长是一个必要条件。大国经济的持续增长，是需要大规模资本投入的，需要源源不断的金融资本的力量去推动，否则仅有科技进步是不够的，还是转换不成强大的生产力。科技进步是原动力，是基础、是起点，现代金融提供了杠杆化的动力，是关键，是加速器。

有些人忽视现代金融的作用，没有看到金融的杠作用。卖傻力气是不可能进入发达、富裕社会的。金融还是一种技巧，它能让你用相对少的功力，做很大的事情。于是你就要设计一种这样的金融制度，能源源不断地创造与经济规模相适应（有时也可能是超经济规模）的金融资产。

在中国，显而易见，除了我们必须重视科技进步和创新，以推动产业升级乃至产业革命外，还要设计一种能为未来中国经济增长提供源源不竭金融资源的金融制度。我们现有的内需市场、现有的人口红利，使中国经济增长10 年没有问题，但是，10 年以后，即 2020 年以后怎么办？我们需要从战略的角度，设计一种适当的金融制度，这个适当的金融制度就是以资本市场为基础的现代金融体系。它能够创造出与未来中国经济相匹配的源源不竭的金融资源。

经济的百年增长，首先要设计好动力系统，这个动力系统就是科技进步和源源不竭的金融资本。除动力系统之外，经济的持续增长，要有压力释放系统或者说风险释放机制。没有风险释放机制，经济体系迟早都会崩溃。有了合适的风险释放机制，经济增长才能持续，就像人需要解压一样。人如果24小时不停顿地工作，很快就会出问题。所以他一定要睡觉，睡觉是一种压力的释放，他还要聊天，要散步，要交流，要看电影，等等，这都是压力释放。经济也是这样，要设计经济增长的风险释放机制。这个风险释放机制是什么呢？是资本市场或者说以资本为基础形成的现代金融体系。资本市场通过资产证券化，使风险流动起来，使风险从存量化变成流量化，通过资产的流动实现风险的释放。这就是我的思考。按照这种逻辑下去，中国经济可能可以维持百年增长。要知道20年的增长不是我们的目标，我们的目标很大，是考虑在21世纪头20年高速增长之后还要持续增长，要像美国在20世纪那样增长100年。

所以，金融资产的迅速增长，既是中国社会富裕的标志，又意味着中国经济增长具有源源不断的巨大金融资源，而且还为中国经济增长模式的转型提供了坚实的基础。这就是资本市场的作用。

三是资本市场为中国企业特别是国有企业的改革和机制转型提供了天然的市场化平台，从而极大地提升了中国企业的市场竞争力。

没有资本市场，中国企业，特别是国有企业就不可能建立起真正意义上的现代企业制度。资本市场使单个股东或者少数股东组成的企业成为社会公众公司，对中国企业来说，这就是一种彻底的企业制度变革，是一种观念的革命。这种制度变革，使中国企业从为所欲为、无知无畏的盲流的心态，转变成为既有制约又有激励的现代行为机制。无论是国企还是民企，在没有上市之前，个个都是盲流，目标终无所定；行为无所畏惧，什么都想要，什么都敢做，没有风险概念，没有约束力量，为所欲为。有了资本市场，成为上市公司后，它们在理念和行为机制上都发生了脱胎换骨式的变化，正在成为一个有目标，既有激励又有约束的理性行为人。很多企业，都说上市意味着企业脱胎换骨的变革，意味着从一个蛮荒时代进入到现代文明社会。所以资本市场使中国的企业，不仅有股东意识和公司治理的概念，不仅有对收益与风险匹配原则的深切理解，而且通过强制性的信息透明度原则，使其开始具有经济民主的精神。经济民主精神对中国来说太重要了，就是要尊重股东，信息要透明，一切都要讲真话，要平等沟通和对话，这无不体现了经济民主的精神，一切从投票开始，由投票来决定。

经济民主，可能是中国迈向文明、民主、法治社会的起点。中国的民主精神从哪里开始？我看从资本市场开始，资本市场培育了人们的平等意识和公民意识。

所以，资本市场在使中国企业华丽转身，进而迈向现代企业制度的同时，中国企业的价值也得到了公正的评价。在我上大学和读研究生的时候，我们做梦都没有想到，在今天，全球百强甚至十强中都有中国企业的身影，即使好莱坞大片的导演们恐怕也没有这个想象力，但这已经是事实了。中国企业在全球十强中，无论是按市值，还是利润，还是销售额，都有两三席之地。在这种惊天动地的变化中，资本市场的作用特别重要。

四是资本市场推动了中国传统金融体系的变革，进而使其逐渐向现代金融体系演变。

所谓现代金融体系是指什么呢？是指以资本市场为基础构建的金融体系。所谓传统金融体系，是指以传统商业银行为基础的金融体系，也就是没有资本市场或者说资本市场不发达条件下的商业银行主导的那个金融体系。在现代社会，刚才我谈了，金融体系不仅仅是资源配置的机制，不仅仅是媒介资金供求关系的机制，而且还是一种风险分散机制。以资本市场为基础构建的现代金融体系，已然具有资源配置特别是存量资源调整、分散风险和财富成长与分享三大功能，这就是在中国为什么必须发展资本市场。我理解在中国发展资本市场，不是实用主义的，而是具有战略目标的。

五是资本市场发展培育了数以千万计的具有风险意识的投资者，极大地提高了中国投资者群体的金融意识、民主意识和政策观念。

从来没有一所学校，也从来没有一种教育方式，能像资本市场那样，让中国的普通老百姓、普通的投资者那样真切地关心国家大事，那样深入地了解国家政策的变化，那样富有理性地行使经济民主权利。例如，投资者很关心"十八大"什么时候开，关心货币政策会有什么变化，关心为什么提高存款准备金而不加息，关心经济增长模式的转型，等等，这些问题过去都是经济学家和政府部门关心和思考的，现在我们数以百万计的投资者都在思考这样宏大而高深的问题。投资者不仅关注国内大事，也关心国际大事，关心爱尔兰危机对我们有什么影响，关心朝韩危机，关心美日联合军事演习，如此等等，他们关心我们国家的未来，关心国际安全，关心经济政策的变化，这些有哪一所学校能做到？

资本市场使投资者富有理性地行使经济民主的权利。投资者通常在研究信息之后如果发现这家企业没有成长性，不值得投资，那就不买它的股票，这种决策是富有理性的。参加股东大会，任何股东都可以民主地表达自己的看法。

所以，在中国，资本市场既是投资者的乐园、经济前行的发动机，也是现代社会公民意识孕育的摇篮。而这正是中国社会文明、民主、法治社会的重要基础，资本市场对投资者风险意识的形成、国民素质的提高、公民意识的培育，比任何流于形式的口头教育都要好得多。

六是资本市场给全社会提供多样化的、收益风险在不同层次匹配的、可以自主选择并具有相当流动性的证券化金融资产。

在消费品市场上，我们经常强调，消费者对消费品的自主选择权是消费者自主权的核心内容，也是市场经济发达的一个重要标志。与消费者的自主选择权相对应的是，投资者也必须拥有自主选择投资品或资产的权利，这既是一国市场经济发达程度的重要标志，也是金融市场发达与否的重要标志。给投资者提供多样化的、不同收益与风险相匹配的、具有充分流动性且信息透明的金融产品，是一国金融体系和资本市场的基本功能。

落后的金融体系、不发达或者缺失的资本市场，是不可能让投资者实现其对多样化金融资产选择要求的，进而也不可能为社会提供高效优质的金融服务。金融压抑有种种表现，其中对投资者自主选择金融资产权利的压抑，是金融压抑的典型形式。资本市场的大发展，将彻底释放这种压抑，从而使金融投资充满活力和创造力，这正是经济充满活力的重要源泉。

这就是我为什么常常说，发展资本市场是中国金融改革和发展的核心任务，是中国国家战略的重要组成部分。

二、五大背景：影响当前乃至未来一段时间中国资本市场发展的因素

我讲资本市场发展趋势，主要分析影响资本市场发展趋势的影响因素。把这些重要因素讲清楚了，心中才会有数，否则的话任何投资都是在黑暗中摸索，不知道方向在哪里。未来有哪些因素会影响市场呢？我认为，主要有五大因素或要注意五大背景。

第一个因素或背景，是2011年乃至未来的资本市场，已经进入一个真正意义上的全流通时代。

全流通时代来临的起点是股权分置改革，标志是中石油和工商银行的全流通。它们的全流通使市场流通市值占总市值之比超过85%。全流通的市场，对市场的功能、投资的理念和市场的波动形态都会有深刻的影响，也就是说我们不能再用股权分置时代或非流通时代的观念、方法、技术去看待这个市场。

全流通时代的资本市场，资产定价的功能得以恢复，也就是说资产价格大体上是所有信息的集合反映，这与股权分置时代价格信息的扭曲完全不同。资产定价功能的恢复，会引起市场自身功能的变化。在相当长时期，我们将市场的主要功能放在IPO融资上，重组功能很弱，全流通之前的那些年代，每一次收购兼并重组都是掏空上市公司资源的掠夺行为，而全流通背景下市场的存量资源配置功能将凸显。

全流通的市场交易量将逐步放大。2007年之前，市场有2 000亿元的交易量就是天量，现在2 000亿元的交易量称为地量。三四千亿元的交易量属

正常交易，超过 5 000 亿元的交易也会出现，未来交易量可能还会有所放大。交易量如此之大，也从一个侧面反映了中国投资文化的某些特点。在中国的金融投资文化中，有两种极端的文化：

一种是极端稳健可以说是保守的文化。有了钱，就存银行，有的甚至是一扎一扎捆起来放在家里。极端稳健，害怕风险。绝大多数中国人喜欢储蓄存款，的确是中国商业银行生存和发展的基因。中国的商业银行为什么没有存储压力，因为它有廉价的源源不断的来自老百姓的巨额储蓄存款，成本很低，流量又稳定。这种成本低、数量大、流量不断的资金来源，极大地缓解了商业银行的生存压力。这不像美国的商业银行那样，主动负债是其吸收资金的主要方式，银行的经营活动不确定性明显增大。所以，中国稳健的金融文化是商业银行生存与发展的基石，文化决定了银行稳健的基石。稳健的金融文化在中国是占多数的，这种文化与年龄、职业有一定关系。

另一种文化则非常冒险、非常投机。中国的投机文化比世界任何地方都疯狂。在中国的股票市场上，可以连续出现 20 个涨停板，全世界哪里有？我们都知道，韩国市场是高度投机的，一年换手率2.8倍，但与中国市场相比，市场的投机性那就是小巫见大巫了，我们这几年每年的换手率是 9~10 倍。可见我们的投机文化多么盛行，多么疯狂。

中国金融文化里两个极端——保守和投机，与两种不同的金融制度相适应。保守的文化成为商业银行文化的基石，投机的文化也催生着中国股市，为中国股市的发展提供了一种活力。投机文化可能是股市的一种相对活跃的基因，缺少它不行；当然，太盛也必衰。在中国具有投机和冒险意识的人在增多，他们具有强烈的投资意识和机会意识，他们的财富增长速度大大快于前一种文化的人。

从以往的经验看，在中国股市上做空股指期货的人，比做多的人要赚钱。细细想来也有道理。在历史上，从统计规律看，衍生品种特别是股指期货、商品期货，做多的人要胜过做空的，因为衍生品的基础资产的价值在成长。但是在中国，股指期货做空的为什么会胜过做多的？为什么会与全球市场的统计规律不一样呢？我想，除了市场的结构特征具有高度的卖压以外，与我们的政策实际上也是喜欢做空是一致的。我们的政策总体上看，是不希望市场涨得太快，市场一出现涨势，一般都会有调控政策出台，政策面基本上处在压抑市场的状态。中国有个怪现象，股票价格上涨人人都想管，泡沫之声四起。下跌则找不到人管了，似乎认为下跌才是正常的。美国的市场刚好相反，股票市场上涨没有人管，人人都说好，是市场兴旺发达的标志。市场大幅度下跌，一定会有人过问，美国证券交易委员会（SEC）、美联储都会采取相应措施稳定市场，市场如若进一步恶化，美国总统都会发表演讲稳定信心。所以，美欧发达市场是阻止下跌，我们是有控制上涨，这既是观念的差别，也是文化的差异。

在中国，发展资本市场的理念是需要从根本上进行调整的。理念成为制约中国资本市场发展最大的障碍。时至今日，虽然社会对资本市场的认识和发展理念有所变化，但仍没有实际性变化，社会主流价值观似乎仍不太认同资本市场。对于股票投资，人们的认识还是相当肤浅的甚至是歧视的。你说投资股票挣了2万元，似乎没有什么人会为你高兴。这种文化的影响很大。有一个证券公司的董事长跟我说，在中国做证券投资就如同桑拿浴一样，总怀疑做了什么见不得人的事。这反映了社会的一种价值观。从这个意义上说，中国资本市场发展的道路仍很漫长，有一个非常根深蒂固的观念在束缚着它。

第二个是货币背景，这个货币背景就是通货宽松时代的来临。

通货宽松是金融危机的副产品，现在全球都进入了通货宽松的时代，到处充斥着正在贬值的货币。货币多了，价格涌动，一会儿是这个价格暴涨，一会儿又是那个价格飙升，这就是通货宽松时代的价格特征。在通货宽松的背景下，除了采取总量收缩政策外，还应采取结构性的疏导政策。通货宽松一定会引起价格体系的变化，这个价格可能是CPI，也可能是资产价格，或者是黄金，或者是房地产，或者是股票等价格的上升。面对通货宽松的环境，周小川行长提出的池子理论很有创意，这个理论是一种总量对冲的理论，方向是对的。池子理论，在中国目前这个特殊的环境下是有意义的。目前中国经济面临新的矛盾：一方面要控制通胀，另一方面又要面对外部滔滔洪水即量化宽松货币的涌入，我们现在又不能关上已经打开了一半的门。所以，外面洪水滔滔，里面水漫金山，周小川行长的理论试图将多余溢出的洪水通过一种机制引入设定的池子，不要影响CPI，不要影响到老百姓的正常生活。

近期，人民银行货币政策工具的运用很特殊，似乎有点不可理解。把调整存款准备金率这个政策工具常态化了，这真是中国的一个特色。细细想来，存款准备金率常态化运用与"池子"理论有关，"存款准备金率"这个政策工具成了"引水渠"，让过多的货币通过这个政策工具进入中央银行这个"池子"。周小川行长解释说，他的"池子"就是外汇储备。实则不然，池子是中央银行，通过不断提高存款准备金率去对冲外汇占款所带来的基础货币的投放，这具有明显的数量对冲功能。在中国现阶段，提高利率虽然可以收缩流动性，但同时也会通过外汇占款带来更大的流动性，所以，利率工具要慎用，实际上，数量工具不可能全部对冲掉过多的货币，只能对冲掉一部分，剩下的怎么办？只能采取结构性政策加以引导，使其进入可以吸纳大量货币又不影响经济正常运行的领域。这是什么呢？我们显然不希望CPI涨得太快、太高，天天炒大蒜、炒蔬菜不行，会影响到人民的正常生活，所以政策必须严加管控。

大宗商品价格与国际市场有密切关系。美元泛滥导致贬值预期，引发大宗商品价格的上涨。金价的上涨，哪里是消费引起的，分明是美元贬值引起的。受其影响，铜、铁、锌、镍等都上涨了。今天的大宗商品已经不是商品，而是一种资产了，一种规避风险的资产。所以，对大宗商品价格的限制余地很小。

资产价格中有两部分：一是房地产；二是证券，主要是股票。房地产价格的快速上涨，对经济和金融体系带来的潜在危害很大。目前出台的严厉的房地产调控政策的目的不是说要把价格压下来，压到让所有的人都买得起商品房的水平。实际上，这是不现实的。

我认为，房地产调控的目的不是要让所有的人都能买得起商品房，而是为了中国金融体系特别是商业银行体系的安全。大家知道，房地产与商业银行有千丝万缕的关系，通过按揭借款把房地产的风险与银行连在一起了，房价上涨到一定水平后，价格上涨的风险就开始转移到银行了。美国的金融危机就是这么来的。如不遏制上涨过快的房地产价格，中国的金融危机也会到来。

过多的货币既不能进入消费品领域，又进不了房地产行业，那进到什么地方呢？股票市场。股市与银行体系有严格的界限，有防火墙。股票即使从6 000多点到1 660多点，银行的资产风险并没有什么增加，资产更没有什么损失。目前中国股市的价格是相对便宜的，没有泡沫，涨一涨没有什么危害。中国经济在2010年可能增长10%，但股市的价格指数却下跌了14%左右，这不匹配呀！美国经济不怎么样，股市价格仍有较大幅度上涨。所以，让过多的资金进入股市没有什么不好。这样可以吸纳一部分流动性，总比大蒜、蔬菜价格上涨好，股票的适度上涨还增加人们的存量财富，从而推动消费需求的增长，有利于经济增长模式的转型，多好呀！

第三个是融资背景，或者说巨大的融资压力。

由于结构性缺陷，中国股票市场具有很大的融资压力，其中，商业银行融资需求巨大且持续。巨大的融资压力与中国金融改革和创新不够有关。工商银行、农业银行、中国银行、建设银行这些大型商业银行，虽然2010年融了资，它们在2011年、2012年可能还要融资。因为到2012年，就要执行《巴塞尔协议Ⅲ》，中国银监会对执行《巴塞尔协议Ⅲ》是积极的。我个人认为中国商业银行的资本充足率已经很高了，过于安全就损害了效率。稳健是一个很好听的中文词，稳健过头就是保守，就是损害了资本效率《巴塞尔协议Ⅲ》大大降低了商业银行的资本杠杆率，这也许是金融危机后去杠杆化的一个具体步骤。从《巴塞尔协议Ⅱ》到《巴塞尔协议Ⅲ》，在资产方不变的情况下，商业银行就必须补充资本金，而且要大规模补充资本金，包括核心资本和一级资本，最终必须达到12%~13%的资本充足率。商业银行原来12倍的资本杠杆率，现在变成了8倍，给资本市场带来了很大的压力。上市银行成为中国资本市场的融资黑洞，没有尽头。否则就要削减信贷资产。削减资产无非有两个途径：一是没有新增贷款。但这不可能！中国经济要增长8%，新增贷款必须要达7万亿元，没有7万亿元新增贷款，就不可能实现经济增长8%

的目标。7万亿元新增贷款，要消耗多少核心资本？至少5 000亿元。所以不增加新增贷款是不可能的。银行本来就是做贷款的金融机构，不贷款就不是银行了。既然停止新增贷款不可能，那就只有资产证券化了。通过资产证券化使信贷资产流动起来，对银行来说，这就是金融创新。我们的银行太臃肿了，太庞大了，这样下去迟早会出问题。工商银行的资产规模达到13万亿元，按照这样发展下去，很快就会到20万亿元、30万亿元，那要消耗多少资本？

可以看出，资本市场的融资压力主要来自金融创新不够，来自资产证券化的程度不够。通过金融创新，让越来越庞大的银行资产流动起来，流动起来就释放了风险，当然也转移了收益。释放风险的前提是，必须转移与风险相匹配的收益，这是金融产品设计的基本原则。我们的商业银行有时候挺奇怪，说我这么好的信贷资产，为什么要证券化？它还舍不得卖呢！这是观念问题，是一个对风险、收益的理解问题。所以中国金融、资本市场、商业银行的发展都要从金融改革和创新开始。中国的金融机构特别是商业银行都要减肥、消肿，臃肿看似很大，实则是潜在的危险。

第四个是经济背景，即中国经济的高增长和模式转型的时代已经来临。

从2000年开始，中国经济的高增长已经维持了10年，从2011年开始，我们还将维持10年的高增长。中国有潜力巨大的内需市场，只要在收入分配制度上作一些改革，作一些调整就可以实现。现在政府拿得太多，2000年以来，财政收入每年以20%以上的速度增长，经济增长的速度平均只有9%左右。2009年政府财政收入是6.8万亿元，2010年可能在8.4万亿元左右，增长超过20%。如此下去，经济增长模式怎么转型？这样的国民收入分配结构，只会形成政府推动性的经济增长，靠政府大规模的投资来推动经济的增长，这是难以为继的。国民收入分配制度必须改革，比例必须调整，要让居民消费需求、民间资本更多地去推动经济增长。中国收入分配制度的改革谈何容易？政府、企业、居民三个利益主体，谁都不想减少自己的利益。要增加居民收入很难，会受到其他两个利益主体的博弈。

中国经济的高增长是中国资本市场发展的基本背景。在高增长的同时，经济也要进入模式转型的时代。我相信我们的收入分配制度改革能够顺利推进，所以经济增长模式的转型也能够循序渐进地推进。模式的转型意味着资本市场的结构将会发生分化，结构变革的时代已经来临，齐涨齐跌不是未来中国资本市场常态化的现象。结构分化的时代，考验人们的眼力和智慧。

第五个是开放的背景，即把中国资本市场建成全球新的金融中心。

开放是中国资本市场未来发展最大的红利。我们要把上海建设成国际金融中心，这就意味着人民币必须国际化。现在的国际金融中心更多的是全球资产配置中心。在中国，建设国际金融中心，人民币必须是可自由交易的货币，不仅如此，人民币未来还要成为重要的国际储备货币，只有这样国际金融中心才有可能建成。

人民币国际化是个巨大的红利。美国经济延绵一百年的增长，美元的国际化起了最重要的作用。没有美元的国际化，美国经济社会就会失去持续性的强大动力。其在美元国际化的基础上形成了全球性的金融市场，通过美元国际化和全球性的金融市场，既为美国经济的长期增长筹集了巨额的源源不断的金融资源，又实现了其分散风险的目的。所以，人民币国际化基础上资本市场的国际化，为中国资本市场的未来发展留下了巨大的空间。

曲折前行二十年，扬帆已过万重山

——写在中国资本市场 20 周年之际

【作者题记】

本文发表于 2010 年 11 月 9 日《光明日报》，后转载于 2010 年 12 月 15 日《中国证券报》。

中国资本市场发展的 20 年，是中国最辉煌的 20 年。20 年来，中国资本市场在争论中成长、曲折中前进。20 年前，我们还在争论股票市场是姓资还是姓社，那个年代，中国社会弥漫着强烈的意识形态。然而中国市场经济改革的浪潮不可阻挡。20 年前，中国有一批有胆略、敢作为的精英才俊，在中国计划经济的狭缝中培育着几棵市场经济的小树，谁会知道，这几棵小树，今天不仅长成了参天大树，而且繁衍出没有边际的繁茂森林，涓涓小溪汇成了汪洋大海。

今天的中国资本市场已经成为中国市场经济体制的基石，已经或正在成为推动中国经济持续成长的强大发动机。

从 1990 年到 2010 年的这 20 年，应该是中国近现代社会最为辉煌的 20 年，从经济发展、社会进步和民主法制的完善等方面无不表现出巨大的进步。中国从一个相对贫穷落后的国家，发展到今天的全球第二大经济体，人均 GDP 超过 4 000 美元的中等收入国家，这是多么伟大的奇迹。多少年来，中国人从未有过如此的扬眉吐气，如此的自信豪迈，如此的让世人瞩目。这20年，虽然也仍然存在令人忧虑的社会问题，出现过各种各样的自然灾难，但发展的主旋律从未停止。在20年中国经济发展和社会进步的过程中，资本市场在其中起到了不可忽视的重要作用，而且，这种重要的作用正在与日俱增。

20年来，在中国，资本市场对中国经济、社会发展的作用至少表现在以下六个方面：

一是，资本市场作为现代金融的核心，推动着中国经济的持续、快速增长。到2010年底，中国经济总规模将达到37万亿元人民币，超过5.5万亿美元，总规模超过日本。资本市场从资本筹集、公司治理、风险释放、财富增长和信息透明度等方面不仅推动着经济持续增长，而且大大提升了经济增长的质量。没有资本市场的发展，很多今天看起来很成功的企业可能已经破产、倒闭。资本市场是企业腾飞的翅膀，又是中国经济前行的动力。

二是，资本市场加快了社会财富特别是金融资产的增长，经济发展需要财富的积聚和优化配置，社会的进步需要财富的大幅度增加。以资本市场为基础的现代金融体系，不仅是经济成长的发动机，而且还为社会创造了一种经济增长与财富成长的函数关系，建立了一种经济增长基础上的人人可自由参与的财富分享机制。资本市场的财富效应显然加快了中国社会财富特别是金融资产的增长速度。1990年，中国社会的金融资产只有3.8万亿元，证券化金融资产几乎可以忽略不计，到2010年全社会金融资产超过了100万亿元人民币，其中证券化金融资产（股票＋债券）超过40万亿元人民币。金融资产的迅速增长既是中国社会富裕的标志，又意味着中国经济增长具有源源不断的巨大资本资源，而且还为中国经济增长模式的转型提供了坚实基础。

三是，资本市场为中国企业特别是国有企业的改革和机制转型提供了天然的市场化平台，从而极大地提升了中国企业的市场竞争能力。没有资本市场，中国企业特别是国有企业就不可能建立起真正意义上的现代企业制度。资本市场使单个股东或由少数几个股东组成的企业成为社会公众公司，这实质上是企业制度的结构性变革，对中国企业来说，无疑就是一次制度革命。

这种制度性变革使其从为所欲为、无知无畏的盲流心态转变成为既有制约又有激励的理性行为机制。资本市场使中国的企业不仅有了股东意识和公司治理的概念，不仅有对收益与风险匹配原则的深切理解，而且通过强制性的透明度原则使其开始具有经济民主精神。

资本市场在使中国企业华丽转身进而迈向现代企业制度的同时，中国企业的市场价值得到了公正的评价。20 年前，全球 10 强乃至百强哪有中国企业的身影！ 20 年后的今天，无论按市值还是按销售额、利润，全球 10 强之中中国都有几席之地。

四是，资本市场推动了中国传统金融体系的变革，进而使其逐渐向现代金融体系演变。所谓现代金融体系是指，以资本市场为核心构建的金融体系，所谓传统金融体系是指以传统的商业银行为基础的金融体系。在现代社会，金融体系不仅仅是资源配置的机制，不仅仅是媒介资金供求关系的机制，而且还是一种风险分散机制。以资本市场为核心构建的现代金融体系，恰然具有资源配置（特别是存量资源调整）、分散风险和财富成长与分享三大功能。这就是在中国为什么必须发展资本市场。

20 年前，中国金融体系非常落后，市场化程度很低，几乎没有形成有效的收益风险匹配机制，也不存在所谓的信息透明度，这样的金融体系危机四伏。没有风险防范和流动机制，风险不断累积的结果就是中国金融体系尤其是商业银行处在风雨飘摇之中，以至于有人得出中国商业银行在技术上早已破产的结论。20 年后的今天，虽然我们还不能说中国金融体系已经现代化了，但由于资本市场的发展，由于工商银行、农业银行、中国银行、建设银行和交通银行等中国重要商业银行的上市，由于金融产品特别是证券化金融产品的不断发展，中国离传统金融体系的确已渐行渐远，中国金融体系的竞争力得到明显提升，传统商业银行由于借助了资本市场这个平台得到脱胎换骨式的变革。中国金融尤其是商业银行之所以能够经受得起这次全球金融危机的考验，并能助中国经济率先在全球经济衰退中复苏、增长，与资本市场发展所引发的中国金融体系的结构性变革密不可分。

五是，资本市场发展培育了数以千万计的具有风险意识的投资者，极大地提高了中国投资者群体的金融意识、民主意识和政策观念。从来没有一所学校，也从来没有一种教育方式能像资本市场那样，让中国的普通投资者那样真切地关心国家大事，那样深入地了解国家政策的变化，那样富有理性地行使经济民主权利。所以，在中国，资本市场既是投资者的乐园、经济前行的发动机，也是现代社会公民意识孕育的摇篮。而这正是中国社会迈向文明、现代社会的重要基础。资本市场对投资者风险意识的形成，对国民素质的提高、公民意识的培育，比任何流于形式的口头教育都要好得多。

六是，资本市场给全社会提供了多样化的、收益风险不同匹配的、可以自主选择并具有相当流动性的证券化金融资产。在消费品市场上，我们经常强调消费者对消费品的自主选择权，这是消费者自主权的核心内容。实际上，与消费者这一权利相对应的是，投资者也必须拥有自主选择投资品或资产的权利，这是一国市场经济发达程度的重要标志。给投资者提供多样化的、不同收益与风险匹配的、具有充分流动性且信息透明的金融产品，是一国金融体系和资本市场的基本功能。落后的金融体系，不发达或者缺失的资本市场，是不可能让投资者实现其对资产多样化选择要求的，进而不可能为社会提供高效优质的金融服务。对投资者自主选择金融资产权利的压抑，是金融压抑的重要表现。资本市场的大发展将彻底释放了这种压抑，从而使金融投资充满活力和创造力，而这正是经济充满活力的重要源泉。今天中国的资本市场虽然离这个目标还有相当大的差距，但扬帆已过万重山，人们已经看到了辉煌的未来。

这就是我为什么常常说，发展资本市场是中国金融改革和发展的核心任务，是中国国家战略的重要组成部分。在中国，建设一个强大的资本市场，构建富有竞争力的现代金融体系，是我们这一代人毕生奋斗的目标。

中国经济正在寻找结构均衡的增长模式

【作者题记】

本文发表于《英才》2010 年第 7 期。

2010 年中国经济增长率从第一季度的 11.9% 下滑至第二季度的 10.5% 左右（预计），并且接下来两个季度的增长率可能还会更低一些，这主要与基数有关系。2009 年第一季度是金融危机最严重的时候，随后的三个季度里经济反弹力度逐季增强，从而造成 2010 年第一季度的增长率显得很高，而接下来的季度增长率会有所下调，但这是统计方法上的问题，并不意味着经济下滑。

2010 年全年的经济增长率能够达到 9%~10%，这是非常正常而且非常快的，现在的问题是，2011 年经济增长是否会继续下滑？如果从环比来看似乎会下降，但也并不意味着中国经济就出了很大问题。

很多人对中国经济的问题看得非常严重，很悲观。我们必须认识到，中国经济原来在一个外延式扩张的通道中增长比较简单，而现在要在保持快速经济增长的过程中完成结构转型，这就相当于要在很短的时期内完成一个高难度的转体动作，因而看起来就会复杂一些、风险大些，实际上，中国经济没有达到那么恐怖的地步。

中国 2009 年的经济增长是过度依靠投资拉起来的，但在这个特殊之年里也只能这么做。而在 2008 年之前，中国经济则过度地依赖出口。经过此次全球金融危机洗涤之后，单纯依靠外需（出口）或者主要依靠投资的经济增长模式已近无可持续的地步，这两种增长模式的缺陷日益表现出来，因此，中国经济增长需要慢慢过渡到一个依靠外需、投资、消费相对均衡拉动的增长模式。

"4 万亿元"投资这两年差不多接近尾声了，但中国的经济发展水平决定了在 2010 年之后，中国依旧存在大规模基础设施的需求，那么投资在未来一段时期内也便依旧是推动经济增长的重要力量，只是随着经济规模的扩大，其比重会下降，取而代之的则是消费。从这个意义上讲，作为刺激政策的"4 万亿元"投资是用完了，但未来还有其他的"4 万亿元"投资。

下半年出口也不会放缓，只是增长率没那么快。欧洲的债务危机使得中国外需面临的不确定性因素明显增加了，它会影响到中国的经济增长，这也正是我们面临的新一轮的考验。尽管如此，由于我们的投资并没有减少，只是增长速度没那么快、规模没那么大而已，我认为中国没有必要再推出大规模的经济刺激政策。

随着收入水平的提高，消费需求会出现明显的增长。现在把提高收入水平放在重要的位置，就是要调整我们的收入分配政策和结构。但从实际情况来看，我们的收入分配政策还存在着一些不足之处。比如当前政府税收收入（财政收入）的增长速度是非常快的，而居民的收入增长相对来说较为缓慢。这就需要通过适当的税收政策来予以调整。从目前来看，适当调整收入分配结构是非常重要的。

收入分配政策没作调整，社会成员的收入比重没得到有效的提升，企业的利润包括民营企业的利润也没有很大的增加，这影响到中国社会资本的成长。

中国近年来的税负压力在不断增大，经济增长的税负成本不断增加，我们能看到政府增加税种和税率，除了农业税，却很少有税种取消，也没有看到主动降低哪个税负。经济运行中的税负水平不断提高，不利于经济增长。

很多人担心中国会出现较高的通货膨胀率，从现在看 CPI 是 3%~4%，基本上是一个恰当的水平。中国不会出现严重的通胀。最浅显的第一个原因是，中国经济体系里供给的市场化能力很强。只要价格是有利可图的，实际上需要的供给就都会被生产出来，从而抑制价格的过快增长。

第二个原因是，中国经济的宏观政策还是相对稳健的，它并不是完全采取一个数量宽松型的货币政策，2009 年有这个苗头，信用扩张非常快，但它还没有达到一个无法控制的地步，即我们通货膨胀的源头还是被控制住的。

第三个原因是，就文化层面上而言，中国人很勤奋，有利可图的事，都会有人去做。

构建中国现代金融体系的基石

【作者题记】

本文发表于《资本市场》2010 年第 8 期。

从基本功能和组织结构上看，目前的金融体系大体可以分为"市场主导型的金融体系"和"银行主导型的金融体系"。我一直主张，中国所要建立的现代金融体系，应是以市场（主要是资本市场）为主导（基础）的金融体系。

在这个金融体系中，资本市场作为资源配置和风险分散的平台，提供了资本聚集、资产组合和风险分散的场所；作为定价的平台，为金融产品提供了收益与风险匹配的市场机制；作为经济增长的推动器，不仅是经济发展的"晴雨表"，也可以进行增量融资，更为重要的是可以推动存量资源的优化配置，进而不断提高资本配置效率，推动经济结构的调整。

由于经济与金融之间的关系发生了重大变化，由于金融结构发生了深刻的变革，现代金融的功能实际上已经发生重大调整，经历了从简单的融通资金到创造信用再到增值财富、分散风险的升级过程。

金融的创造信用功能是基于现代银行制度的，而金融的增值财富、分散风险功能则是基于资本市场发展的。所以，我始终认为，现代金融体系的基石是发达的资本市场。

从历史演进角度看，资本市场经历了一个从金融体系"外围"到金融体系"内核"的演进过程，从所谓的国民经济"晴雨表"到国民经济"发动机"

的演进过程。

推动这一演进过程的原动力不是来自资本市场的增量融资功能，而是来自其所具有的存量资源的交易和再配置功能。现代经济活动的主导力量在于存量资源的配置效率。

更为重要的是，资本市场不仅具有再配置和不断优化存量资源的功能，而且还从根本上改变了风险的存在形式，使风险从存量状态转变成流量状态，使风险由"凝固"变成了"流动"，从而使风险分散或风险组合成为可能。风险存在形式的这一根本性变化，是金融体系由传统走向现代的根本标志，是金融功能的历史性跨越。

资本市场在创造了一种风险分散机制的同时，也为社会提供了一种与经济增长相匹配的财富成长机制，即为金融资产的价值成长与经济增长之间建立了一种市场化的正相关的函数关系，从而使人们可以自主而平等地享受经济增长的财富效应。这种关系是经济发展和社会进步的重要推动力量。

正是基于上述理解，我始终强调，在中国发展资本市场不应是实用主义使然，不是权宜之计，而是国家的重大战略。所以，任何试图抑制资本市场发展的理论政策和制度设计都是不正确的。

2010年正值中国资本市场发展20年。这20年，有风雨、有彩虹，有忧虑、有释然，有争辩、有沉静，有迷茫、有曙光。20年，资本市场和我们的生活息息相关，是我们生命中的重要元素。再过20年，我相信中国的资本市场会更强大，人民会更富裕，社会会更进步，世界新的金融中心会诞生。

大国经济与人才培养

【作者题记】

本文发表于《国际人才交流》2010 年第 1 期。

中国现在是经济上的大国，特别是 2008 年全球金融危机之后，给中国一个巨大的机会，我们将会实现从一个区域性大国向全球性大国的迈进，所以这次金融危机给了我们一个重要的机遇。

在这样一个大背景下，我们最缺的是两样东西：第一是人才，人才是中国未来经济发展所缺少的战略性资源。第二是能源。我认为中国经济发展将来最大的瓶颈是人才和能源。

人才主要包括三个方面：大学教育、研究生教育、专业人才培养。

中国的大学教育发展速度非常快，到 2008 年在校生规模达到 2 900 万人。研究生教育这些年快速发展，上涨速度非常之快，总的规模已经和美国相当。中国研究生发展最重要的问题是要调整结构，因为它是中国创新型人才的主力军，中国未来无论是科学技术、管理，还是政府创新型人才，主体部分无疑是来自研究生教育，所以面临调整结构、加强研究能力和提升国际性的问题。结构上有问题，比如说我们大学里面，学术性的培养人才规模很大，职业型人才相对比较少，这都不利于中国经济的发展。

除了结构调整以外，中国创新型人才、高级专门人才必须要提高他的创新能力，在科学技术突飞猛进和知识日益变化的今天，研究生教育不够、创新型人才不够，会带来重大的问题。我们在学校经常会抽查研究生论文，抄袭者非常多，所以这种急功近利培养不了创新型人才。还有就是我们的国际视野也是不够的，这样也不利于人才的培养。

最后是专业人才教育。中国金融服务业将成为中国经济的支柱，那么就要培养一大批合格的对国际金融市场了解的专业人才。曾经有一位学者讲，"中国就没有金融人才，只懂货币，不懂金融"，这个话是有道理的。所谓的只懂货币，就是只懂传统的金融体系方式，对金融是不懂的。所谓金融就是风险、工具，以及产品的创造，他基本上缺乏理解。所以说在这次金融危机之后，如何培养一大批有国际视野的高级专业金融人才，是我们教育界面临的一大问题。我们经济发展要创造财富，金融很大的一个功能是要让存量财富有效地成长，要把存量保护好，才能让国家兴旺发达。所以培养一大批金融人才是非常关键的。怎么培养，如何培养？这是一个很大的话题，其中最重要的就是：

第一，要对中国教育体制进行改革。现在中国教育的行政化、官僚化、以官为本的这种理念还是非常深的，所以很多老师对这个提出质疑。

第二，政府要给予更多的投入。

第三，更多加强国际交流，要送一大批人到欧美国家学习，特别是金融领域的学习。

只有我们培养出大批合格人才，中国才会真正实现从一个区域性大国到全球性大国的转变，我们才可以完成从一个经济大国到经济强国的转型。

资本市场：中国金融崛起之关键

【作者题记】

30 年的改革开放为中国经济发展注入了强大的生命力，而此轮席卷全球的金融危机为中国经济增长模式的转型和中国经济、中国金融在全球的崛起提供了契机。本文发表于《资本市场》2010 年第 1 期。

进入 21 世纪以来，中国经济进入了新的发展阶段，经济保持持续性的高速增长，经济基础日益深厚，经济规模迅速扩大，经济地位不断提高。按 8% 的增长率计算，2009 年中国的 GDP 将超过 32.4 万亿元人民币，约合 4.75 万亿美元（1 美元：6.82 元人民币）。据测算，到 2020 年，中国的经济规模将达到 75 万亿元人民币以上。实际上，无论是从经济规模、经济竞争力，还是从对全球经济的影响力而言，中国都已经成为全球性经济大国。如何维持中国经济这个全球性大国经济的长期、稳定增长，是我们所面临的战略问题，而这其中，构建一个具有强大资源配置功能的现代金融体系，以实现大国经济与大国金融的战略匹配，则是战略中的战略重心。

我们的研究结果表明，中国所要建立的现代金融体系，应是以市场（主要是资本市场）为主导的金融体系。在这个金融体系中，资本市场作为资源配置的平台，为投资者、筹资者和金融机构提供了交易和资源配置的场所；作为定价的平台，为金融产品提供了收益和风险相匹配的市场法则；作为经济增长的促进器，不仅具有经济发展"晴雨表"的功能，更能够为经济增长盘活存量资产，进而推动资本配置效率的提高。因此，大力发展资本市场是实现我国战略目标的必然途径。

在此，我们想重申 2008 年我们对中国资本市场 2020 年的战略目标和战略定位：

以沪深市场为轴心形成的中国资本市场是全球最重要、规模最大、流动性最好的资产交易场所之一，其市值将达到 100 万亿元人民币；人民币成为全球最重要的三大国际储备货币之一。因而以相对发达的资本市场为核心的中国金融体系将成为全球多极金融中心之一极，是人民币及人民币计价资产的定价中心，拥有人民币及人民币计价资产的定价权。

在这一战略目标下，以发达资本市场为基础而构建的现代金融体系可以通过促进资源的合理配置，而维持经济长期、稳定地增长。

一、决定中国金融崛起的关键因素

我们发现，巨大的经济规模、处于中心地位的国际贸易和发达的金融市场是实现功能性金融中心的内在决定性因素，特别是金融市场，在其中扮演了核心角色。从 13 世纪威尼斯的国际汇兑、信贷和公债市场的发展，到 17 世纪阿姆斯特丹建立的世界第一个股票交易所和第一个多边支付体系中心，再到英国、美国发达的现代银行业和资本市场，金融市场的创新和发展对本国经济发展的促进作用显著地增加。因而，当今各国都非常注重培育和发展本国的资本市场。目前，美国的资本市场在全球仍处于绝对优势地位。2008 年底，美国三大股票市场总市值虽然比 2007 年下跌超过 40%，约为 11.7 万亿美元，仍占全球股票市场总市值的 36.1%[①]。

二、中国金融改革亟待进一步推进

中国金融要崛起，必将以人民币国际化为前提，以金融市场特别是资本市场的大发展为关键。

---

① 市值跌幅以美元价值表示。数据根据世界交易所联合会 *Annual report and statistics* 2008 整理。

中国金融体制的改革发端于 20 世纪 80 年代初。经过近 30 年的改革，已经建立了包括金融机构体系、金融市场体系、金融监管体系、金融调控体系在内的比较完整的金融体系。但是由于金融业的稳定和安全关系到整个国民经济的稳健发展，政府对金融体制的改革采取了高度审慎的态度，这使得中国金融体制的改革在整体上落后于整个经济体制的改革，其市场的发达程度、金融机构的市场化程度还远远不能适应经济发展的需要，金融改革亟待进一步推进。

中国金融体系的市场化改革、资产证券化和资本市场大发展不是孤立的概念，而是相辅相成的。

资产证券化是金融市场大发展的必要条件。所谓资产证券化，是指将一组流动性较差但在一定阶段具有某种相对稳定收益的资产经过一系列组合，通过一定的结构安排（在大多情况下是成立一个特殊目的的载体），分离和重组资产的收益和风险要素，保持资产组合在可预见的未来有相对稳定的现金流，并将预期现金流的收益权转变为可在金融市场流动的证券的技术和过程。其核心是对资产的收益和风险要素进行分离和重组。资产证券化根据基础资产能产生现金流的特点和投资者对风险和收益的不同偏好，对现金流进行分割和重组，从而设计出最能满足市场投资者需要的证券化产品，这是其他融资手段所无法比拟的。

资产证券化的开展，将极大地推动金融市场的发展。第一，资产证券化为金融市场提供了一类新的重要的金融产品。第二，资产证券化有利于促进金融市场各个子市场的相互连通。主要表现在信贷市场与资本市场、保险市场和资本市场以及货币市场与资本市场之间的连通，促进资本的深化和广化。第三，资产证券化在连通各市场的同时，也将有助于解决我国资本市场结构不平衡的现状。我国资本市场目前存在以下结构性问题：间接融资超过直接融资，直接融资中股权融资又大于债券融资，债券融资中国债融资又大于企业债券融资的格局。资产证券化的优势正好可以弥补我国融资结构不平衡的问题，使资本结构朝着平衡稳定的方向前进。

三、资本市场大发展将大力推进人民币国际化

人民币国际化需要一个发达的、与世界有密切联系的、以资本市场为核心的金融市场为前提。因此，金融市场特别是资本市场的大发展将极大地推进人民币成为国际性货币。

首先，一个发达的金融市场可以为一国货币在世界范围内的使用奠定基础，为货币的自由兑换和流通提供渠道；实现货币向国际清偿力的顺利转换，从而促进一国及其货币处于国际中心地位。

其次，实体经济的增长速度远不如金融市场的增长速度高，一个国家实体经济再大，其贸易量比起金融交易的规模也是微不足道。因此，一国货币的使用要想在世界上占据可观份额，最终必然是通过金融交易来实现，而这必须凭借一个发达的以资本市场为核心的金融中心作支撑。

再次，实体经济规模总量的扩大与金融市场的增强和货币国际化进程相互促进，一国经济规模总量的扩大，可以促进金融市场增强，并通过金融市场带来更多的结算和融资，这个过程同时又会反向促进，形成一个良性循环。

最后，发达的金融市场和完善的金融体系有利于提高货币国际化过程中的抗风险能力。

四、后危机时代美元淡化趋势带给中国的机遇

诚然，尚未结束的此轮金融危机给全球金融体系和实体经济造成了前所未有的损失，但我们不应由此而否认资本市场强大的功能和金融体系对经济增长的核心作用。相反，应认真总结金融危机中的经验教训，建立健全风险控制和评估机制，从而使资本市场更有效地发挥其对现代金融体系构建和经济增长的巨大推动作用。

我们同时还应看到，金融危机给世界各国带来一个共同的启示是，美元的地位将会逐渐降低——虽然自布雷顿森林体系解体之后这一过程就已经迅速开始。美元资产在全球金融资产中所占比重的降低也就要求一种新的资产

配置格局的出现。美元资产缩减所留下的"真空地带"为世界货币体系和金融资产的多元化提供了广阔的发展空间和客观的要求。

金融危机的到来进一步印证了我们此前所提出的"人民币作为国际主要计价货币，人民币资产成为重要储备资产，上海建立全球人民币资产定价中心"，这是基本观点。我们当顺势而为，着力于构建多元国际货币体系、建设全球新金融中心、参与全球金融新秩序的建立、参与国际金融组织的改革、适时扩大国内经济政策的国际影响力等。

五、构建多元国际货币体系

积极参与新的多元国际货币体系的构建，提高人民币在国际货币体系中的地位，加快人民币国际化的进程，通过资本账户的逐渐开放增加人民币可兑换程度。多元的国际货币体系将以美元、欧元和人民币等主要储备货币为基本构成要素。人民币也将承担起重要的储备货币和资产计价货币功能。国际货币基金组织（IMF）对各成员资本账户管制的 43 个分类账户中，中国有12 项交易实现了完全自由化，16 项交易部分自由化，15 项交易仍然被禁止。以此我们可以看到，中国与美国、英国和日本相比较，资本账户的开放程度仍然较低。而且，与巴西等发展中国家相比较，中国资本账户的开放程度依然较低。资本账户较低的开放度成为人民币国际化的重要障碍。

六、建设新的全球金融中心（上海），调整全球金融资源的配置结构

增加人民币资产在国际金融资产中的比重，其前提条件是具有一个开放的离岸金融市场进行人民币金融资产的定价。而目前，我国国内的金融市场开放程度较低（如前所述），离岸人民币资产定价中心尚未建立。

1996 年 6 月开始，人民币无本金交割远期外汇交易（Non-Deliverable Forwards，NDF）市场开始出现，目前，芝加哥、新加坡、东京和中国香港均存在较为活跃的人民币 NDF 市场，其中新加坡和中国香港人民币 NDF 市场是亚洲最主要的离岸人民币远期交易市场，该市场行情反映了国际社会对

于人民币汇率变化的预期。然而，现有人民币衍生产品套期保值功能不完善、品种不丰富，难以满足人民币持有者保值增值的需求，更难以实现人民币基础资产的定价功能。

如果在上海建立人民币离岸金融市场，对非居民投资者进行人民币的金融业务，进行类似美国国际银行设施（International Banking Facilities，IBFs）或日本离岸金融市场（Japan Offshore Market，JOM）等离岸市场的机制设计，通过有效建立境内外防火墙、账户分离等方式，则可在降低离岸市场对我国国内市场冲击的同时，有效地实现人民币资产的定价能力。

七、改革并调整国际金融组织的功能和结构重新审视并制定全球金融新制度新秩序

在后危机时代，我国应努力促进国际金融组织的功能和结构，重新审视并制定金融新制度和新秩序，为全球金融体系的重新构建和中国金融体系的国际化提供动力。

首先，努力促进国际金融组织的功能和结构。强化国际金融组织在全球范围内进行政策协调、资源调配、风险监控、监管沟通等方面的智能；增加发展中国家在国际金融组织中的话语权，提高中国对国际金融组织相适应的决策权和影响力，实现与中国经济相匹配的国际金融影响力。

其次，积极参与后危机时代全球金融新制度、新秩序的构建。强调收益与风险的匹配，强调创新与监管的动态均衡，通过推进稳定的增长来有效降低风险的积累和传染。通过建立有效的风险缓释机制，以市场的方式使风险因素逐步释放，进而防止危机集中爆发的影响；通过防火墙的设计，进而防止风险的迅速蔓延与传染；通过引导理性的风险偏好，进而防止盲目的不完全理性，甚至是非理性的投资行为。

八、拓展宏观经济政策国际视野，扩大中国政策的国际影响力

我国欲实现与人民币在国际货币体系中相匹配的政策影响力，应当适时拓宽中国宏观经济政策的国际视野，着力加强政府间的政策沟通与协调，扩

大我国宏观经济政策的国际影响力。

一方面，充分考虑到我国宏观经济政策的外部性。宏观政策要与货币的国际化相适应，在有效实现对实体经济宏观调控的同时，通过货币的途径实现其相应的国际影响力。在人民币国际化的进程中，我国的宏观政策会影响到人民币汇率的预期，通过人民币汇率预期影响各国资本流通，进而对其他经济体的利率等宏观政策产生影响。

另一方面，在作出宏观政策之前，充分考虑外部因素对政策的影响。宏观政策要考虑到国际资本流动的因素，综合考虑国内、国际两个方面的影响因素，通过宏观政策的设计，在实现对国内经济有效调控的同时，抑制国际因素通过资本流动等方式对国内实体经济产生不利影响。

我们有理由相信，尽管从当今世界格局来看，美国仍是全球的金融中心，但是基于世界经济多元化发展和美元战略地位趋于淡化的趋势，全球金融中心的格局正在悄然地发生着改变。中国作为一个全球性的经济大国，若能抓住机遇，发展以市场为主导的现代金融体系，必将实现大国金融崛起，从而成为全球金融体系新的增长极，成为全球新的金融中心。

金融高杠杆：何去何从？ ①

【作者题记】

本文发表于《现代审计与经济》2009 年第 2 期。

投资银行、商业银行对金融高杠杆的使用在过去几十年中达到了极致，最终导致世界性的通货膨胀和资产价格泡沫。2008 年全球金融危机爆发后，人们纷纷谴责美联储的货币政策、金融机构的过度杠杆化，"去杠杆化"浪潮迅速在全球展开。

《巴塞尔协议》对商业银行的资本充足率有硬性外在约束，最低资本充足率的要求，实际上规定了商业银行的最高杠杆率，商业银行的风险也被控制在一定范围内。但是，条文的监管终究有限，金融创新必然会打破监管限制，随着商业银行业务的不断发展，商业银行的金融杠杆也在不断调整。美国银行业数据显示，美国银行业金融杠杆率约在 11 倍至 14 倍，近 10 年的趋势是先降后升。看起来似乎十几倍的杠杆率不能说很高，但如果考虑到商业银行管理资产的规模以及在货币政策中的乘数效应，14 倍与 11 倍就有很大差别了。以花旗集团 2007 年的一级资本 909 亿美元计，3 倍资产扩张就是 2 727 亿美元！即使很小的杠杆扩展，也会带来巨额的资产规模扩张。

促成如此大规模的资产扩张或者说杠杆提高，归纳起来，大致有如下几

---

① 本文合作者还有左志方、尹志峰。

个因素：首先，全球的流动性过剩为高杠杆提供了"舒适的温床"。其次，现代商业银行的功能相对传统商业银行已经有了很大的飞跃。自20世纪70年代以来，信息技术不断发展，金融交易技术逐渐成熟，非银行金融机构大规模出现，对商业银行形成了强有力的挑战，现代商业银行"从传统的以'融资中介'为核心，逐渐转型为以'财富管理'为核心"，而在正常情况下，投资型业务如果不出现系统性风险，保持较高的杠杆率能为商业银行带来丰厚的回报。

如果说商业银行十几倍的杠杆率还算"保守"，那么投资银行几十倍的杠杆率简直就是"贪婪"了。数据显示，美国四大投资银行（高盛、摩根、美林、雷曼）的杠杆率从2003年的平均19倍左右提高到2007年的28倍左右，雷曼兄弟公司在2007年杠杆倍数超过30倍。投资银行不能吸收公众存款，只能依靠金融市场融资，包括贷款和发行股票、债券。这种严重依赖市场的融资方式与如此高的金融杠杆并存的局面，显得很不协调，但正是这种看似不协调的模式，却实实在在地存在了5年之久，直到它们在危机中倒塌。

在传统投资银行模式的转型中，交易型业务成为投资银行收入的主要来源，而这需要大量资金的运作。由于投资银行本身不能吸收公众存款，所以只能通过放大杠杆获取大量的资金。不过，这些都只是投资银行高杠杆化的基础条件，真正实施高杠杆的高管人员的决策机制才是最直接的因素。新世纪以来，投资银行变更为公司制，并且成为上市公司，完成从合伙制到公司制的转变，风险变为有限责任形式。但利润分配机制却保持着原有的合伙制形式，一个典型的表现就是华尔街从业人员的高额年终奖金及离职薪金。高额年终奖金是根据从业人员为公司带来的利润发放的，而与其为公司带来的风险无关。在此激励机制下，投行管理人员自然敢于通过高杠杆操作获得巨额资金，然后通过交易型业务创造更大的利润。这种不对称的激励约束机制虽然也能有效地激励员工去金融创新，但是在传统的业务接近饱和时，金融创新就可能出现在需要大额资金运作的高风险领域，例如对高风险资产的投资、自营业务等。另一方面，在股东不可能增加股本，只有通过债务融资才能获得如此大的资金，而公司财务风险完全由股东承担的情况下，高杠杆运作就成为管理人员的最佳选择。

对冲基金从它产生之日起，就采用杠杠交易。最早的对冲基金利用市场中的无风险套利机会，通过拆借巨额资金建立对冲头寸，只要资产价格有小幅波动，这种对冲方式就会带来巨额利润，因此，杠杆交易是对冲基金的"天性"。但是不同类型的对冲基金，其杠杆倍数有很大差异。近几十年来发展起来的对冲基金已逐渐偏离了无风险套利操作的基准，转而投资高风险的金融衍生品，例如信用违约掉期、期权、期货等。对冲基金的高风险投资策略不仅没有使其降低杠杆倍数，反而逐渐提高，这种"赌博式"的操作早已违背了对冲的"天性"。

物极必反，人性的贪婪最终将会自食其果。当金融危机到来，泡沫破灭之际，信用扩张机制转变成信用收缩机制，金融体系的"去杠杆化"成为在危机中将损失限制在最低程度的最好选择。

但是，"去杠杆化"时代真的来临了吗？显然这不是个简单的是与不是的问题。随着金融全球化的进一步深入，世界经济越来越需要一种或者多种价值相对稳定的货币来充当世界货币的职能。但是，现行的美元、欧元和日元的发行国家出于拯救本国经济的需要，竞相提出庞大的金融救援计划，向市场注入巨额的基础货币，而当金融危机过后，这些货币通过高杠杆化扩张涌入市场时，世界金融体系将会崩溃，回归金属货币时代的呼声则会越来越高。因此，矫枉不能过正！不能从一个极端走向另一个极端，"去杠杆化"应该只是目前的应急措施，当危机逐渐散去，金融杠杆将会恢复到正常水平，不再贪婪与疯狂，而多了点理性与责任。

我们要做的是，合理监管金融机构并及时揭示金融产品杠杆率的风险，在维持现代金融系统正常运行的同时，防范过度杠杆化带来的风险。

8% 的增长目标不轻松 ①

【作者题记】

本文是 2009 年《政府工作报告》解读之内容，发表于《问题与思考》2009 年 4 月刊。

将 2009 年中国经济增长的目标定为 8%，在目前的条件下，任务并不轻松。我们现在正在采取几项措施来实现这个目标，其中最重要的一点就是采取适当宽松的货币政策和积极的财政政策来推动内需的增长，特别是通过投资需求的增长来加速经济增长。我个人认为，8% 的目标最后究竟是达到 7.8% 还是 8.1% 并不是很重要，7.8% 也大致上可以认为是达到了 8% 的目标。问题的关键是经济增长以及围绕着经济增长进行的各项投资和各项措施，对中国未来经济增长会有什么影响。8% 的目标通过采取各种措施当然可以实现，但如果这些措施对未来中国经济结构调整和中国经济增长会带来某种负作用，甚至阻碍作用，一定意义上说，这个经济增长速度可以适当低一点。

我个人认为，8% 的目标实现会不太轻松。围绕着增长目标，我们必须关注这些投资项目是否有利于未来中国经济结构调整，是否有利于中国经济竞争力的提升。

---

① 2009 年 3 月 5 日下午，吴晓求教授接受人民政协报、搜狐网联合邀请，就经济热点问题解读《政府工作报告》，该文为座谈内容整理。详见 http://news.sohu.com/20090305/n262628098.shtml，《专家解读政府工作报告：8% 的目标任务不轻》，2009-03-05。

一、扩大投资规模需要关注的两个因素

2 年 4 万亿元的投资规模，是在对当前全球金融危机的宏观背景及我们经济应所作出综合判断的基础上提出的重要措施。我认为，投资规模的扩大一定要注重两个因素：

第一，一定要着眼于未来中国经济现代化的需要，同时还要考虑生态环境的变化。前些年，一些项目由于环境因素没有批准，而今，对生态环境有重要影响的项目，仍然是要严格把关，审批一定要从中国经济的可持续增长角度来考虑。

第二，扩大投资规模推动经济增长，各级地方政府千万不能再搞成"大跃进"，不要形成地方政府层层加码。前一段中央政府提出 4 万亿元刺激经济计划的时候，各个地方政府都在加码，有的说要投 1 万亿元，有的说要投 2 万亿元。这实际上是根本不可能实现的，因为资源就这么多，中国的经济规模和资源是可以算出来的。从这个意义上来说，保持中国经济可持续发展是一个非常重要的措施和理念。

二、如何看待推动中国经济增长的两股力量

长期来看，中国经济增长模式要靠投资来推动。因为中国经济发展水平比较低，在此水平上，通过投资来推动经济是必然的。我国前几年投资加上出口迅速增长，使中国经济保持 10% 以上的增长。中国现在还是一个发展中国家，1997 年亚洲金融危机，我们完成了中国现代化的第一次大规模基础设施投资。中国经济的现代化需要两三次大规模基础设施投资，也许现在是现代化进程中的第二次基础设施投资。这就像把"神七"送上天一样，1997 年的那一次大规模基础设施投资是把"神七"送上天的第一级动力，而这次可以看作完成了上天的第二级动力，也是加速度动力。

同时，随着经济结构的升级和经济发展水平的提高，消费在中国经济增长中的作用应不断提升。在这次金融危机之前，投资和出口在中国经济增长中占据了非常重要的位置。现在，我们要采取有效措施，通过提高人们的收

入水平来提升消费需求在整个经济增长中的作用。收入的提高、存量财富收益的增长、社会保障体系的建设，都是促使消费需求在经济增长中比重不断提高的重要条件。

过去是投资占主导的时代，现阶段乃至未来相当长时期应是投资和消费并存的时代，我们正在进入两种力量并轨的时代。我们要想尽办法创造消费增长的基础条件。

三、经济发展离不开积极的财政政策

《政府工作报告》中提出要大幅度增加财政赤字，为此 2009 年的国债发行规模达到 9 500 亿元，其中中央政府 7 500 亿元，地方政府 2 000 亿元。怎样看待这样的赤字规模呢？关于赤字，有两个衡量口径：一个是赤字占 GDP 的比重；另一个是赤字占财政收入的比重。我国赤字占 GDP 的比重大概是 3%，占财政收入的比重在 15% 左右，这个比例与美国相比还是很低的。美国在 2008 年赤字规模达到 12 000 亿美元以上，约占 GDP 的 9%，占财政收入的 30%。在现阶段，要刺激需求，就要采取扩张型的财政政策。积极的财政政策包括两方面：一是减税；二是扩大政府开支。

中央财政赤字发国债 7 500 亿元，另外 2 000 亿元是地方政府债，由财政部代理发行。2 000 亿元中央政府代理发行的地方政府债，意味着中央对政府发债权没有下放。从目前的政治体制格局看，不宜由地方政府单独发债，否则的话，会带来巨大的问题。我本人非常反对地方政府作为一个独立的主体来发债。美国的州政府可以独立发债，中国的政府体制和美国的联邦政府体制不一样，中国由中央政府代理发行，是一个恰当的措施。在相当长的时期内，我们不应该允许地方政府发债。2 000 亿元只是试探性的，也是中国国债或者政府债券管理制度的改革，有利于地方政府在特殊的时期扩大支出，同时，又能保持经济的持续稳定增长。

四、建立平等的理念，不要歧视民营资本

中国改革开放 30 年取得了举世瞩目的成就。最近几年对外开放速度非常

快，但很多领域只对外资开放，对内资没有开放，从逻辑上看，这是不正确的。我们既然对外资开放，为什么不能对民营资本开放？在金融领域，我们对外资开放，是对外资成熟的金融机构开放，可能是因为它们有一整套风险控制的措施，熟悉整个金融体系的运营。我们过去认为民营资本对金融缺乏管理的经验，也不了解金融体系的风险特点。实际上，投资和经营管理是分开的，民营资本只是投资，通常不直接参与经营管理。所以，我们对民营资本放开的步子还可以放得更大一些。我们加入世界贸易组织已经 8 年了，我们应该对各类资本对金融建立起完全平等的理念，不要歧视民营资本，除少数公共产品外，资本的本质是没有差别的。

我们有大规模的外汇储备，但外汇储备通过主权基金去海外投资是非常困难的，外国会保持高度警惕。我们可以改变外汇储备资产运用机制，借助民营资本或上市公司这个窗口到国外进行战略资源投资，这可能会比主权基金进行投资更受欢迎、更有利，起到的效果更大。在很多的技巧上，民营资本或上市公司是一个非常好的管道，我们要做的是要加强这部分战略资本投资的风险监控。

国家对民营资本放松，并不意味着在抗风险能力上民营企业就强一些。面对金融危机，各类资本面对的情况都是一样的。评价抗风险能力，要看风险资产和核心资本的比例，看应对风险的能力，看风险控制制度的效力，不能认定哪一类资本就一定具有很好的抗风险能力。民营资本也许小一些，但是不见得就一定没有抗风险能力，关键是看对这个领域是否熟悉，风险防范的措施是否跟进。

五、中国的经济增长需要扩大内需

虽然发生了 2008 年全球金融危机，但是中国没有出现金融危机，中国的金融体系是非常完善的，也是安全的。以中国的上市商业银行为例，它们 2008 年的利润就非常高：工商银行可能有 1 300 亿元，建设银行 1 100 亿元，招商银行在 250 亿 ~280 亿元。别人亏损几百亿元，我们盈利几百亿元，甚至上千亿元，我们银行的财务状况是健康的，信贷市场也在正常运营，所以中国的金融特别是银行体系没有问题。中国经济的问题是结构性的，即外部市场需求快速萎缩和内部需求增长乏力。我们以前在政策层面上过度地依赖外部需求，从战略的角度来看，这种政策思路需要调整。

中国经济增长不能长期建立在外部需求上，否则只要外部需求一萎缩，我们马上就会受到巨大影响。中国是一个大国，它的内部需求潜在规模非常大。2009 年我国宏观经济政策，包括收入分配政策，都应该放在如何激发内部需求特别是消费需求上。投资需求容易激发，但是消费需求激发是比较难的。政府投资根本不用激发。困难不在于投资需求的扩张上，而在消费需求的扩大上。扩大潜在需求，其中一条重要措施就是适当降低税负，同时，在扩大政府支出结构部分要用于社会保障体系的建设。实际上，地方政府领导一般不愿意把税负降下来，把钱用到社会保障这种民生上去。这对政府来说是一个很大的转型。他们会认为，投资可以立即见政绩，说这是他们任期内做的实事。所以说，刺激消费需求是考验政府特别是地方政府功能转型的一个标志。

六、关注如何实现 8%，而不是仅仅关注 8% 本身

《政府工作报告》是务实的，2009 年是保增长，努力实现 GDP 增长 8%，物价上涨控制在 4% 以内。2008 年我们的目标是将 GDP 增速控制在 8%。2009 年物价控制在 4% 以内没有什么太大的问题，现在问题的关键是经济增长 8% 的目标能否实现，以及这个 8% 是通过什么方式实现，这是最重要的。从极端意义上说，实现 8% 是没有问题的，采取非常极端的措施是可以实现的，比如说通过大规模的货币投放来带动经济增长。但是，如果这个 8% 意味着以后第二年、第三年会有严重的通货膨胀，那可能就得不偿失。所以说，我不太关注 8%，但是非常关注如何实现 8%。

关于当前股市的若干看法

【作者题记】

应有关决策部门之约，作者 2009 年 9 月 13 日提供的咨询意见，未公开发表。

一、当前股市持续上涨的原因

我国股票市场近期出现了持续上涨的态势，2009 年 4 月 13 日突破了 2 500 点整数关口，成交量明显放大，4 月 13 日，成交量超过 2 800 亿元人民币。市场持续性上涨和成交量放大的原因，我认为主要有：

1. 国内因素。主要有：（1）信贷规模迅速扩张带来了流动性宽松，不排除这些迅速增加的信贷资金由于资金使用的时差或目前尚未找到更好的项目而使部分资金进入市场的可能性。（2）近期经济数据使投资者对我国经济增长的预期转好，信心也在恢复，一般认为，中国经济有望率先进入复苏。市场近一段时期的走好与信心的恢复亦有关。

2. 国际因素。主要有：（1）各国政府干预市场特别是各国央行向市场和金融体系注入大量基础货币而使全球市场的流动性明显增多，流动性的大幅度增加，加大了投资者对包括美元在内的西方主要货币竞相贬值的担忧，从而导致以石油为核心的大宗商品价格近期出现了较快上涨，由 2008 年底的 35 美元上涨到近期的 52 美元左右。石油价格的上涨，带动了资源品价格的全面上涨，从而引发金融危机以来全球资本市场第一次较大幅度的反弹，这种反弹对国内市场产生了明显的示范和带动作用。（2）各种研究和数据似乎都说明，全球金融危机及其对经济的影响"自由落体式"的下降状态正在结束，无论是资本市场还是实体经济都处在筑底阶段，因而，给大多数人的印象是，最坏的时期正在过去，全球市场近期一轮反弹正是这种预期的市场反映，进而也影响到中国市场。

3.市场因素。我国股票市场 2007 年 10 月 16 日创造了 6 124 点的历史高位，2008 年 10 月 28 日跌至 1 664 点，跌幅超过 70%，之后，一路震荡上行。总体上看，从 2008 年 10 月 28 日的 1 664 点到 2009 年 4 月 13 日的 2 522 点近期新高，仍然是市场惯性反弹的延续，因而尚在合理范围内。从结构上看，在这次市场惯性反弹中，资源品上市公司股票价格的大幅上涨引人注目。

二、对未来市场基本走势的初步判断

概而言之，由于近期市场较大幅度的上涨是基于流动性相对充足、经济预期发生重要变化（趋好）并伴随着市场延续性反弹而形成的，实体经济的基本面尚未发生转折性变化，因而，从经济基本面看，还不能使市场发生逆转而使其转变为"牛市"状态，因而，近期市场的大幅上涨难以持续。我认为，2009 年中国股票市场在 2 000 点至 3 000 点波动可能是正常的。

三、应注意的问题

1.防止实体经济衰退，促其尽快进入复苏，是我国目前宏观经济政策的重点，也是股票市场健康成长的基础。

2.要保持与金融体系和资本市场发展相关联政策的可持续性和相对稳定性，对货币政策工具的运用尤其要注意这一点。

3.对进入市场的银行信贷资金要有必要的监测，目的是防止大规模银行信贷资金的进入，同时，要积极拓展进入市场的各种规范的资金渠道。

4.对市场趋势，一般情况下政府不宜进行直接的政策性干预。如有必要引导市场，可通过优化供给的方式去平衡市场供求关系，切不可通过控制需求即直接控制资金进入的手段去干预市场。

全球金融危机与中国金融改革

【作者题记】

本文是作者 2009 年初写的一篇内部文稿。

中国经济的崛起需要一种具有变革精神并顺应现代金融发展趋势的强国金融战略。

对中国来说，全球金融危机来得正当其时。它实际上为中国这样的新经济体在全球金融体系中增大发言权提供了一个历史性的机遇。之所以这么说，是由于虽然我们 GDP 和贸易的规模在世界上都比较大，但我们这个经济体对全球金融体系的影响目前还非常有限，在贸易以及其他产业方面还缺乏有力的发言权。如果在全球金融事务和金融市场中没有发言权，我们就不能说自己是个经济强国。但反过来，如果这场金融危机晚来 10 年，在 2020 年左右降临的话，对中国的破坏力将会非常大。所以，我认为本次金融危机给中国的机遇胜过挑战。

但我们在力争抓住机遇的同时，也不应忽视自己在金融领域中存在的制度缺陷。中国金融改革虽然进行了 20 多年，但中国金融体系的全面开放才刚刚起步，市场化、国际化无疑是中国金融改革未来必须坚持的基本方向。在中国金融业正在试图不断开放的时候，全球金融危机爆发了。正在变革的中国金融能从中吸取什么经验教训，得到什么理论启示，是需要我们认真思索和总结的，也是这场金融危机留给中国金融的巨大财富。

一、经济中的"中庸之道"

全球金融危机发生后，大家首先想到的是金融市场是否存在过度的扩张。统计资料显示，从 1990 年开始，美国资本市场的资产规模以很快的速度在增长，这一速度大大超过了同期 GDP 的增长速度。1990 年初，美国金融资产（股票和债券）规模和 GDP 的比例大体上维持在 1.6∶1 的水平上，发生次贷危机的 2007 年前则维持在 3.2∶1 的水平上。金融资产规模的快速扩张是不是背离了实体经济的要求？这需要深入分析。

一方面，金融、资本市场的发展从最终意义上说必须受制于实体经济，没有实体经济的增长，金融的快速发展就会失去基石，如果这种快速发展到了"泡沫化"程度时，则势必对金融体系和实体经济产生严重损害。另一方面，以资本市场为核心的现代金融并不完全依附于实体经济，并不是实体经济的附庸。金融发展到今天，实体经济与现代金融并不是一个主宰与附庸的关系，它们之间实际上是相互推动、相互促进的作用。从一定意义上说，现代金融对实体经济正在起着主动的推动作用。我们常说的金融是现代经济的核心，道理就在这里。我们不能因这次全球金融危机的出现就否认现代金融对实体经济的积极推动作用，否认金融是现代经济的核心和发动机的地位。

虽然从根本上说，金融业（虚拟经济）的发展最终要取决于实体经济，但同时又绝不能看轻现代金融对实体经济的积极推动作用。我曾对实体经济和现代金融（虚拟经济）之间的关系做过一些研究，得出的基本结论是：资本市场资产价格变动与实体经济成长之间会呈现出阶段性的发散关系，这种阶段性发散关系，表明现代金融在经济运行中的独特作用。不过，资本市场资产价格与实体经济的阶段性发散关系，在一个经济长周期结束时，资产价格会不同程度地向实体经济收敛。这种收敛的现实表现形式就是金融波动或金融危机。

由于金融对实体经济作用的主导性不断增强，如果此时出现金融危机，一般不会从实体经济开始，而可能是先从金融体系和资本市场开始。危机的逻辑过程将不同于 80 年前的那场危机。当然，今天我们可以很清楚地看到，这次金融危机的确起始于资本市场和金融体系，然后再感染和影响实体经济，从而导致实体经济的衰退。从这个意义上说，这次金融危机是现代金融主实体经济之沉浮。反过来，实体经济也可主现代金融之沉浮。

至此，我想说明这样一个道理：在金融结构和金融功能发生巨大变化的今天，我们既不能陷入实体经济决定一切的境地，由此而否认现代金融对经济发展的巨大推动作用，也不能得出虚拟经济（现代金融）的发展可以天马行空、无所约束，从而忽视实体经济的最终制约作用。真可谓"道在中庸两字间"。

大力加速资产证券化是我们发展资本市场的重要突破口，对我们构建一个富有弹性、可以充分有效分散风险的现代金融体系意义重大。

二、资产证券化的"是与非"

资产证券化与这次全球金融危机的形成究竟是一种什么关系，人们还可做深入的研究，但有两点在我看来似乎已经清楚：一是资产证券化并不是金融危机产生的根源；二是资产证券化改变了风险的生存状态，使风险存量化变成了流量化。

我一直以来都坚持认为，风险从存量化到流量化的转变是金融创新的巨大成就，是金融体系由传统迈向现代的重要标志，金融开始具有分散风险的功能，意味着金融功能的升级，由此完成了从资源配置到风险配置的转型。所以，资产证券化不是制造风险，而是在分散风险。

资产证券化所具有的分散风险的功能，虽然可以使危机策源地的风险有所降低，但在一个充分开放的全球金融体系中，风险或危机会不断地扩散开来，从而有可能使一个局部性的金融危机或个案性金融危机演变成全球性金融危机。从这个意义上说，资产证券化对全球金融危机的扩张具有某种加速感染的作用，特别是当这种资产支持证券的资产是次级资产时更是这样。

证券化是金融创新的基石。没有证券化，就没有金融体系的市场化改革，更谈不上大力发展资本市场。证券化是推动金融结构变革的重要途径。问题的关键不在证券化，而在证券化背后的资产是什么，以及如何评估这种资产的价值，如何充分揭示证券化资产的风险。

在中国，资产证券化还处在初始阶段，资产证券化率还很低，这客观上制约了中国资本市场的宽度和厚度，中国商业银行体系巨额的优质资产使资产证券化具有巨大的发展空间。

大力加速资产证券化是我们发展资本市场的重要突破口，对我们构建一个富有弹性的、可以充分有效分散风险的现代金融体系意义重大。

三、急需强国金融战略

在分析这次全球金融危机形成的原因时，有人认为，格林斯潘式的货币政策是导致这次金融危机出现的重要原因，格林斯潘也承认过自己的失误。

我们一方面应当铭记格林斯潘的失误或者教训，另一方面，我们又必须深刻地体会格林斯潘货币政策目标转向的宏观战略和理论精髓。在现时代，能够深刻理解并把握现代经济特别是现代金融玄机之门的高人并不多见，格林斯潘是其中的一位大师。

对中国来说，在经济和金融发展过程中，对利益的贪婪追求无处不在。贪婪乃人之后生之本性，法律和一切制度的设计都试图使这种贪婪变得有度，使利己的贪婪不至于践踏他人的利益。所以，在经济活动特别是资本市场上，仅靠道德约束和行为自律是远远不够的，基于法律和制度之上的外部监管仍然十分必要。

对中国来说，更为重要的是必须推动经济政策特别是货币政策的转型（实际上，中国的财政政策也必须作出重大调整，应从关注财政收入转变到关注经济增长上来）。中国的货币政策十分关注实体经济某些信号的变化如CPI的变化，这本身并无不当，但当这种关注到达了置其他而不顾的极端状态时，就可能走向目标的反面。要知道，经济的金融化和金融的市场化仍是一种基本趋势，基于金融市场特别是资本市场不断发展的金融，的确已经成为现代经济的核心，成为现代经济活动的主导力量。货币政策既不能漠视这种变化，更不能成为这种变革的阻碍力量。

中国经济的崛起需要一种具有变革精神并顺应现代金融发展趋势的强

国金融战略。没有推动金融结构变革的货币政策，就不可能形成强国的金融战略。所以，在今天，中国的货币政策既要关注 CPI 的变化，还要关注金融体系的结构性变革和资本市场的持续稳定发展，资产价格的变化理应纳入其关注的视野之内。只有这样，中国经济的持续稳定增长才会具有更殷实的基础。

金融改革没有回头路

【作者题记】
本文发表于《中国报道》2008 年 12 月 23 日。

如果把美国看成一个公司的话，它的财政状况和资产负债表都非常难看。所以，通过金融危机的方式来平衡现在的各种经济力量以期达到均衡，是一种必然趋势，谁也阻挡不了。

一、危机来得不坏

对中国来说，我认为 2008 年全球金融危机来的时机还不坏。因为现在中国还不是一个经济上的强国，只能说是一个经济大国。之所以这么说，是由于虽然我们国民生产总值（GDP）和贸易的规模在世界上都比较大，但我们这个经济体对全球金融体系的影响目前还非常有限，在贸易以及其他产业方面还缺乏有力的发言权。如果在全球金融事务和金融市场中没有发言权，我们就不能说自己是个经济强国。

但此次金融危机实际上为中国这样的新经济体在全球金融体系中增大发言权提供了一个历史性的机遇。反过来，如果这场金融危机晚来十年，在 2020 年左右降临的话，对中国的破坏力将会非常大。所以我说金融危机给中国的机遇胜过风险。

但我们在力争抓住机遇的同时，不应忽视自己在金融等领域中存在的制度缺陷。

中国的金融体系还没有完全开放，或者说，我们的开放多数都是单向的。加入世界贸易组织（WTO）之后，中国金融有 3 年的过渡期，到 2004 年 11 月，我们开始开放金融市场。中国的开放有自己一种特殊的逻辑，即一般先让别人进来，自己出去放在后面。外商直接投资（FDI）进入中国市场，比我们到海外投资早得多。同时，进入中国的外资银行数量也很多，合格境外机构投资者（QFII）也于 2002 年被允许进入中国市场。与此相对，我们的资金通过机构投资到外国市场的合格境内机构投资者（QDII）到 2007 年才出现。

开放一定应该是双向的。但在向外投资的时候，首先应该以资金安全为头等大事，要仔细观察国际金融形势。如一年多前有个"港股直通车"，即我们的资金通过适当的方式到香港买股票，逻辑上可以买香港的股票就可以买美国的股票，这个政策的出台就相对草率。

中国的整体金融要崛起的话，需要全面理解和分析金融危机产生的原因、背景和影响力，避免少走弯路，这是我们应该从这次金融危机中找到的启示。

二、金融体系改革不可逆

当前，金融危机对中国金融体系和资本市场的影响，从直接损失的角度看有一些，但和欧美国家相比就小得多，这与我们资金的流出规模有关。

我国资金流出规模有限，同时我们购买这些问题资产的规模也相对较小。从 2004 年的股份制改革之后，国家对上市银行的监管加强了，同时对金融机构监管的透明度也提高了，所以说直接损失有限。

但我们也不乏一些投资失误的教训：中国平安对高盛投资 230 亿元，目前剩下 10 亿元左右，损失达 95%。中国平安太过"雄心勃勃"，想在短时间内做成全球最大的寿险公司，因此到处收购，提出了 1 000 亿元的融资计划。因为它是上市公司，所以我对其融资计划提出了不客气的批评，这种融资计划是疯狂的行为。把企业做大做强是每个企业家的理想，但这理想应一步一步来实现，绝不能利用资本市场廉价的融资工具，通过简单的资本扩张，就想成为全球最大。有个推理，按中国平安的规模，想融 1 000 亿元，那中国人寿即可融 5 000 亿元，工商银行可融 1 万亿元，这个市场还存在吗？

2008 年全球金融危机给中国带来的资金上的损失是数字可记的，但其给中国最大的影响是确定怎样的未来金融体系改革战略目标。我认为，虽然美国出现了金融危机，但从中国金融体系战略目标的结构设计角度来看，美国的金融体系结构还是值得我们学习的。

美国的金融体系结构设计精美，是有效分散风险、富有弹性，以资本市场为平台的金融体系。其核心强调两点：其一，一定是市场发达的金融体系。不是商业银行发达，是市场发达，投资者和融资者都到市场上去。其二，有效分散风险。实际上，如果美国不是这种金融体系，那境况肯定要比如今糟糕很多。它让全世界分担自己的风险，这从结构设计角度没什么不好。

不能把金融危机与金融结构简单连在一起。因为资产证券化，流动性变强，必然产生大量衍生品。如果否定它，那就意味着要回到老百姓有钱都存银行的商业银行占主导的相对旧的金融体系上。而实际上，这种金融体系也是有风险的。

安全性最高的是物物交换，但随着社会的不断进步，之后金属货币出现，纸币出现，证券化金融资产出现，再到衍生产品出现，这都是金融创新的过程。实际上，金融的每步创新都带来了效率的提高，但同时风险也自然随之扩大。这本就是一个矛盾集合体，从来没有听说过金融效益提高的同时风险缩小的事情。

金融创新还得往前走，千万不能把这场金融危机简单看成是金融创新造成的。创新是金融的生命力，没有创新哪来的金融？每一次金融进步都是和创新相连在一起的。没有创新，金融就停顿了，就会变得毫无效率。我们应该清楚地看到，金融风暴是由于金融创新之后，相应的一系列风险识别、风险监管机制没有跟上，未能告诉大家创新后的新风险在哪里而产生的。

三、由经济大国变为经济强国

针对此次全球金融危机，胡锦涛主席在华盛顿 20 国会议上提出了对改革国际金融体系的四项主张，这体现出了中国政府对这次金融危机的总体判断，我认为这四项主张非常准确。其一，加强国际金融监管合作，完善国际监管体系。目前国际金融监管合作不够，各国为政，特别是美国，它自认为美国的即是国际的。其财务、监管指标等很多制度都基本不与国际挂钩，走自己的一套。所以，提出加强和完善国际监管合作是非常重要的。

其二，推动国际金融组织的改革。如今国际金融体系的基本框架是 60 多年前建立的，当时整个世界金融市场非常小，证券化的速度和规模没现在这么高，金融衍生产品也比较少，信贷市场发展相对滞后。因此，当时构建的国际金融体系的定位和权利结构与如今的经济状况严重不相匹配。所以，重点提高发展中国家在国际金融组织的代表性和发言权，尽快建立覆盖全球的，特别是主要国际金融中心的早期预警系统，改善国际金融组织内部危机应对救助机制，提高国际金融组织切实履行职责的能力，目前就显得异常重要和紧迫了。

其三，鼓励区域金融合作，充分发挥地区资金救助机制作用。

其四，改善国际货币体系，稳步推进国际货币体系多元化。胡锦涛主席提出稳步推进国际货币体系多元化，这里有深刻的内涵。人民币在未来的国际货币体系中担当什么样的角色？我认为胡锦涛主席讲话中的潜台词已经说明：是未来多元国际体系中的一支力量，人民币要成为国际贸易中通用的结算货币之一，成为国际货币储备之一。

未来国际货币体系多元化很重要，我不赞成出现金融危机，我们的改革就放缓甚至停顿。我们要抓住机会，因为人民币不成为国际货币和国际储备性货币，中国要增大在未来国际金融体系中的发言权，成为一个经济强国，就是不可能的。

关于全球金融危机
产生原因的十个问题

【作者题记】

　　此文是 2008 年在上海金融学院主办的一次金融论坛上的主题演讲（摘要），经整理，后发表于《上海金融学院学报》2008 年第 6 期。

　　建设上海国际金融中心，这个问题我的理解不是中国的，一定是全球的，而且是新世纪最重要的宏伟的设想。这次全球金融危机的确给我们带来全面深刻的影响，既对全球的金融市场、金融体系、金融秩序带来新的思考，也对我们的理论研究产生某种兼顾性的影响。每一次大的危机，每一次大的事件，除了兼顾和完善我们现有的规则、制度、法律，还有很重要的方面就是进一步调整和完善我们的理论体系。

　　1929—1933 年的大危机诞生了凯恩斯的宏观经济理论，那么这次大的金融危机会产生什么理论呢？如果这次全球金融危机产生的原因找不到，那么未来会出现更大的危机，我们就难以找到完善制度的正确方向，同时也难以找到理论完善的正确方向。初步想来，发现有十个问题需要思考。

　　第一，关于全球金融体系的深刻变革。其中重要的结果，再过 20 年我们就会看得到。上海一定会建设成为新世纪最重要的金融中心。金融中心的功能非常多，以货币交易为主要功能的金融中心是伦敦市场，并不是美国的纽约市场。美国是 20 世纪最重要的资产交易中心，因为美元非常强大，所以美元是全球各国、各种机构所必须储备的资产。虽然我不敢说再过 20 年，上海就会取代纽约，但至少可以和它平起平坐。因为人民币定会成为和美元同等重要的储备性货币。人民币的其他资产，人民币的金融产品，一定会成为全球最重要的必须储备的资产。所以人民币的资产交易中心和中国经济的发展一样重要，一定会成为现实，并实现全球金融体系的改建。这个新的金融中心是金融危机带来的结果。

第二，关于认真反思全球货币体系。这次由美国次贷危机引发的全球金融危机，来自目前单极的货币体系，这种单极的货币体系是这次金融危机的重要原因之一。当全球各地没有任何约束的时候，它一定会泛滥成灾，一定会把风险转嫁给所有的人，所以构建新的全球国际货币体系，一定要形成有约束力的货币体系，稳定价格的货币体系。我的理念是要构造一个人民币、美元和欧元三足鼎立的有约束力的全球新的货币体系。如果这个目标非常明确，那就必须加大人民币的国际化进程，人民币现在还不完全是一个可以流通、可以在全球范围内买卖的货币。那么首先必须走过这一关。这一关都过不去，其他是无从谈起的，人民币没有完全成为可流通的货币，那么把上海建成全球的金融中心是不现实的。这是最原始、最基本的元素，没有这个元素，什么事情都无从做起。我想这是非常重要的。要大胆推进人民币国际化的改革步伐，千万不要被金融危机吓倒，金融危机为我们提供了一次千载难逢的机会。

第三，关于深刻思考金融创新和风险监管的关系。目前的金融创新是制度创新，最主流的趋势是金融产品的创新，金融产品的创新眼花缭乱。这种创新产品人们还根本不知道它今后的产业（结构层面）是什么，无法对它的信用进行评估，无法观测它的风险度，然而我们又不能阻止这种创新，因为金融的市场化、自由化是一种基本趋势。关于金融业是没有争议的，其争议来自金融市场化，来自金融制度的创新。随着金融业的结构性重组，对创新产品的风险控制及其透明度必须加强监管。我们不能阻止创新，不能把金融创新与金融危机画等号。有一种观点认为金融危机是金融创新带来的，我不认为是这样的。

第四，关于金融机构的市场化和完善的公司治理结构的关系。美国五大投资银行一个基本消失，两个被兜售，两个成为银行的附属机构。五大投资银行推进了20世纪整个金融体系的市场化，作出了巨大的贡献。但是它忽略了一个问题，就是其公司治理没跟上，五大投资银行原来都是合伙制，到了20世纪90年代纷纷上市，上市之后合伙制的基本功能没有改变，但它建立的有限公司及其风险已经改变了，于是就产生了在这样一个金融机构里，金融和风险出现了严重的不匹配，这种不匹配会造成从业人员从自身利益出发，推进冒进式的创新，完全不计后果，只管自己的经营。

第五，关于改进货币流动性的观测。现在对货币流动性的观测仍停留在非常原始的阶段，实际上经济贸易的快速发展改变着市场的流动性，而货币的核心就是流动性。货币是可交易的信用，是可流通的信用。货币并不是金属，也不是纸币，是可交易的信用货币，可交易就包括可流通的信用。从某种意义上说，金融市场可流通的信用就是货币，也就是说货币的链条在拉长，但我们对货币的监测还是原始不动，这就给未来的货币冲突带来了极大的影响，对其观测要积极跟进。

第六，关于改善货币政策的功能。货币政策的视野要拓宽，功能要调整，我们的货币政策还是停留在比较原始的阶段。关注通货膨胀，方式没错，要保持人民币币值的稳定，促进经济的持续稳定增长。货币政策除了要关注通货膨胀，还必须高度关注经济增长，必须高度关注金融市场的持续稳定增长。没有货币政策的支持，金融市场得不到发展。要把货币政策的功能纳入一个宽广的视野之中。

第七，关于金融的创造力和金融创新的关系。金融创新的本质，是如何满足消费者对金融产品日益变化的需求，因为人们对金融产品的需求结构是不同的。如果金融没有杠杆就不叫金融，金融创新自古有之，所以说金融杠杆可能还要提高，可能还要高于银行的杠杆，如果说商业银行的杠杆是标准化的，我不认为这是对的，关键是这个杠杆交易的动态的根据，是对大额风险的控制。现在还有一种不同的看法，认为风险可能来自技术层面，但不能因此得出商业银行的杠杆是标准化的杠杆。

第八，关于金融功能和金融机构多样性。现在我们面临的问题是五大投资银行没有了，那么谁去做金融业的创新，谁去做金融产品的设定，是交给商业银行吗？显然不是。金融功能的多样性和金融机构的多样性仍然存在。因此，中国所面临的问题，如证券公司或者投资银行未来的金融模式是什么，究竟是股份化的，还是控股模式下的一个子机构，或者是附属的，这是必须要解决的。股份化会走向很高度的创新，具有内在活力。附属化倒是风险比较低，但其创新能力会大幅度地降低。

第九，关于金融证券化的未来。金融创新除了产品之外，金融证券化仍然是基本趋势，不要把金融危机简单地认为是由金融证券化带来的。如果没有金融证券化，那可能就是市场危机，就是银行危机。

第十，关于未来中国需要什么样的金融体系。比较而言，我们需要一个时有发烧或时有咳嗽的金融体系。可能更需要一个经常发烧但自身还是比较健壮的金融体系，因为这样的具有免疫力的金融体系很好。我们不需要在华丽外表下的所谓尽善尽美的金融体系。

大危机之后的大战略

【作者题记】

本文是作者在清华大学经济管理学院中国与世界经济研究中心举办的研讨会上的发言，后发表于《中国与世界观察》2008 年第 3、第 4 期合刊。

一、全球金融危机对中国金融改革战略目标的影响

全球金融体系模式有两种：银行主导型和市场主导型。市场主导型的核心是美国的金融架构和金融模式，我从 2000 年以后反复主张中国金融体系改革的模式应该是市场主导型的，也就是说其核心部分应该是美国的金融模式。市场主导型体系不仅仅限于中国金融体系进行市场化改革，核心是中国金融运行的基本平台应该是资本市场。所有的金融机构、金融活动、产品创新和金融创新都是以市场为平台展开的。为此，要大力发展资本市场，要建立一个非常广阔的平台。一个没有市场的金融体系，就像在沙漠、戈壁中建的许多楼房一样，一个以市场为基础的金融体系，就相当于在大海中航行的船。大海就是金融市场，船就是各种金融活动、金融机构、金融产品创新、各类投资者、各类中介，有的是航空母舰，有的是驱逐舰，有的是潜水艇，有的是小舢板，等等。当然现在的金融危机也在预料之中，因为我相信任何一种金融体系都会有金融危机，都会有金融波动。传统的以银行为主导的金

融体系穿着华丽的外衣，给人以虚假的安全感觉，但它的整个内脏已经衰老了。而市场主导型的金融体系稍有不适，就会发烧感冒，但它的内脏是好的，感冒发烧好了后，它的内脏完好无损。

2008 年全球金融危机对我们首要的影响是中国金融体系的未来目标是什么。这需要很深的思考，但千万不要得出这样的结论：危机一出现就否定金融创新，否定金融开放，停止改革。不要把金融危机归结为金融创新所带来的，没有金融创新将会严重阻碍中国金融业的发展，中国的金融体系创新远没到位，才刚刚开始，甚至可以说还基本没有创新，这个时候是不应该停止的。其实说准确点这最多叫金融创新过度。

二、全球金融危机与中国的对外战略投资

大危机也是大机遇，一定要看到这点。一个硬币有两面，一面是大危机，另一面是大机遇。我们千万不要只看到大危机，诚惶诚恐，实际上我们在危机的边缘。但是也不能只看到大机遇，平安就是看到了大机遇，没看到大危机。我赞成向中间看，看到大危机，也要看到大机遇。特别是现在，就中国的国家战略、国家金融战略来说，我认为大危机和大机遇处在一个均衡的状态。美国次贷危机出现的时候，也就是 2007 年初，及整个 2007 年是危机大大超过机遇，收益和风险是完全不匹配的。现在从整个国家战略来看，是一个收益和风险平衡的时期，如何抓住这个机遇"走出去"是至关重要的，如何"走出去"有很多设计。从一个国家战略角度来讲，千万不能有散户的心态，跌的时候就跑，跌得越低，跑得越快。刚刚涨的时候在等，再涨一下终于开户了，再涨到 5 000 点、6 000 点终于出击了。作为国家的金融战略、投资战略不能这样。就像石油一样，价格到了 60 元 / 桶、70 元 / 桶左右时，做一些战略储备是没问题的，千万不要等到 140 元 / 桶的时候再出击，再开始做战略储备。国家战略不在于一得一失，经济的基本判断是存在的，中国的经济仍然是要快速发展，中国需要大量的资源，中国需要大量的战略资源，特别是能源、贵金属和稀有金属，等到未来大家都开始储备了，这个储备成本就非常高了。趁着这时各种矿业贱卖，煤和油都不值

钱的时候，我们需要转变对外资产结构。根据需要，有些债券可以转变为股权，也可以买一些金融资产，但做不了的就不要去买它。投资一样东西，它一定是你战略上需要的。国家战略不是投机、抄底的概念，不是抄底之后涨到 20% 就把它卖掉，这对于我国来说无足轻重。一定要从战略角度看缺少什么，特别需要什么。现在是最好的时候，不仅特别需要，而且也有能力把它做好。有时候特别需要，但没能力做好，也可以不要。我国的总体发展战略做得非常好，到 2012 年实现中等发达国家水平以及小康水平等，很多具体战略也做得非常好，唯独金融战略做得不好。中国金融发展这么多年，仅仅是在摸索。从政策就知道，一会儿是严厉地控制市场，一会儿又是一夜之间让它迅速发展起来，这就是一个失去战略的举措，没有战略就没有具体的政策。所以要制定很好的国家金融发展战略，把外汇储备和对外投资按照战略的需要一一厘清。除了金融机构以外，当然我们可能要将更大的力气放在战略资源的拥有和占有上。以前我们过度开发了 960 万平方公里的资源，而现在有了很好的机会。我们要抓住这个机会，走出海外，去买那些战略资源。买股权，或直接买矿产，买完以后把自己土地上的资源封住，保留起来不能动。这些年中国改革开放取得了很大的成就，但也出现一个非常不好的心态，就是一夜暴富的心态，个人是这样，企业是这样，甚至国家也是这样。只要我拥有了矿产，恨不得在有生之年把它挖光，不管子孙后代，这是没有战略眼光的。美国人在这方面是有战略眼光的，他们自己土地上的煤和石油等资源都不少，但很少去开发，大部分去海外买。只是在石油很贵的时候才开发一点。所以大危机背后是大机遇，要有大战略。我们不能太简单，外汇储备不能只是美国的国债，当然美国国债从投资的角度来说没错，美国国债毕竟有一个相对稳定的收益，而且很难说美国国债会破产，虽然它的对外负债也超过了9 万亿美元。美国是不会破产的，从投资安全的角度来讲，这是正确的，但对我国的金融战略来说没有意义。我国购买了美国差不多 1 万亿美元的债券，包括大概 6 000 多亿美元的国债加上 3 000 多亿美元的房利美（Fannie Mac）和房地美（Freddie Mac）政府担保债券。美国政府救市的 7 000 亿美元实际上是我们给的，它拿我们的钱去救市。所以我们需要做这样的战略调整。

三、全球金融危机对我国经济的影响

全球金融危机对中国经济的影响要大于对金融体系的影响，至少从短期来看是这样的。从金融危机到拆借市场的萎缩，再到信贷市场的萎缩，再传递到实体经济，一般来说需要 6 个月，现在都会慢慢地显现出来，最严重的情况也需要到 6 个月后才能看清楚。中国是一个出口导向型的国家，进出口贸易总额占 GDP 的 47%，几乎高于所有国家。这是超出我们想象的，中国这样一个人口大国，经济增长居然是靠外部需求拉动的。现在外国金融危机出现以后，消费下降，对中国产品的需求也严重萎缩，外部需求这个力量没有了，或者说大幅度减弱。如果我们没有其他的措施加以弥补，经济就会出现严重衰退。党的十七届三中全会在一个关键的时候做了一个关键的决定，就是要采取积极有效的措施扩大内需。虽然扩大内需提了很多年，但政策不到位，各个部门的具体政策和战略目标的配套是脱节的。我国要扩大内需，要完成经济增长模式的转型，要从过度依赖外部出口模式，转向外部出口和内部需求"两驾马车"，甚至包括投资的"三驾马车"共同推动模式，这样的经济增长模式很有竞争力，也能看到外部的风险。过度依赖外部是很麻烦的，日本就是一例，但日本产品和中国的产品结构不同，所以这次全球金融危机对日本实体经济的影响要大于对中国实体经济的影响。日本的产品要稍微高档点，而我们的更多是一些必需品，当然现在也有很多机电产品，但是机电产品并不占主导。金融危机后日本的汽车业一塌糊涂，销量下跌了30%，汽车行业马上就明显衰退了。对于必需品，收入弹性比较低，没太大影响，但对机电产品还是有影响的。所以我们要想办法把外部需求收缩的部分通过内部需求的方式弥补过来。内部需求的刺激不是马上能见效的，是一个长期的培育过程，需要政策的转型，政策不转型，内部需求是刺激不出来的。

内需就是老百姓要消费，要买东西，需要满足两个条件：第一，收入水平要提高，只有收入提高了才有可能舍得花钱；第二，社会保障体系要建立起来，社会保障体系不建立起来，老百姓挣再多钱也会留到后面，为未来做储备。假定 GDP 每年增长 10%，在这个稳定的流量中要有越来越大的比

重让老百姓拥有。那接下来一个逻辑就是要调整收入分配政策，收入分配政策不调整，是无法扩大内需的。收入分配政策调整了，财政政策就要跟着调整，这时就涉及税收。2006年我就说过，中国的财政政策是消极的。消极是从宏观经济调节角度来讲的，但从税收增长角度讲，是很有作为的。财政政策的唯一目标就是税收增长，没有其他目标。就像我们货币政策的目标就是物价稳定，两个都很单一。税收收入连续三五年每年都以30%的速度增长，GDP每年增长9%~10%，在这样的情况下，是很难拉动内需的，经济增长只能通过外部需求拉动。当外部对中国产品有强烈需求的时候，内需就无足轻重了。可是现在外部需求收缩了，这时候就不得不刺激内部需求，所以金融危机不仅给我们提供了外部战略机遇，在很重要程度上也给我们提供了经济增长模式调整的机遇，外部环境的恶化促使我们产生改革的迫切感。

四、调整财政政策适应改革需要

要促使整个中国宏观经济政策产生根本性的调整，特别是让财政政策有所作为。财政政策要有所作为，核心是以下两条。

（一）调整税收政策

税收要调整，税基要提高，税率要降低。在GDP保持10%的增长速度前提下，财政收入增长保持15%就行了。庞大的财政收入如果用在国防、教育、卫生医疗保障体系、提高公务员工资上是很好的，但是如果仍有大量的结余，就会出现很多奇怪的现象。少数地方政府建很气派的办公大楼，有一个工商局20层楼只有90个人办公。山西一个地区的煤炭监管局，刚毕业的大学生都使用独立的带套间的办公室。建大楼虽然不是贪污，但造成资源的浪费，财政收入大幅增加用在这些方面是不应该的。如果把这些钱节省下来，通过减税让老百姓拥有，让企业拥有，特别要提高老百姓的工资水平，提高他们的最低生活保障线，才能提高内需。中国的财政政策改革就像老太太走路太慢，总是迈不开步子。个人所得税的改革也讨论了很久，税基从800元调整到1 200元，两年后又到1 600元。调整了那么多年，只提高了一点，这多少有点滑稽。1 600元的工资在广州、深圳这样的大城市生存都很艰难，怎么还能缴税？应该是补贴的对象。如果能提高到5 000元就比较合理了。其他一些税率也都应该下降，让企业有创业的动力。

（二）调整支出结构

财政政策的基本职能是通过转移支付、补贴，实现公平，调节贫富差距，没有哪个国家的财政政策是补贴富人的。但我国的财政政策有时去补贴富人了，比如对汽油的大幅补贴。对两大石油公司低价销售汽油的补贴，总共有800亿~1 000亿元。在意大利，一升汽油是1.4欧元，差不多14元人民币，中国是6元多一升，当然意大利可能包括养路费，但扣除后仍要比中国高很多。就全社会来看，能够享受汽油待遇的人相对收入水平是比较高的。但是那些收入低的，骑自行车的人是享受不到补贴的。况且汽车还污染环境，怎么能去补贴污染环境的行为？这是不符合常理的。所以要加大对低收入群体的补贴。扩大内需的另一块是加大对中国农村的补贴，农村不发展，很难说中国是一个现代化的国家。要想办法让这个庞大的人口群体收入水平提高，这才是内需提高。社会学家说中国的城镇化比例已经达到了45%，有的说达到55%，无论是45%还是55%，按照这样的口径，实际上还有6亿~7亿人口在农村。提高农民的收入无非有两个：一是城乡一体化，或者说城镇化，任何国家的现代化必须要经过这样的阶段；二是让农民通过其拥有的资源切实提高自己的收入，不要指望单纯依靠种粮食来大幅地提高农民收入，除非改变经营模式，实行集约化经营。如何让那些还没有转移出来的农民的收入慢慢提高？粮食是国家稳定的基石，但不是农民富裕的重要途径，这两条一定要看清楚，不可能把一斤粮食价格提高到100元，这不现实，那到底有什么东西能让农民富裕起来？进城打工可能是一方面，另一方面，农民还拥有土地，土地是农民的资产，千万不要认为农民的土地是国家的。从广义上讲，土地确实是国家的，但一定要把那部分土地的收益权切切实实、不折不扣地给农民。现在在这点上还没做到，有些土地并不是国家的，政府一旦征用就似乎是政府的了，给点补贴就行。农民赖以生存的就是土地，土地就是农民的资产，相当于在城市拥有一套住房、一份工作一样，这是个人的资产，如果政府把这点也拿走了，如何提高农民收入？一次性补贴是解决不了问题的，所以要不折不扣地把这部分收益给农民。农民历代都是中国最老实、贡献最大的一个群体，新中国成立快 60 年了，仍是这样。现在地方政府很大一部分财政收入是征用农民土地，然后转让给开发商得来的。应该把征用得来的收入给农民，他们是土地真正的拥有者，不要认为这是国有的。我在这里并不是主张土地私有化，而是要充分尊重农民对土地资产的全部所有权。如果农民能拥有这块收入，他们的收入水平就会提高。中国农村在进行第二次变革，我希望向集约化经营方向发展，向尊重农民土地所有权方向变动。这是两个基本方向。

如何认识当前的资本市场

【作者题记】

本文发表于《中国财政》2008 年第 4 期。

2005 年以来，我国资本市场经过长期探索后，进入了一个新的历史发展阶段。人民币升值趋势、流动性过剩和国民经济的持续发展，使得资本市场发展面临历史性机遇。如何认识当前的资本市场，如何保持政策的连续性和稳定性，如何在人民币升值和流动性过剩等金融环境下大力推进资本市场发展，都是应当关注的重要问题。

对于如何认识当前的资本市场，理论界存在着争论和分歧，集中体现在对市场的判断以及对政策的评价等方面。笔者认为，我国资本市场正在恢复理性预期，结构性泡沫正在逐渐退去。

在 2007 年 5 月之前，我国资本市场由于股权分置改革、人民币升值和国民经济的持续快速发展等因素，形成了一轮前所未有的持续性上涨。这种大幅度、持续性上涨势头使很多人难以理解，甚至感到惶恐。因为我国资本市场在股权分置改革之前实际上仍处在探索和实验阶段，直到 2005 年 5 月开始推进股权分置改革后，资本市场才开始走向规范，所以人们对市场持续性大幅度上涨缺乏心理准备。实际上，就 2007 年 5 月之前的市场态势而言，我国股市仍在可接受的范围内运行，虽然结构性泡沫已经出现。面对这种市场状态，政府陆续出台了一些政策，包括提高证券交易印花税、严查商业银行违规资金入市以及发行 1.5 万亿元的特别国债和全面推出准许中国境内投资者向境外资本市场进行投资的合格境内机构投资者（QDII）制度等，这些政策推出的目的是给市场降温。随着这些降温政策的出台，市场上还流传着开征资本利得税等后续的组合拳政策。实际上 5 月以后政府陆续出台的调控政策已经对市场产生了重要影响。如 5 月 30 日提高证券交易印花税的政策出台后，市场就出现了大幅度的、连续性的下跌，有些上市公司的股价甚至连续 6 个跌停。资本市场资产价格的大幅度波动，其背后的真实原因是投资者对宏观政策的担忧。无论是机构投资者，还是一般的中小投资者，都对政策的不确定性表现出强烈的担忧。笔者认为，在资本市场的成长过程中，由于我们缺乏对市场的正确理解，政策的不稳定性有时可能是市场发展中最大的风险来源。我们以前只把资本市场风险来源归结为虚假信息披露，但就市场的整体来说，政策缺乏连续性也可能是市场风险的重要来源。资本市场最重要的是投资者的预期，市场预期一旦被破坏，其后果必然是市场的剧烈震动，必然是投机盛行。所以现在市场上会经常出现"黑色星期五"和"红色星期一"的周期现象，实质上就是投资者对政策的一种担忧。投资者担心周末会出台新的干预政策，从而以自我下跌的方式来替代政策干预。我们可能对管理产业很有经验，但是对如何发展金融市场，如何正确理解金融市场，如何有效地管理金融市场，还是缺乏经验的，还需要不断研究探索。

长期以来，笔者一直坚持这样一个观点：一个强大的资本市场对我国经济发展和金融体系的现代化建设极其重要，我国金融改革的核心是推动资本市场的改革与发展，改革的战略目标是建立一个以资本市场为基础（平台）的金融体系，这种金融体系就是市场主导型金融体系。发达的资本市场是我国金融体系市场化改革和结构性调整最基础、最重要的市场化平台，是金融改革的现实起点。

在现代金融体系架构下，资本市场的资金来源有时是很难明确划清界限的，甚至难以判断进入市场的资金是企业自有资金还是银行贷款。笔者认为，对商业银行而言，建立贷款的风险过滤机制以确保信贷资产的安全性，是商业银行的基本职责，而企业对某笔贷款的使用则似乎应更具弹性。企业对资金的运用应是企业自身的权利，企业为什么一定要把这笔钱存在银行而不能进行收益与风险相匹配的资产组合呢？我们知道，我国资本市场如果没有商业银行体系的支持是不可能发展起来的，这种支持当然包括资金层面的支持。2007 年上半年人民银行的有关分析报告表明，我国商业银行居民存款储蓄余额出现了绝对额下降。事实上，这种情况表明我国居民储蓄和金融资产结构开始进入一个大调整时代，储蓄存款这种单一金融资产的时代正在结束。大力发展资本市场，就是要顺势推动居民金融资产结构配置方式的根本性变革：由原来几乎单一的储蓄存款逐步调整为储蓄存款与证券化金融资产——国债、公司债、基金、股票等并存的多元化格局。这种居民金融资产的结构性调整符合金融发展的规律，也顺应投资者的需求。如果居民储蓄存款仍在大幅度增加，就会不利于资本市场的发展和现代金融体系的形成。所以，政策的引导方向不是让进入资本市场的资金回流到银行体系，不是要大幅度增加居民储蓄存款，而是要合理地引导资金进入资本市场。

在引导社会资金包括居民储蓄存款资金进入资本市场的同时，我们还必须改善资本市场的供给结构，扩大资本市场上可流通的资产规模。在相当长时期里，我国资本市场的政策重点不在抑制需求，而在扩大和改善供给，有效的供给政策是资本市场的政策重心。改善市场供给结构、扩大市场资产规模有效的现实途径就是加快境外上市蓝筹股的回归。从战略上看，我们要十分珍惜优质上市资源，这些优质上市资源是最重要的金融资源，不能把如此多的优质企业送到境外上市，然后通过 QDII 这个管道把资金送到境外投资于这些企业。如果优质的上市资源都流到境外，资金也流向境外，其结果必然导致我国资本市场的边缘化和空心化，势必延缓实现建立发达资本市场的战略目标。只有让那些境外上市的蓝筹股回归 A 股，同时大力吸引境外资金进入我国资本市场，资本市场才会逐步发展起来。

我国发展资本市场的战略目标是要构建一个既能优化配置资源、促进经济增长，又能分散风险、贮藏财富，并使财富随着经济增长而增长的现代金融体系。如果经济高速增长只能带来国家财政收入的超高速增长，与此同时而没有带来（以居民金融资产为代表）社会财富的相应增长，那么，这种金融体系一定存在结构性缺陷。这种结构性缺陷主要来源于资本市场不发达。

流动性过剩是当前面临的一个重要宏观经济问题，也是一个重要的金融现象。如何理解流动性过剩对经济的影响，如何在流动性过剩的条件下推动金融体系的结构性改革是一个大课题。我国的流动性过剩既有制度性背景，又有全球经济结构大调整的因素，因而在相当长时期，可能是一个基本现象。换句话说，如果对我国流动性过剩缺乏准确的理解，那就很难找到正确的解决办法。流动性过剩仅靠技术性对冲在我国是难以达到效果的。仅 2007 年上半年，我国的外汇储备就增加了 2 663 亿美元，这意味着人民银行投放的基础货币超过了 2 万亿元人民币，考虑到货币乘数效应，所产生的流动性是巨大的。笔者不主张我国汇率机制改革一步到位，"慢走升值"是正确的汇率改革路径。我国经济竞争力的培育需要这种政策和环境，同时我国产业的成长需要来自汇率变动所带来的国际竞争压力。所以人民币的缓慢升值将是一个较长的过程，也就是说流动性过剩在一个较长时期内是必然的。

任何事情都具有两面性，流动性过剩也一样。有利和不利都是一种可能性，如果处理不当，不利的一面就会爆发，就有可能引发物价的全面上涨，引发严重的通货膨胀。笔者认为，我国对流动性过剩的政策重点应放在结构性疏导上，而不是全面控制上。流动性过剩最终都要形成强大的现实购买力，从而引起物价或资产价格的上涨。这里所说的流动性过剩的结构性疏导政策，是指通过政策的引导让较多的过剩流动性进入对经济生活不会带来重大影响的领域，同时又有利于经济结构的根本性调整。我们完全可以因势利导，利用流动性过剩来推动金融体系的结构性调整和金融市场特别是资本市场的发展，调节的政策重心在于结构性疏导，把过多的流动性疏导到资本市场上来，以此推动金融体系的结构性改革。

我国资本市场的发展战略正在调整。当我们站在开放和经济全球化的角度可以看到，到 2020 年我国资本市场的战略地位应该是：以沪港深为主体的中国资本市场是全球最重要的、规模最大、流动性最好的资产交易市场之一，其仅就沪深市场的市值而言，届时将完全可以达到60万亿~80万亿元人民币的规模。人民币将成为世界上最重要的三大储备货币之一，一个以发达资本市场为核心的中国金融体系将成为全球多极金融中心之一极。

资本市场，在困难和曲折中前行

【作者题记】

此文是 2008 年 5 月 20 日撰写的一篇文稿，献给在汶川地震中受难受灾的同胞。

2008 年 5 月 12 日 14 点 28 分，一场给中华大地带来巨大悲伤的 8 级大地震袭击了四川汶川地区。刹那间，万千房屋被摧毁，无数鲜活的生命被掩埋，受灾之严重为新中国所罕见，给本已不平凡的 2008 年再添变数。面对如此情景，我的心情长时期处在悲伤和感动之中。我为失去生命的同胞而悲伤，为在废墟下为生命而顽强抗争的同胞而落泪，为铁军人性的光芒而感动。这种悲伤来自心底，这种落泪来自血液，这种感动来自灵魂。多少个夜晚，我都在为我们的同胞祈福，为我们的国家祈福。虽然有大难兴邦之说，但我更愿意看到兴邦过程中人民阳光一样的灿烂笑容。

伟大的中国经历了太多的曲折和苦难。在经历了百年屈辱与英勇抗争后，我们终于创造了新中国；60 年的艰苦奋斗，30 年的改革开放，我们让世界重新认识了中国，造就了今天中国大国的地位。我们有信心认为，一个正在崛起的中国有能力、有信心战胜任何人为困难和自然灾害。历史的记忆告诉我们，在一切困难和灾难面前，中国人民永远不会屈服。虽然艰难，但我们依然会前行！

我们要有这样的心理准备：在迈向现代化的过程中，在由一个世界大国变成世界强国的过程中，会遇到多种多样、形形色色的困难和灾害。这些困难和灾害，有的是人为的，由忌恨、狭隘而生；有的来自自然法则或由于我们急功近利破坏了自然法则而由自然施加给我们。在中国现代化过程中，我们主张和谐共生，与他人友好、与自然和谐，但对于出于偏见、狭隘、傲慢而生的刁难和纯粹的自然灾害，我们无所畏惧。中国的民族复兴和国家崛起，浩浩荡荡，谁也阻挡不了。

与中国经济起飞和民族复兴一样，中国资本市场正处在鼎盛发展时期。资本市场作为经济之"晴雨表"，反映着经济的景气度和基本走向，资本市场的稳定与否，短期内会直接关系到人们对地震后中国经济的信心，现在更直接关系到地震灾区投资者的利益；长期则关系到中国的强国之路能否顺利通行。伴随着中国经济的持续成长，资产证券化趋势日益明显并有加快的迹象，在未来相当长时期里，中国的金融资产特别是证券化金融资产会有一个前所未有的成长和发展。这种不可逆的趋势是中国由经济大国向经济强国迈进的重要特征。在这次地震灾害发生之后，中国资本市场表现出了前所未有的镇静，波澜不惊地度过了惊心动魄的一周，让人们看到了与负责任的大国相匹配的负责任的资本市场、顾大局的投资者。由此，我本已伤感而沉重的心有了些许释然和慰藉。

上市公司作为资本市场的核心资源，对资本市场的发展具有决定性的作用；作为最大众化的群体，其行为具有很强的示范效应。我们看到，依靠资本市场迅速发展壮大起来的上市公司，在这次抗震救灾中表现出了强烈的责任感和对人类灾难深切的同情心，回报社会不再是一句口号。据不完全统计，截至2008年5月17日，企业捐款总额已经达到35亿元人民币，占社会捐款总额的58%，而这其中大多数是上市公司。不仅如此，无数的投资者，包括在这次股市大跌中损失严重的新股民也贡献了他们的力量。这些行为向人们昭示了一个事实：资本市场不只是金钱的游戏，其中也充满了爱、奉献和对人类命运的关怀。可以确信，未来中国资本市场必将担负更多的社会责任，回报社会；中国资本市场不仅是财富创造和财富再分配的平台，更是大国崛起的舞台！

愿逝者安息，生者安康。祈福坚强的四川，祈福伟大的中华。

维持资本市场的稳定发展是
当前宏观经济政策的重要目标

【作者题记】

本文是 2008 年 4 月为《求是》杂志提供的文稿，后《求是》做了必要删减后以《推进资本市场稳定发展的关键是全面创新》为题，在《求是》2008 年第 17 期发表。本文是原稿全文，《求是》删去了前两段。

2008 年以来，在国内外错综复杂因素的影响下，我国资本市场出现了大幅度波动，资产价格持续下跌，市场交易日渐低迷，投资者信心严重受挫，资本市场目前的状况正在背离宏观经济基本面。市场状况如果进一步恶化，势必严重影响我国资本市场进一步的发展，严重阻碍我国金融体系的市场化改革和现代金融体系的建设，对我国宏观经济的持续稳定增长也会带来长远的不利影响。维持资本市场的稳定发展，应当成为我国当前宏观经济政策的重要目标。

在股权分置改革顺利推进的大背景下和宏观经济乐观预期、上市公司业绩大幅增长的基本面支持下，我国资本市场在 2006 年和 2007 年实现了历史性跨越，市场规模迅速扩大，市值由 2005 年底的 3.24 万亿元增长到 2007 年底的 32.71 万亿元；股价指数大幅攀升，由 2005 年底的 1 169 点上升到 2007 年底的 5 261 点，2007 年 10 月 16 日曾达到创纪录的 6 124 点；在市场迅速成长的同时，上市公司结构也发生了根本性变化，蓝筹股已经成为我国资本市场的主导力量，资本市场的财富管理功能正在形成。在经历了 2006 年、2007 年两年的大发展之后，2008 年前 7 个月我国资本市场则出现了罕见的大幅度、持续性下跌，跌幅居全球市场之首。在宏观经济基本面相对稳定的条件下，我国资本市场出现如此大幅度波动（无论是 2006 年和 2007 年的大幅度上升还是 2008 年的快速下跌），应当说具有明显的非理性特征，对我国金融体系的稳定和经济的持续增长是不利的。

就我国资本市场的目前状况而言，稳定市场、恢复信心、促进发展是我们面临的最重要的任务之一，也是当前制定宏观经济政策必须考虑的重要因素。为了实现我国资本市场的持续、稳定、健康发展，进一步推进我国资本市场的改革、开放，以构建一个功能强大的现代化金融体系，我们必须在发展资本市场的战略定位、管理理念、政策重心和制度创新等方面做进一步的深度思考。

我们必须用新的视角去理解发展资本市场的战略意义。经过改革开放 30 年，我国已经从一个贫穷、落后、封闭的国家变成了一个正在迈向小康、日益开放、经济规模跃升为全球第三大经济体的经济大国。如何由目前的经济大国成为未来的经济强国，是 21 世纪头 20 年我们面临的重要战略任务。中国要成为未来的经济强国，除了必须在科学技术方面拥有强大的自主创新能力以及将这种强大的自主创新能力有效地转变成经济竞争力的制度以外，我们还必须拥有一个既能有效地配置资源，又能有效分散风险，同时还能将现有经济资源转变成财富的现代金融体系。强大的自主创新能力和现代化的金融体系是我们由经济大国发展成经济强国的两大推动力，两者缺一不可。强大的自主创新能力是经济增长的原动力，而集增量融资、存量资源调整、财富创造和风险流量化于一身的现代金融体系则是经济增长的强大助推器，将大大地提高资源配置的效率和财富增长的速度。这种现代金融体系的核心和基础就是健康而发达的资本市场。可以说，没有资本市场就没有现代金融体系，没有现代金融体系，在当今的世界，就难以成为经济上强大的国家。在中国，发展资本市场，就是在寻找未来经济的强大发动机。

资本市场发展虽然经历了漫长的历史，但是从来没有像今天这样受到如此强烈的关注。要知道，资本市场在经济全球化和经济金融化的今天，已经成为国家之间和各经济体之间金融博弈的核心平台，而金融博弈则是 21 世纪国际经济竞争的支点。资本市场之所以成为 21 世纪国家之间、各经济体之间金融博弈的核心平台，是因为，现代金融的核心是资本市场，资本市场在资源配置过程中发挥着难以替代的重要作用。是因为，资本市场越来越成为现代经济的强大发动机。这种强大发动机集增量融资、存量资源调整、财富创造和风险流量化等功能于一身，以精美绝伦的结构性功能推动着日益庞大的实体经济不断向前发展。是因为，资本市场在推动实体经济成长的同时，也在杠杆化地创造出规模巨大、生命力活跃的金融资产，并据此催生着金融结构的裂变，推动金融的不断创新和变革。是因为，资本市场通过改变风险的流动状态而使风险由存量化演变成流量化，金融风险的流量化使风险配置成为一种现实的可能，使现代金融成为一种艺术，使金融结构的设计成为一种国家战略。

如果我们用这样的理念，从这样的高度去理解资本市场，我们就一定能找到发展资本市场的正确道路。

我们必须用新的理念去改革我们管理资本市场的方式、方法。在过去相当长的时期里，我们比较多地用行政化的手段、用"运动"的方式去管理资本市场，从而给人们留下了所谓的"政策市"的深刻烙印。这种所谓的"政策市"，在实践中，除了指政府对市场的监管具有浓厚的主观色彩外，还指对市场的监管过多地去关注指数的涨落。在关注指数涨落的过程中，政策又似乎更关注上涨，而不太关注下跌，形成了所谓的"管涨不管跌"的市场风险管理理念，认为上涨是风险，下跌是安全。我们需要对这些流行甚广的资本市场管理理念进行反思。实际上，在资本市场发展史上，监管的核心理念是维护市场的"公开、公平、公正"，监管的重点则是保证市场透明度，这就是世界各国法律都将"虚假信息披露、内幕交易、操纵市场"等定义为三大违法行为从而必须严厉打击的原因所在。三大违法行为都严重地损害了市场透明度，是对市场"三公"原则的公然挑衅。没有市场透明度，一切都无从谈起。在保证市场透明度的前提下，资本市场较为发达的国家的宏观经济政策特别是货币政策和市场监管大体上都是"管跌不管涨",并且认为市场大幅度下跌会严重损害金融体系的稳定和投资者的信心,是真正的风险来临。在这种理念的支配下,市场一旦出现大幅下跌,政府必然出台相应措施,以稳定市场。

我们必须用全局的眼光去制定宏观经济政策特别是货币政策。我国的经济结构和金融体系正在发生重大的变化,经济结构越来越市场化,金融体系特别是资本市场在整个经济活动中所起的作用越来越大,现在任何一项大的宏观经济政策的调整都不可能追求单一目标。当前我国经济运行面临诸多挑战,如何保持经济的持续稳定增长、把物价控制在可以承受的范围内,同时维持金融体系特别是资本市场稳定发展是当前宏观经济政策面临的三大问题,包括货币政策、财政政策在内的整个宏观经济政策应当统筹兼顾,在解决这三大问题中寻找深度平衡,不能顾此失彼。总体而言,为了实现"经济增长、降低通胀、维持市场稳定"的三维平衡,从紧的货币政策的紧缩力度不应再提高,目前应对从紧的货币政策进行结构上的微调,适当扩大对中小企业的贷款,适当减缓人民币升值的步伐,适当减弱流动性对冲的操作力度等。与此同时,要积极运用财政政策包括减税、改变支出结构、提高税基等措施,只有这样才有可能实现三维空间的深度平衡。

我们必须用创新的精神去不断完善现有的资本市场规则,妥善解决发展中出现的各种新矛盾、新问题。我国资本市场是一个"新兴+转型"的市场,规则不完善、波动大、发展快、问题多是其基本特征,因而就必须用创新的精神去面对各种问题、解决各种矛盾、完善各种规则。墨守成规是无所作为的表现。我们曾用创新的精神顺利地推进了股权分置改革这个资本市场发展史上最困难、最复杂、最重大的制度变革,现在如何处理好大小非减持与市场稳定,IPO、再融资和海外蓝筹股(包括红筹股)的不断回归与市场承受力,股指期货的推出与市场波动以及资本市场对外开放的速度、宽度、深度等涉及资本市场供求关系战略平衡的重大问题,是我们当前面临然而又必须解决的现实问题。面对这些现实问题,我们要用创新的精神,在市场稳定发展中不断完善规则,化解矛盾,解决问题。

控制通胀不能损害经济增长

【作者题记】

本文发表于《上海证券报》2008 年 8 月 20 日封七。

目前通胀的两个主要成因与人民币流动性没有太多关系，所以，执行更加严格的货币政策没有道理，也没有必要。历史地看，现在的物价水平只是较低水平上的"高"，一定的通胀水平是可以容忍的。现在特别需要积极地运用财政政策来促进经济增长以及产业结构调整。

中国目前已经是世界第三大经济体。到 2008 年底，人均 GDP 将达到 3 000 美元，接近中等收入国家水平。对于一个经济容量很大的国家来说，人均 GDP 到了 3 000 美元，意味着经济结构需要升级，产业结构需要重大调整。而在这个调整和升级过程中，如何处理好通货膨胀、经济增长、就业、中小企业发展等关系和矛盾，是必须正视的大问题。

依我看，维持经济的持续稳定增长仍然是我们的头等大事，而控制通胀不能过度损害经济持续增长的基础。因此，可以将宏观经济目标设定为：在维持 10% 以上的经济增长的同时，可以容忍不超过 7% 的通货膨胀。

为什么可以容忍 7% 的通货膨胀呢？这是因为，我国 2007 年以来出现的通胀，与 20 世纪 80—90 年代发生的通胀存在较大差别。首先，本次通胀属于输入型，物价全面上涨的重要原因，是国际市场大宗商品价格特别是石油价格持续上涨传递到我国经济运行之中。在高油价与目前全球货币体系关系巨大，而与人民币流动性没有特别重要关系的判断下，要化解高油价难题，靠货币紧缩政策、靠收缩人民币的流动性，是很难收到效果的。

其次，这次通胀属成本推动型。在"成本推动"中，又有几个需要厘清的问题：一是劳动力成本大幅提升是否可接受。劳动力成本的提升是社会进步的标志，劳动者理应在中国经济发展中得到应得的福利。从这个意义上说，物价上涨，也代表了一个国家的现代化。在控制恶性通胀的同时，应认识到，劳动力成本、工资收入水平的提高所带来的成本上升、价格上涨，不仅必然，而且必要。二是资源价格上涨是否可接受。当前，各种能源、资源品价格都在上涨，这种上涨，实际上是利益关系、经济结构调整的必然结果，通过市场机制，市场参与各方都在动态地寻求利益均衡点。在这个过程中，应尽量减少价格管制的范围，价格管制在控制通胀的同时，也削弱了供给，而不增加供给，显然无法治理通胀。三是农产品价格上涨是否可接受。农民对中国现代化贡献很大，国家发展了，自然要想方设法提高他们的收入，农产品价格上涨，对农民、农村有好处，对结构调整有好处，也应该是可以接受的。

总而言之，目前通胀的两个主要成因与人民币的流动性没有太多关系，所以，紧缩货币的政策不能解决根本问题。目前，执行更加严格的货币政策没有道理，没有理由，也没有必要。历史地看，在从 1999 年到 2008 年的一个经济周期中，如果将物价水平作平均化处理即可发现，目前的物价水平只是较低水平上的"高"，一定的通胀水平是可以容忍的。

如何处理好保持经济持续稳定增长与控制通胀水平的关系，我有三点建议。

第一，原则上应减少价格管制措施。当前对于油价的控制和对于一些石油企业的补贴，不仅有碍于公平，也抑制了供给的增长。我认为，应通过能源、资源品价格的上涨来控制高耗能企业的发展。在这方面，一个突出的例子是电价太低，电解铝行业只要通过电力差价，就可以获得利润。电价过低，不利于压缩高耗能企业，政策与战略不相匹配。

第二，坚定地通过内需增长来拉动经济持续发展，而内需拉动首先要提高与内需有关的经济主体特别是劳动者的收入水平。这涉及另一个重要问题，即收入分配。因此，经济增长和收入分配政策要更多地关注民生。2008 年上半年，我国经济增长 10.4%，财政收入增长 30%。在这样的收入分配关系下，构建内需拉动力的源泉不足。因此，我国特别需要从经济发展角度灵活地运用税收政策。目前，税收政策运用的重点在降低税率或提高税基。如果未来经济增速保持在 10% 左右，且财政收入增长也保持在 10% 左右，则结构就相对比较合理，社会大众收入和企业利润就能有相应幅度的提高。

需要强调的是，财政收入增长过快，收入越多，往往造成的浪费越多，效率越低。中国经济增长要靠民间需求来拉动，不是简单地靠政府投资来推动，要向靠政府投资推动经济增长的时代告别。

第三，要努力提高大众的财产性收入，充分重视存量财富的增长，重视存量资源的再配置。在这方面，我们不仅应重视流量、增量，更要重视存量，尊重前人的成果、尊重历史。为此，要大力发展资本市场，通过资本市场让存量财富创造更多的收益。通过上述努力，可以实现当期经济增长和收入水平的提高，做好流量、增量；也可以实现过去创造出的财富的增值，做好存量。两种财富叠加，就是小康社会的财富形成方式。

在当前的货币政策中，有一种意图是通过提高存贷款利率来收缩流动性。但是在目前条件下，提高存贷款利率，实际上是在创造更大的流动性，从而可能推动通货膨胀，为什么呢？这就涉及汇率机制与国际游资问题。中国现在成了全球最安全、最没有风险、回报率最高的地方。全球的短期资本，通过五花八门的路径，想方设法进入中国市场，因为这个地方太好赚钱了。

对这些热钱，首先要清楚它们是从哪些渠道进来的。地方政府招商引资是一个很重要的管道，还有外商直接投资、经济贸易夸大价格等，还有很多个人自己带进来。据有关部门介绍，在深圳罗湖口岸，经常可以看到不少香港人身上绑着美元、港元进来，到深圳后，换成人民币。有段时间深圳的人民币现金提取占全国银行体系现金提取很大的比重。国际游资，或者短期资本流动，时机一旦成熟，它肯定会流出去。如果流量非常大、非常急，就会对我国的金融体系特别是货币体系带来冲击。一个国家的金融危机最终会演变成货币危机。

关于热钱对我国经济的冲击，我想强调的是，我们不要害怕热钱。中国有这么多外部资本进入，是因为中国经济持续增长、经济环境稳定，人们有良好的预期。实际上，我们将和热钱相伴而存在，把热钱消灭掉是不可能的，只能适时疏导。同时我们要通过改革，把热钱变成正常的短期资本流动。为此，要着力推进汇率形成机制的改革。现在是央行和个人、企业在交易，未来的外汇市场交易主体应主要是企业与企业的交易，把风险分散给企业。现在的结售汇制度需要改革。

另外，我们要从技术层面采取措施，防止这些以班排连营方式进来的热钱在未来某个时候以集团军的形式迅速撤离。这些游资大规模流出将给一国的货币体系带来非常大的冲击。我们现在有1.8万亿美元外汇储备，按照一定的结构分布在不同的资产上，我们不可能把这些储备以现金的方式搁在账上。如果热钱以集团军的方式撤离，负债和资产的结构就可能会不匹配了，危机就会出现。当年韩国的金融危机与资产负债的结构性失衡是有关系的。在一国金融体系内，如果单一银行出现由资产负债结构严重失衡而出现支付危机，通常央行会提供流动性帮助其渡过危机，但在国际范围内，如果一国金融体系出现了危机，国际货币基金组织也会提供帮助，但这个帮助是要以付出巨大代价为前提的。

要从政策和技术上防止热钱以集团军的形式撤离，在外汇管理上要做很多细致工作，比如不断调整外汇资产结构。有人说如果热钱大规模流出，可以开征托宾税（外汇流出税）。我个人认为，开征托宾税有百害而只有一利。中国不能这么做。我们不能损害我们在国际上的金融信誉。征收外汇流出税是得一时之利，受长期之害。我们所要做的是根据汇率的变化来动态地调整外汇资产结构，以防范未来的金融风险。

总之，根据目前中国的经济状况，执行偏紧的货币政策和偏松的财政政策的政策匹配是恰当的。中国财政政策过去相当长时期里基本上就是收税政策，对经济运行基本上缺乏调节作用。所以，中国宏观经济政策是跛脚的。这种跛脚的政策结构给央行形成了太大的压力。本来是两条腿走路，现在只靠一条腿，多么艰难。所以，我们现在特别需要积极地运用财政政策来促进中国经济增长，促进中国产业结构调整。

中国资本市场论坛 12 年

【作者题记】

　　本文是作者在由中国人民大学金融与证券研究所主办的"中国资本市场论坛"，结合中国资本市场发展12年作的发言，后发表于《资本市场》2008 年第 1 期。

　　时光荏苒，岁月如梭。中国资本市场论坛即将迎来第 12 次峰会。回顾这12 年的历史，每一届论坛都见证了中国资本市场发展的曲折历程，每一部中国资本市场（年度）研究报告都汇集了中国人民大学金融与证券研究所（FSI）专家们的思想精髓，每一个主题都为我国资本市场的发展指出了面临的最迫切或最关键的问题。从投资者利益保护到股权分置改革，从银证合作到资本市场的战略转型，既体现了我国资本市场发展的轨迹和理念的进步，更展示了中国人民大学金融与证券研究所专家研究团队理论上的前瞻性和洞察力。这12届论坛和12部研究报告都承载着一种信念：推动中国资本市场的发展，实现中国金融的崛起，完成强国之路的梦想。

　　遥想第一届中国资本市场论坛，还要追溯到 1997 年 1 月 11 日。经历了"八五"以来能源、交通、原材料等方面的瓶颈约束的缓解，1996 年经济的"软着陆"，《票据法》的实施和银行间人民币市场拆借率的形成，中国宏观经济为 1996 年资本市场的复兴和 1997 年的大发展奠定了坚实的基础。中国资本市场经历了 1996 年 10 个月的牛市和年末的极速跳水，广大投资者对于 1997

年充满了憧憬与困惑。在这样的背景下，主题为"回顾1996，展望1997"的第一届论坛拉开了中国资本市场论坛的大幕。在第一届论坛上，中国人民大学金融与证券研究所第一次正式对外发布了中国资本市场（年度）研究报告。在该年的研究报告中，我们在对中国宏观经济形势、中国货币政策和中国产业政策做了回顾与展望以外，重点对中国股票市场的风险因素、风险区域、风险结构做了深入的研究，并提出了"中国人民大学贝塔系数"，这在当时的学术研究中还是具有前瞻性和开创性的。从这一届开始，理论的前瞻性和政策的可操作性成为中国资本市场论坛和年度研究报告的鲜明特点。

经历了1996年和1997年两年的发展，中国人民大学金融与证券研究所敏锐地认识到资本市场的发展与资本市场的深化是一个相辅相成、协同前进的过程。早在1997年，我们就坚信"发达的资本市场是中国经济继续维持较高成长性的强大推动器。资本市场的深化，已经成为中国经济体制改革和经济发展未来一个较长时期内面临的最重要问题之一"。这一命题今天已经为广大学者所接受，但在1998年1月10日举行的第二届中国资本论坛提出这一命题时，能够理解资本市场对国民经济的推动作用并不是一件简单的事情。论坛和该年的研究报告围绕"为何深化"和"如何深化"这两个核心问题展开深入探讨。我们当时提出的金融结构的实质性改善必须依赖中国资本市场的深化和发展，中国企业资本形成方式的深刻变化必须依赖资本市场的深化，资本市场的发展可以有效地改变金融风险结构、降低金融体系乃至整个经济体系的运行风险"需要资本市场深化"，以及"对投资主体结构重新进行制度安排；增加上市品种，包括可转换公司债、衍生金融工具"等观点在随后几年的时间中已经陆续实现。

《证券法》的出台对我国资本市场发展具有里程碑式的意义。伴随着《证券法》的出台，1999年1月17日中国人民大学金融与证券研究所在北京亚运村国际会议中心主办了以"建立公正的市场秩序与投资者利益保护"为主题的第三届中国资本市场论坛。针对当时充斥资本市场的假重组、虚假信息披露等严重损害资本市场诚信基础的行为，论坛旗帜鲜明地提出了"证券市场的灵魂是信息的公开性、完整性和信息披露的及时性。这是维系证券市场三公原则的基石"和"对投资者利益保护是资本市场制度建设的出发点"。这一理念成为中国资本市场论坛（1999 年度）研究报告《建立公正的市场秩序与投资者利益保护》的核心理念。该理念三四年后才为市场广泛接受。

2000 年是跨世纪的一年。在这世纪之交的 2000 年，人们怀着对 21 世纪的美好期待，存在多种预言。我们也试图预期 21 世纪的第一个 10 年，中国资本市场会发生什么样的变化。所以，2000 年 1 月 15 日举行的第四届中国资本市场论坛和该年年度研究报告的主题都是"中国资本市场，未来十年"。在这世纪之交的论坛上，我根据研究报告的结论，对"未来十年"即 2010 年前的中国资本市场作了"八大预言"：（1）到 2010 年，中国资本市场的总市值将达到 13 万亿元，占名义 GDP 50% 的比重，那时上市公司的所有股权，法律上都允许流通。（2）中国上市公司（A 股和 B 股）总数超过 2 000 家，上证综指超过 6 000 点，深圳成指突破 18 000 点。（3）在多次重组的基础上，中国将产生 5 家左右以投资银行业务为主体业务的、总资产超过 5 000 亿元的国际性投资银行，与此同时，随着资本市场财富聚集速度的加快，中国将出现证券化资产达到 100 亿元以上的若干超级（自然人）投资者。（4）市场交易制度和交易体系将发生重大变化，现行的营业部体制将渐渐走向衰弱，证券投资基金市值将占股票总市值的 25% 以上，可流通的证券化资产占非证券化的金融资产的比重将达到 40% 左右。（5）将分阶段推出股票期权、股指期货、外汇期货和期权等在内的重要的金融衍生产品。（6）完成 A 股和 B 股的合并，除某些产业有股权投资比例限制外，大部分产业的资本性投资都将开放，中国资本市场国际化的障碍已经消除。（7）逐步完成中国资本市场规则与国际资本市场规则的接轨，"游戏规则"的国际化程度较高，市场环境有根本性改善，市场透明度大大提高。（8）证券发行制度由核准制过渡到注册制；中国金融业发展模式将实现从分业到混业的过渡，金融监管也将从分业监管走向综合监管。在这八大预言提出之前，上证指数高点为 1 756 点，深圳成指高点为 4 896 点；总市值仅为 2.65 万亿元，占当年 GDP 的 32.25%，流通股仅占 15% 左右；证券投资基金市值不足总市值的 3%。在当时的市场环境下，我们满怀憧憬，但更多的是对中国资本市场的发展充满了信心。在今天这八大预言大都已经实现。

2000 年度的研究报告为我国资本市场的发展勾勒了美好的愿景，但是我们也深深地认识到在当时的条件下，实现愿景的道路并不平坦。上市公司融资的低成本和逆序融资、大小股东的利益不协同、机构投资者力量弱小无法起到稳定市场的作用等问题都成为资本市场进一步发展的障碍。实现资本市场的可持续发展需要一系列的创新。针对这一制度性问题，2001 年 1 月 6 日举行的第五届中国资本市场论坛发布了由我主笔的 2001 年度研究报告《中国资本市场：创新与可持续发展》。2001 年度研究系统研究了"上市公司股权结构调整与国有股减持""大力发展机构投资者""如何利用外资""资本市场创新与传统商业银行的出路"等问题。以创新与可持续发展的视角来观察今天的中国资本市场，我们会发现"解禁限售"、"机构占据半壁江山"、"QFII"和"传统商业银行的上市浪潮"这些在今天看来耳熟能详的词汇在当时已有强烈的呼声和理论论证。

在资本市场不断发展壮大的同时，我们也在不断地思考着这样一个问题：在中国的金融体系中，银行和市场应当分别扮演什么样的角色？二者应当如何合作，从而构成一种更有效率的现代金融体系？针对这些问题，中国人民大学金融与证券研究所的专家团队进行了长达一年的研究。从而在第六届（2002 年）中国资本市场论坛研究报告——《中国金融大趋势：银证合作》提出了 2002 年中国资本市场与商业银行如何合作，成为第六届（2002 年）中国资本市场论坛的核心议题。在这次论坛上，"银证合作"明确了中国金融体系的转型和市场与银行之间的合作关系。在中国这样一个具有多年以银行体系作为主导的金融结构的背景下，"银证合作"的提出为资本市场和银行体系的协作路径提出了有效的解决方式，并且为后来的"市场主导的金融体系"也埋下了伏笔。论坛和研究报告强调了金融体系的比较与演变，提出了金融市场化的趋势与中国金融的结构性变革，并且明确了资本市场与商业银行合作的必要性。2002 年的研究报告和论坛提出通过资金互动、工具与业务的交叉、信贷资产证券化、技术平台的统一、货币政策目标体系的调整以及金融控股公司等多种角度推动银证合作这一中国金融大趋势。

如果说 2002 年的银证合作是从制度层面剖析的具有现实市场意义和政策意义的主题，那么第七届（2003 年）论坛和研究报告则给资本市场论坛带来了一个新的理论高度。它从较为技术、专业的角度寻求优化公司资本结构的制度基础和技术措施，探寻保证公司如实披露信息、保持足够透明度的公司治理结构，这在当时具有重要的理论价值和很强的现实意义，可以说是现代金融理论向技术化、实证化、微观化方向发展的一次理论探索。在此之前的公司治理理论主要是研究"三会"之间的制衡机制以及它们与经理层之间的关系，对资本结构与公司治理之间的关系缺乏深度研究。2003 年的论坛和研究报告在深入分析资本结构及其影响因素之后，在资本结构与公司治理之间建立起了一种市场化的逻辑联系，揭示了中国上市公司资本结构形成的制度性因素和非制度性因素，试图厘清公司治理结构所存在的主要问题，并努力探寻解决之道。这届论坛把中国人民大学金融与证券研究所整个研究团队的理论研究提升到了新的高度，从纯粹的前沿性的微观金融角度为中国资本结构和公司治理发展提供了理论支持，并且在某种程度上带动了相关理论在中国的发展。中国很多关于资本结构和公司治理的重要理论文献都是在这届论坛和这年的研究报告出版以后涌现出来的。

在中国资本市场度过毫无生机的一年以后，第八届（2004 年）论坛主题体现了中国人民大学金融与证券研究所专家学者们对中国资本市场制度变革的一次最重大的理论创新。第八届（2004 年）论坛及 2004 年研究报告主题是"中国资本市场：股权分裂与流动性变革"，这一主题实际上已经揭示了中国资本市场长期以来不正常状态最根本的制度性原因是股权的流动性分裂即股权分置，这比 2005 年中国证监会启动的股权分置改革提前了大约一年半的时间。这届论坛客观上为后来的股权分置改革提供了系统的、强有力的理论支持。我们认为，这届论坛提出的观点和建议，具有里程碑式的意义。我当时在论坛做主题演讲时系统地提出了股权流动性分裂给中国资本市场带来了"八大危害"，虽然当时对于股权分裂的危害众说纷纭，但是这"八大危害"可以说第一次系统地总结了股权流动性分裂（股权分置）对中国资本市场产生的严重的负面影响，这实际上奠定了股权分置改革的理论基础。在这八大危害中，最严重的危害是股权分置损害了中国资本市场风险与收益之间的匹配机制，客观上使流通股股东与非流通股股东处在不平等的状态，极大地抑制了中国资本市场发挥自身功能的效率。我们回顾 2005 年以前的中国资本市场，再看看股权分置改革启动后的市场，就可以想象这八大危害的解决具有多么大的现实意义。

在经历过短暂的一年时间后，第九届（2005）论坛如期而至。这届论坛可以说是历届论坛里最具有战略价值的一次盛会。论坛的主题"市场主导型金融体系：中国的战略选择"提出了中国人民大学金融与证券研究所研究团队的全新研究结论。虽然当时股权分置改革还没有启动，但是几乎可以预计改革势在必行。如果解决了这个制度性问题，那么我们应该怎么样看待以后资本市场在中国的地位呢？前几届论坛研究了中国资本市场的出发点和归宿又在哪里呢？我们究竟应该选择一个什么样的金融体系呢？这些问题构成了第九届论坛的主题。2005 年的这届论坛和研究报告在剖析过去 20 多年中国金融改革的核心目标和历史演进路径的基础上，从金融体系形成的外部影响因素、金融功能的内生演变和金融体系的微观结构变迁等方面，全面系统地阐释了中国金融体系演进的长远战略目标，即构造一个市场主导型的金融体系。可以说这届论坛总结了我本人和中国人民大学金融与证券研究所整个研究团队的理论精华，是我们对中国资本市场理论研究的核心思想，是对以往各届论坛的一个总结，也是以后论坛的指导思想和核心主题。

2006 年 1 月 7 日召开的第十届中国资本市场论坛主题是"股权分置改革后的中国资本市场"，顾名思义是想展望股权分置改革完成后的中国资本市场，尤其关注与制度变革前的市场有哪些不同。如果说 2004 年召开的第八届资本市场论坛关注股权分置改革，系统提出股权分置改革的政策建议具有重要的理论意义，那么 2006 年召开的第十届论坛则具有强烈的现实意义。在这届论坛上，我们提出了关于股改后中国资本市场变化的"九大预言"，这其中明确提出了资本市场功能正在从"货币池"向"资产池"转变，甚至警告股权分置改革后，由于动力机制的改变，资本市场上的虚假信息披露和透明度问题可能会更加严重，这些问题从现在来看都在某种程度上发生了。

在解决了制度变革的问题后，我就一直在思索中国资本市场需要的是什么样的战略目标和战略定位。作为世界上最重要的经济大国之一，中国的资本市场应该怎么样定位和发展才能与整个国家的经济相匹配，才能够真正成为实现经济资源配置平台，才能促进中国由一个经济大国发展成为一个经济强国？于是 2007 年 1 月 13 日召开的第十一届中国资本市场论坛确立了"中国资本市场：从制度变革到战略转型"的主题，这届论坛的主要思想就是确立今后十几年中国资本市场的战略转型问题。在这次论坛上，我们第一次提出了"金融中心漂移说"的概念，提出了世界金融中心从威尼斯、阿姆斯特丹、伦敦再到今天的纽约经历了跨时期和跨空间的大幅度漂移，也曾经短暂地在东京停留过，但是日本没有抓住这个机会。在中国经济高速发展的今天，我们毫无疑问应该抓住这个历史性的机遇，提早做好准备，把以沪深市场为轴心的中国资本市场定位为今后全球最重要、规模最大、流动性最好的资产交易场所之一，并最终成为全球最重要的金融中心之一。为了实现这个战略目标，我们的资本市场应该不失时机地进行战略转型，而转型的核心思想是扩大供给。我们当时提出供给方面主要应该让海外上市的大型国企回归 A 股，并且鼓励央企整体上市。需求方面则应该大力发展机构投资者，包括国内的基金和海外的一些超级投资人。2007 年初提出的这些思想在一年后的今天看来都已经得到了验证。现在的中国 A 股市场，拥有中国石油、中国石化、工商银行等大型蓝筹股，而且央企整体上市步伐在不断加快，同时机构投资者占有 A 股流通总市值已经达到了 40% 以上。这些情况都表明中国资本市场论坛的科研成果是经得起时间的考验和事实的验证的，这也鼓舞了我们这个研究团队要继续办好这个论坛的决心。

步入 2008 年，第十二届中国资本市场论坛"全球视野下的中国资本市场"，可以说是对第十一届（2007 年）论坛的承接和发展。这届论坛主要试图解决战略转型后的政策理念转变以及市场的供给与需求的战略平衡问题，并且强调要站在全球视野来观察思考中国资本市场的发展。我认为，我们国家的资本市场政策理念应该从单纯地抑制需求过渡到疏导需求、优化供给的政策理念中来。同时不断地开放自己的市场，吸引超级需求人的进入，而不能简单地依靠国内需求和有限的合格境外机构投资者（QFII），这些并不能真正消化吸收中国市场未来大规模的供给量，只有疏导内部需求、拓展外部需求才能达到市场供求的战略平衡。中国资本市场无论是制度规范，还是市场规模和市值成长都实现了历史性跨越，中国资本市场进入了跨越式发展的历史时期。在全球视野下，资本市场发展在推动中国由经济大国迈向经济强国的过程中起着难以替代的重要作用，资本市场成为 21 世纪大国金融博弈的核心平台。我们必须用这样的理念，从这样的高度去理解资本市场，我们才能真正找到发展资本市场的正确道路。

资本市场，中国经济金融化的平台

【作者题记】

本文是作者在清华大学经济管理学院中国与世界经济研究中心举办的研讨会上的发言，后发表于《中国与世界观察》2007年第3、第4期合刊。

未来10~15年的金融发展改革战略，决定了我们国家未来的竞争力。中国要从现在的经济大国转变成未来的经济强国，发展战略非常重要，甚至是最核心的。在过去30年的改革开放进程中，通过招商引资，我们引进了很多重要的制造业，这使得今天的中国已经成为经济大国、制造大国。正确的经济发展战略会成就经济强国的梦想，正确的金融发展战略会成就金融强国的梦想，这是毋庸置疑的。

一、未来中国金融体系的轮廓

在未来10年或者到2020年，关于中国金融改革发展首先需要关注的是：我们要非常明确中国金融改革和发展要达到什么目标。我们可以不渲染，但心里要清楚。如果不清楚，就会出现战略和配套政策上的摇摆，徒增成本，多走弯路。

反省过去：一直以来，我们有一个问题没能解决，即未来中国的金融体系应该是什么样的。至少对此是不清晰的，尤其是在国家战略这个层面上，尽管有学者或专家可能有个人的清晰战略。从我个人来说，未来的中国金融体系一定要达到以下几个功能。

第一，要维持正常的流动性。

第二，要有风险分散的功能：通过各种组合来分散风险，使风险流动起来。在过去传统的金融体系下，风险不能流动。设置未来的金融体系时，一定要配备很好的风险分散功能，从而使风险流动起来。

第三，促进财富成长，维持经济可持续地增长。

显然，若按以上三个功能来衡量，我们今天的金融体系是难以达到的。同时，与传统的金融体系相比，我们的金融体系正在完善，尤其是 2005 年之后我们的金融体系发生了结构性的变化，可以认为，它正朝着以上勾勒的目标迈进。而要最终达到上述目标，未来我们具体的金融结构应该是一个以资本市场为平台的体系：所有的金融中介都在这个平台上运作。如果没有资本市场这个大平台，很难说我们的金融体系是一个现代的金融体系，也很难说我们的金融体系能够达到以上三个目标。以往传统的金融体系只能够完成两大目标：可以进行流动；可以维持经济持续增长。现在正在越来越多地走向第三个目标，壮大资本市场，提高风险分散功能，典型的例子就是近年三大国有商业银行的上市。设想，如果没有一个资本平台，我们怎么样建立现代商业银行制度？说白了，没法建立。

二、为什么要大力发展中国资本市场

（一）大力发展中国资本市场是对中国进入经济金融化阶段的适应

在中国，要大力发展资本市场，这与未来中国必须完成的工业化和经济金融化两大任务相关。2000 年到 2020 年，是中国完成工业化起飞的关键阶段。而与工业化进程同时进行的一定是经济金融化的过程，其核心是资产增长，给全社会资产作一个合理的定价。

改革开放近 30 年，虽然经济以平均每年 10% 的高速度在增长，但是，无法对推动增长的资产定价。不过这一状况正在改变：2005年以来，中国股市、股票增长很快。这一高增长有着合理的基础：它是改革开放近30年经济每年10%高增长汇聚的能量的一次大释放。但很多人并不熟悉这一背景或不明白股票大涨后面的深层原因，于是觉得2007年中国股票年增长率达到120%，甚至150%这种现象表明中国股市完全疯了、泡沫化了，理由是：世界上没有一个国家有过或能达到这样的增长。显然，持这种观点的人并没有注意或许是有意忽略了以下情形的存在：我们国家改革开放30年来实际上没有对资产进行定价。恰恰只是在这两年包括国际资源、国内资源重新定价等诸因素汇聚下，中国全社会的资产受到重估甚至是首次真正地评估，从而释放出来，推动或托起了中国股市合理的大涨。

朝着经济金融化的路子走，显然是正确的。在未来漫长的工业化过程和经济金融化过程中，从2005年到2020年，中国将遭遇金融资产快速膨胀时期（膨胀不是泡沫）：与以往相比，资产增长速度非常快，但并没有进入泡沫时期。从这个意义上说，金融资产的快速膨胀预示着中国进入社会财富快速成长的阶段。以前，中国的经济增长了，但老百姓的存量资产并没有增加，或者增加很慢，相反，政府的存量资产增加却很快，比如，2007年一年政府就增加了1.4万亿元的财政收入，这是很恐怖的。这个时候，如果我们没有资本市场，我们就没有社会财富了，而是全部转移成政府财政收入了。我们这个社会的经济增长就只能靠政府及外部投资来拉动，我们提了多年难有起色的经济结构转型、降低出口依赖、推动内需也不会出现根本性的逆转。这种格局若不改变，中国社会的运行迟早会出大问题，我们渴望缩小、化解的官民矛盾、贫富差距也将在长时间内无望得到解决。为此，我们必须要改革分配制度，让社会（民间）的财富大幅度地增加，夯实中国经济持续增长、中国社会日益繁荣的基础。值得庆幸的是，现在我们有着一个资本市场，更值得庆幸的是，我们的政府有着大力发展资本市场的动力和决心，遂促成了近年全社会存量资产的大幅度增加。

（二）分散风险，让财富有效增加

在工业化、经济金融化大背景下，中国的资本市场具有分散风险的特殊战略意义，并让财富有效增加：增量改革是老人老办法，新人新办法；存量资产的改革是通过正常的方式、收购的方式让它全部地流动起来，找到合适位置进行规模化的管理，不断地充足，在这一过程中促成一批跨国公司的形成和壮大。

三、如何发展资本市场

在看清楚了资本市场在未来中国金融体系中的核心位置后，接下来就是如何发展资本市场了。这里遇到的困难是，尽管我们看清楚了资本市场的战略意义，但积习有惯性：过去是这样搞的，今天还会这样搞，甚至明天仍然可能沿袭。去除积习，需要明白的是：过去的中国资本市场只是简单的融资市场，今天它正在成为财富管理市场。正是在这个意义上，我们说传统市场的银行会慢慢地没落，因为它的产品没有财富管理功能，只有融资功能。虽然融资很重要，但是随着我们的社会越来越富裕，财富管理的功能会越来越重要。

前些日子，我看到的一个采访中说：目前的中国资本市场又成了大赌场。在我眼里，这种观点很荒谬：要知道，像新近入市的中国石油、中国建设银行、中国银行这样的资产是有财富管理功能的。如果我们看不到这点，而是沿袭原来的思路——用年增长率、年成长来率判断其股价的高低并断言中国股市是个大赌场，这是完全不了解"高"股价背后的东西——它的历史积淀。显然，像这样的概念明显已经不行，但我们很多领导的思维还没有转型，仍然沿袭非常传统的东西来看待并对待我们的资本市场，2007年"5·30"调升印花税就是受这种思维驱使出现的典型行为。这里的关键在于，政府有权调，但不应该调。可以说，从20世纪90年代中国股市诞生起直到今天，我们的主流观点、政府政策都立足于通过需求调节来调节资本市场。事实真的如此吗？具体到2007年的中国股市，的确，指数太高了，因为需求太旺了，是增量收入部分以及银行居民储蓄转移推动的。对此，政府的反应是出台印花税调升对策，目的是控制社会资产、居民资产向股市转移这种行为。但这是错误的。政府控制需求的做法，实质是希望中国资本市场不要做大，或者缓慢增长。政府及我们这个社会中的许多人看不清楚，甚至看不到：中国金融内部机构根本性的大规模的调整已经完全具备了很多条件，大资本市场的时代已经来临。

同样，由于积习惯性使然，舆论中很多人将近年中国资产价格重估和上升归因于流动性过剩。我的观点是，这不是流动性过剩，而是流动性充盈。所谓的流动性过剩，是没有站在市场发展的角度说话，意思是市场不需要这么多钱，或者存贷差太大。我所说的是流动性充盈，设想，如果没有流动性充盈，何以谈得上金融体系结构发生转型和改变。可以认为，流动性充盈是长期的正常现象，金融资产膨胀的过程就是流动性充盈的过程。具体而言，中国金融环境的改变，要有一个温度。现在，这个温度已经具备——中国资本短时期内的迅速扩张，再加上人民币的缓慢升值、中国老百姓整体收入水平的提高。诸因合聚，近年，中国金融结构急剧调整，资本市场瞬间大膨胀。征兆之一：2007年4—5月，居民储蓄存款急剧地大幅下降，同时，股市巨大上扬。对这一征兆，很多人看成是坏事，而我认为这恰恰是个好征兆：储蓄的钱从银行出来，换成股票，这一出一换反映的是中国金融产品结构的转型。这么多年，我们一直在提要推动中国金融结构的转型，成效却不大。为什么？因为主要视角放在政府和企业的投资上，而未能落到老百姓的理财中。2007年，舆论一致声称：这是中国老百姓的理财年。在这样的大背景下，按理说政府的应有之策是：既然老百姓有理财需求那就来吧，甚至居民储蓄都来买股票买基金都是可以的，而政府着重做监管，确保资本市场的透明、信息披露的真实。但实际情况并非如此：政府重在抑制需求。

2007年6月起，中国资本市场陷入暂时低潮。政府思路开始调整，从抑制需求转向优化供给，包括H股回归，等等。这是一个进步，优化供给结构使得大量高质境外上市公司回归，同时增加了国内优质公司的上市以及优质公司的整体上市，诸举并用之下，在中国石油上市之际，中国资本市场在很短的时间内达到了30万亿元的规模，这比以往的几万亿元当然大了不少，但还远远不够，因为，从长远来看，我们要建立和美国金融体系相抗衡的体系，可能需要 100 万亿元的规模。

以上提及中国资本市场的发展，主要涉及的是股票市场。中国资本市场要真正转型需要更大的发展，仅仅只有股票市场还很不够，股票市场太狭窄了，中国需要大力推动公司债市场的发展，这一块我们现在还很弱，需要政策扶持和配套措施。

四、盛世思危

今天，中国金融改革和经济发展都处在盛世时期。如果我们的金融体系成功转型，中国资本市场到 2020 年达到 100 万亿元人民币市值，中国将成为全球第二位的资本市场。

前景乐观，问题也不可忽略，盛世当思危。我本人当然不希望中国出现金融危机。但是，如果中国在 2020 年之前出现金融危机，则一定是从资本市场开始的，而不会是其他领域。至于资本市场的导火索，主要会是其内部结构出现了某种问题。而这样的问题离不开以下内外因素共同的刺激。

（一）外部因素

这些年来，中国经济体过分依赖外部，包括外部需求。近年，又出现一个新的且很重要的苗头——资金外流。在日本泡沫经济时期，其资金曾疯狂地外流，到美国买了很多东西，泡沫破灭后，这些投资赔得很惨。在现在的中国，港股直通车政策被通过，这即是资本外流的先兆，值得注意。有舆论说，现在我们的外汇储备太多了，我们可以买美国的电影厂、迪士尼等。我认为，这是在重复日本的道路，而日本的道路已经被经验证明不能走，也走不通。从经济发展道路来说，我们要学习美国，而不是学习日本。除了 20 世纪 20 年代末 30 年代初那场全球大危机之后，美国再也没有经历整体性金融危机。值得注意的是，美国的市场如此之大、如此发达，外国投资者如此之多，但它没有金融危机。在美元升值的时候，美国的做法不是跑到世界各地到处买资产，而是全面开放，让外边的人来美国买东西买资产。美国避免金融危机的做法，值得中国借鉴；日本导致金融危机的做法，值得中国警惕。

（二）内部因素

其一，在中国股市中，近来出现一个新苗头：越来越多的上市公司、规模越来越大的上市公司相互进行投资。如果出现金融危机，这一点极可能成为触发点。

其二，对未来收益，预期过高，过度乐观。

一旦当内部因素和外部因素都具备了，且形成合力，则金融危机绝对只剩下了何时爆发的时间之惑。可以设想，如果未来中国爆发金融危机，大致的传导过程会是通过资本市场蔓延到商品市场，影响到外商直接投资（FDI）。这种金融危机产生的方式，跟过去的金融危机完全不同，过去是预期不好所致，即由下往上。这次，将会颠倒过来，从头到脚。因为金融结构已经发生变化，金融危机传导过程自然相应而变。

综上，为避免可能的金融危机，我们要防患于未然，在刚刚开始或感到有所苗头的时候就控制好，从而在中国经济增长过程中，确保国家、百姓的资产不流失。

历史视角：国际金融中心迁移的轨迹

【作者题记】

本文曾登于 2007 年 3 月 1 日的新浪财经。

国际金融中心是世界经济和国际金融发展到一定程度的必然产物，并早在中世纪已在人类的经济生活中发挥着重要作用，且不断发挥它的影响力。13 世纪的威尼斯就曾依托于兴旺的国际贸易和对君主的信贷，而获得当时世界上最著名国际金融中心的殊荣。到了 17 世纪，凭借荷兰经济力量的支持，又拥有整个欧洲商业和信息交换中心的优势，阿姆斯特丹后来居上，跃升成为当时世界上最重要的国际金融中心。之后，凭借着第一次工业革命，英国经济得到了飞速的发展，伦敦也成为当时世界上重要的国际金融中心。第二次世界大战后，美国成为世界上最为强盛的国家，并且凭借着优越的地理环境，持续至今。

一、威尼斯国际金融中心

从 13 世纪开始，威尼斯就成为当时世界的金融中心，其银行业、票据交换、货币兑换等行业已经非常发达。

在中世纪早期的欧洲，威尼斯相对民主的政治氛围和实用主义的价值取向与封建教会和贵族势力双重桎梏下的欧洲大陆形成鲜明对比，加之其地处欧洲、亚洲、非洲三大洲贸易交汇的要冲，这使得威尼斯一跃成为当时整个西方世界的贸易中心和金融中心。

二、阿姆斯特丹国际金融中心

阿姆斯特丹至今仍是荷兰的首都，是荷兰最大的城市和第二大港口。12—15 世纪因开展东方贸易而成为重要的港口。在 17 世纪，阿姆斯特丹金融业已经非常发达。1609 年成立的阿姆斯特丹银行是历史上第一家取消金属币兑换义务而发行纸币的银行，同时它也是第一家现代意义上的中央银行。与此同时，阿姆斯特丹作为 17 世纪世界金融中心的一个突出特征是其拥有了发达的金融市场。1609 年，阿姆斯特丹成立了股票交易所，这也是历史上第一个股票交易所。

三、伦敦国际金融中心

由于受到"郁金香泡沫"的影响，荷兰经济从此走向衰落，阿姆斯特丹也丧失了国际金融中心的地位，这所有的一切都为其他国家带来了机遇。在当时，由于英国也采取了资本主义制度，进行了第一次工业革命，国民经济也得到了快速的增长，这也促进了英国金融业取得了飞速的发展，因而国际金融中心从阿姆斯特丹漂移到伦敦也就是理所当然的事情。

在 19 世纪，伴随着英国经济的快速增长，其金融业也非常发达，这促进英国成为最为强大的殖民主义国家，其殖民足迹遍布世界各地，成为真正的"日不落"帝国。与此同时，这也促进了英国对外经济贸易活动的日益频繁，从而使伦敦成为当时的国际金融中心。

成为国际金融中心具有一定的前提条件，而当这些前提条件丧失时，国际金融中心地位必将逐渐衰落。强大的经济实力、稳定的金融环境、良好的地理位置，这所有的一切都使伦敦成为著名的国际金融中心。

然而在 20 世纪 30—40 年代，第二次世界大战在欧洲爆发。英国作为主要参战国，经济受到严重的打击，金融环境也极为不稳定。而正在此时，美国由于远离战火的干扰，并且作为后起资本主义国家，工业设备和技术也较为先进，因而美国大发"战争财"，从而使美国在第二次世界大战后成为当时世界上最为发达的国家。尤其是在第二次世界大战后"马歇尔计划"等的实施，让美元取代了英镑，确定了其金融中心的地位。因此，国际金融中心开始从欧洲向美洲转移。

四、纽约国际金融中心

在 20 世纪，世界经济中心向美洲转移，纽约也代替伦敦成为国际金融中心。纽约成为全球金融中心的过程从时间上可分为五个阶段：一是 JP 摩根前及摩根时代，确定了纽约及华尔街在美国及美欧之间的金融中心地位；二是第一次世界大战及第二次世界大战时期对欧洲大陆及英国伦敦等旧金融中心的摧残，此消彼长的过程使纽约可能问鼎全球金融中心的宝座；三是布雷顿森林协定之后，美元成为居世界首位的储备货币，既保证了纽约作为世界金融中心的稳定性，同时也造就了伦敦的欧洲美元市场；四是 20 世纪八九十年代的科技浪潮和经济全球化趋势，拉开了纽约与其他副金融中心的距离；五是 21 世纪初，"安然事件"及《萨班斯—奥克斯利法案》的出台，既保证了其制度上的优势性，但也可能对其中心地位产生负面影响。

在漫长的发展过程中，纽约成为国际金融中心的过程是一次次的恐慌、灾难而后又兴奋、高潮的过程。每一次华尔街都渡过了危机才有了今天的成就。

五、东京

在 20 世纪 80 年代，世界经济中心逐渐向亚太地区转移，逐渐呈现多极化的发展态势。此时，日本经过 20 多年高速的经济增长，经济规模已经名列世界第二位，并且亚洲其他国家和地区经济发展也非常迅速，如亚洲"四小龙"（中国台湾、中国香港、韩国和新加坡）等。因此，在这样的经济形势下，国际金融中心也有着向亚洲漂移的态势。显然，日本凭借着在亚洲地区经济最为发达，有意将东京建设成为国际金融中心，取代纽约的地位。然而，事实证明，这只能是日本政府的一厢情愿，日本经济政策定位得不恰当，最后却促进了金融泡沫和地产泡沫飞速膨胀，投机之风盛行，伴随着日本泡沫经济的破灭，东京的国际金融中心梦想也随之破灭，因而可以称这一过程为"梦断东京"。

从金融发展史的角度来看，国际金融中心的漂移往往是不同国家经济兴衰的过程，从 13 世纪的威尼斯，到 18 世纪的阿姆斯特丹，到 19 世纪的伦敦，到 20 世纪的纽约，再到如今的亚太地区，这些国际金融中心的漂移都往往意味着一个时代的结束，另一个时代的开始。并且随着世界各国经济的不断发展，产业结构的不断升级，金融中心的内涵也在发生深刻的变化，金融中心的功能、内部结构、形成条件等都发生了变化，21 世纪的国际金融中心显然不同于 13 世纪的国际金融中心。虽然国际金融中心漂移具有一定的偶然性，但在这些偶然性之中蕴含着某种必然。

明确政策预期是
稳定当前市场的关键

【作者题记】

　　本文是应有关部门之约，针对当时市场大幅度波动而写的一篇短文，意在澄清政策，安抚市场。发表于《上海证券报》2007 年 6 月 5 日封一。

　　昨日上证指数下挫 330 点。市场出现如此剧烈的波动，是大家都不愿看到的状况，令人感到忧虑。

　　当此关头，我想重申一直以来秉持的两点意见：第一，中国的资本市场千万不能错失大好的发展机遇；第二，要保证中国资本市场的持续健康发展，根本在于深刻理解我国发展资本市场的战略意义，要保持政策的透明度和连续性，要切实地、真正地、毫不动摇地从战略高度继续推进资本市场持续健康发展的各项工作。

　　评价近期的政策动向和市场表现，我们可以发现，有关政策的用意是要抑制市场的过度投机，保证市场的持续健康稳定发展。从市场表现看，实际效果似有偏差，这不能不引起我们的深思。就当前的市场状况而言，对投资者来说，宏观因素的不确定性是最大的风险。因此，市场表现出的疑虑情绪，需要我们各方共同努力加以疏导。应该说，在目前情况下，最有效的疏导工作，恐怕还在于给投资者明确的政策预期，解除投资者因不确定性而带来的担忧，解除因担忧而带来的投资行为上的恐慌和失控。

比如，对于一些专家提出的所谓"调控政策后续还有组合拳"的说法，就应该澄清——这种说法有没有根据？是什么根据？谁对这些说法负责？还比如所谓的"资本利得税"。不坚决澄清这些似是而非的、带有"政策影子"的言论，对于投资者而言，恐怕仍有利剑高悬的感觉，这种感觉是不利于市场健康发展的。

本来在 4 000 点以上，我们可以利用流动性过剩等千载难逢的机遇做一些加快中国资本市场发展的事情，例如加速蓝筹股的回归、推进公司债市场的发展等，在一个不太长的时间内构建一个既有宽度又有厚度的资本市场，据此加快中国金融体系的市场化改革。现在看来，要实现这个目标将存在新的问题和难度。不能不说我们可能错失了一次从供给层面改善中国资本市场结构的良机。短短的几天，我们的情绪从期待变成了忧虑。

那么，我们现在该思考些什么呢？思考的主要内容，还是在于我们究竟如何看待中国发展资本市场的战略意义，我们应如何去把握资本市场发展过程中的机遇和挑战，我们究竟应该如何去保持资本市场发展政策的连续性和透明度。

目前，资本市场的发展正面临着千载难逢的机遇，过去要花 10 年时间做成的事情，如果我们能够顺势而为，完全有条件在两三年内做成。这些机遇，包括中国经济在市场经济轨道上的蓬勃发展，包括人民币汇率的稳步升值，当然，也包括流动性过剩的宏观金融环境。流动性过剩的出现，为金融体系结构性调整创造了重要外部条件。试问：没有流动性过剩，金融市场产品的购买力从哪里来？金融市场的规模如何扩大？传统的银行主导的金融体系如何向市场主导的金融体系转变？如何促进金融体系的变革？市场只存在结构性的问题，不存在所谓的整体泡沫，市场的基本面没有发生重大改变。我们只能以市场化的机制解决市场的问题，以结构性的政策来解决结构性的问题。

对此，呼吁还须重复：大力发展资本市场，是中国金融体系市场化改革最重要的基础工作。一个强大的资本市场是现代金融体系的核心，是我们推进金融体制改革的市场化平台。一个不断发展的资本市场能帮助我们化解经济高速成长所积累下来的风险，能有效地防范和应对未来可能出现的金融危机，能有力地提升整个国民经济的运行效率和资源配置功能，同时能为投资者提供分享经济增长财富的机会。我们应该清楚，就整体趋势而言，我国居民金融资产结构大调整的时代已经来临，居民持有的金融资产，逐步地由银行存款为主转向存款和基金、股票等证券化金融资产并存的格局，这是我们的发展方向，也是浩浩荡荡的趋势和规律。

而要实现这个远大目标，需要我们从战略的高度审视我国资本市场的发展，需要排除种种迷雾，给市场一个明确而稳定的预期。我们期待着，市场也在期待着。

抓住机遇　实现跨越式发展

——中国资本市场发展的战略思考

【作者题记】

本文发表于《资本市场》2007 年第 9 期卷首语。

经过十多年的积极探索，中国资本市场在 2005 年 5 月以后开始进入了一个新的历史发展阶段，整体格局和环境越来越好，迎来了巨大的发展机遇。

第一，股权分置的制度平台从总体上看已经不复存在。全流通的市场结构彻底解决了大股东与小股东之间的利益不一致问题，形成了股东之间共同的利益趋向。股东之间共同的利益趋向是中国资本市场持续发展的基本动力。

第二，与全流通的市场结构相适应，中国资本市场规则正在进行重大调整。从发行、上市、交易到购并、信息披露、退市等诸方面，制度和规则越来越国际化、市场化。这一点在公司购并的规则中得到了突出体现。由于历史的原因，中国上市公司中有相当多的是当年通过资产剥离将大企业的一个生产环节的资产上市的。这样的上市公司缺乏经营的独立性。为此，必须修改相应的规则，鼓励上市公司通过定向增发、资产注入等形式实现母公司优质资产的整体上市。我个人认为，以上市公司为基本平台，实现母公司（控股股东）优质资产的整体上市，是实现中国资本市场持续成长的重要途径。

第三，资本市场的资金管理制度和资金运行体系也在发生根本性的变化，证券公司的市场风险放大性功能正在衰减。2005 年之前中国资本市场风险之所以很大、投机气氛之所以很浓，其中一个重要原因就是许多证券公司对市场风险起了推波助澜的作用，它们肆无忌惮地挪用客户保证金，把风险转嫁到客户身上。证券公司挪用客户保证金之所以成为一个群体性现象，原因在于制度设计存在重大缺陷。在资金管理制度上，我们实际上是把证券公司设计成类银行，从而使它们可以自由地动用客户的保证金余额。这样的制度设计会使好人变坏人，坏人变恶人。目前正在推行的独立第三方存管的资金管理体制是资本市场制度的重大改革，是一个历史性的进步。

第四，市场的核心功能——定价功能和对存量资源的再配置功能正在恢复。资本市场有两个最重要的功能：一是资产定价。过去我们是通过资产负债表中的净资产来判断企业的价值的，净资产成为企业定价的一个基准。资本市场发展以后，净资产的定价意义不复存在，仅仅具有财务核算的意义，对于并购等投资活动没有什么参考价值。二是存量资源的再配置。对存量资源重新配置是资本市场所特有的，也是资本市场不断成长的动力。以购并为标志的存量资源的再配置，将在中国资本市场的成长过程中扮演着重要角色。

第五，全流通的市场结构使得中国资本市场开始具备了建立有利于上市公司长期发展的激励机制。我们要充分认识到稀缺的人力资本在现代企业发展中的特殊作用。我个人认为，在一些企业，例如高科技企业、金融服务业等领域，人力资本是企业发展的最重要因素，相对而言，货币资本在这些企业的作用在下降。所以在上市公司中，建立管理层长期激励机制是企业持续发展的重要制度措施。

第六，资本市场资产价格体系结构性调整的时代已经来临，强者更强、弱者更弱将是市场的一个重要特征。股权分置时代资本市场的资产价格体系实质上是无差异的。一个优质的企业和一个劣质的企业并没有在资产价格上得到充分反映，收益与风险的匹配机制没有形成。全流通时代的资本市场势必会对这种无差异的资产价格进行根本性调整，收益与风险的匹配机制正在形成。

第七，人民币升值预期和国际化趋势使中国资本市场发展面临更优的金融环境。人民币的不断升值是一个基本趋势，短期内不会有趋势性改变。人民币升值对中国资本市场发展具有重要作用。没有人民币升值的预期，没有人民币国际化趋势，要想把以人民币计价的资产变成全球投资者都愿购买的资产是不现实的。只有人民币币值相对稳定或缓慢升值，以人民币计价的资产才会吸引全球的投资者。如果人民币币值波动很大，甚至还面临着贬值风险，这个国家的金融市场是难以发展起来的，因为它缺少一个最基本的外部金融环境。我个人深信不疑，到2020年人民币一定会成为全球最重要的储备性货币之一。只有人民币成为国际重要的储备性货币，中国的金融体系才会真正强大起来，中国资本市场才可能成为全球重要的资产交易中心，中国的强国之梦才会实现。

种种预兆表明，21世纪新的全球金融中心正朝中国方向漂动。中国（沪深）作为21世纪新的国际金融中心的一些重要基础条件正在形成，包括经济发展水平、国际贸易规模和人民币良好的信誉。历史给了我们机遇，我们应当顺势而为。只要我们不断提高民主和法治的水平，进一步完善信用制度，制定并实施促进金融体系市场化改革和大力发展资本市场的金融战略，机遇就一定能在中国变成现实。

第八，中国资本市场的发展战略正在调整。当我们站在开放的角度和经济全球化的角度，我们可以认为，到2020年中国资本市场的战略地位应该是这样的：以沪港深为主体的中国资本市场是全球最重要、规模最大、流动性最好的资产交易市场之一，其仅就沪深市场的市值而言，届时将完全可以达到60万亿~80万亿元人民币的规模。人民币将成为世界上最重要的三大储备货币之一。一个以发达资本市场为核心的中国金融体系将成为全球多极金融中心之一极。

在这里，我们不能不谈到香港金融市场的未来发展和战略定位。维持香港的繁荣和发展是我们的责任。我认为，香港市场和中国内地市场不要完全同构，要根据各自的优势，相互之间要有战略分工。能否作这样的战略分工：上海市场的战略目标是人民币的定价中心和蓝筹股为主体的资本市场；

深圳市场主要是以中小上市公司为主体的资本市场；香港市场主要是金融衍生品交易市场、人民币离岸中心和一个更加国际性的市场。有了战略分工，才会合理地配置战略资源，才能在全球金融体系竞争中处于相对有利的地位。

通过资本市场的不断发展来成就中国金融的强盛是我一生的追求和梦想。

政策助力资本市场根本性变革

【作者题记】

本文是作者 2007 年 10 月在一个内部讨论会上的发言文稿。

中国要从经济大国变成经济强国，需要建立一个强大的金融体系，而强大的金融体系必须有健康强大的资本市场来作支撑，这是国家明确的战略目标。从政策层面来看，国家正在从根本上改变资本市场制度上的结构，包括功能结构、市场结构和资产结构等。

一、财富管理功能凸显

如果一个资本市场没有财富管理功能，只有融资功能，是很低级的，这种资本市场完全可以被传统的商业银行所代替。资本市场之所以能够生生不息地发展，就是因为市场所创造的产品具有财富管理的功能，并且这种功能有很好的成长性，也有优良的风险组合机制。中国资本市场在过去 15 年仅仅只是具备融资功能而没有财富管理功能，现在这个功能慢慢凸显了。

这得益于国家政策的及时跟进。如果战略目标清楚了，但具体的政策没有跟上，这样的战略就是空洞的战略。目前正在加速让大型蓝筹股回归 A 股，中国移动、中国电信、中国石油等都要回归，中国资本市场的财富管理功能将会更加明显。

二、从需求管理到优化供给

以往对于资本市场，国家政策总是过多地注重需求管理。当发现市场出现了上涨或者涨很快的趋势时，管理层和管理者都会从需求的角度出发进行调节，其逻辑思维是控制过旺的需求。因此，过去总是周期性地采用各种政策来控制人们对资本市场资产的投资需求。

现在，虽然"5·30"调升印花税还有需求限制的痕迹，但是实际上不难发现，作为主流的政策重心正在发生转移，开始关注供给。例如，加速大盘蓝筹回归步伐和企业整体上市等，这些都表明，管理层对市场的调节正在从以控制需求、抑制需求为重心，转移到以优化供给为重心，这是政策的重要转型。

三、市场环境建设为重

政策层面还有一个重要的变化，就是我们关注的重点已经发生了改变。过去关注的是指数，虽不能说现在不关注指数，但我们逐渐更加关注市场环境的建设。

对于资本市场的发展来说，市场环境的建设相比指数的高低更加重要。因为在中国资本市场的结构下，指数本身有时候并不能真实地反映市场状况。只有关注和优化市场环境后，市场才能做大，这其中包括创造透明的环境，使投资人在公开、公平、公正的条件下投资。目前，政策正在慢慢地朝着这个方向转变，未来继续沿着这个思路做下去还会有更好的发展。

四、盛世背后的隐忧

中国资本市场的盛世已经来临，但不要忽视盛世背后那些不正常的现象，市场正在出现隐忧。例如，日益猖獗的内部交易在中国的资本市场中非常严重，从某种意义上说，现在比以前更加严重。这种情况应该引起警觉。再如，蔑视法律的操纵市场行为也非常严重，这会损害市场的公正性。另外，虚假信息披露愈演愈烈。证监会和两个交易所对上市公司信息披露做了更加严格的规定，但前后不一致的虚假陈述现象还是很严重。

目前，中国市场是否有泡沫，这是多数人担心的问题。中国资本市场的发展一直伴随着泡沫和非泡沫的争论。1 000 点时有人就说有泡沫，2 000 点的时候说泡沫越来越多了，4 000 点的时候，这种争论到了最高峰，现在 6 000 点了，谈论的人反而比以前少了。其实，对这个问题应该保持一个正确的分析和理解。中国市场还有很多问题需要理性的分析，包括现在的合格境内机构投资者（QDII）如此大规模地发行，这不得不令人担忧，在目前形势下推出的政策应该保持谨慎。风险似乎正在向我们走来。

附录Ⅰ 成思危先生与中国资本市场论坛的不解之缘

——深切怀念成思危先生

【作者题记】

本文发表于《中国证券报》2015年7月20日A13版"前沿视点"栏目。

2015年7月12日清晨，收到成思危先生前秘书小谢的短信，说成先生于当日凌晨逝世。读此短信，我内心深感悲痛，一天都处在伤感之中，脑海中不时浮现出先生的音容笑貌，他与我多次讨论中国资本市场的情景历历在目。多年来，他的忧国为民、正直善良、胸怀坦荡、敢于直言的精神一直感染着我，他对中国资本市场的深刻见解和执着的学术精神令我敬仰。他是我内心十分敬重而仰望的前辈学者和人生导师。这种敬重和仰望并非来自他曾经的显赫地位，而是源自他正直的品格、忧国的情怀和关爱后辈的精神。我为他的去世流过一个男人和学者少有的眼泪。

我认识成思危先生是在21世纪初的一些金融改革和资本市场发展的论坛上，算来已有10多年时间，那时，他已经是民建中央主席、全国人大常委会副委员长。也许我的几次发言引起了他的注意，后来我们的接触多了起来，一年总有两三次。经过多次接触和请教，发现我与成先生的价值观和对中国资本市场的看法竟如此契合。他是我精神和学术上的良师。

我从 1996 年起创立并一直主持中国资本市场论坛，迄今已有 19 年历史。2003 年底，我怀着十分敬仰的心情邀请成思危先生出席第八届中国资本市场论坛并作主旨演讲，当时，他是十届全国人大常委会副委员长。收到邀请函后，他欣然同意参加论坛并答应作演讲。这是他第一次以副委员长的身份参加我主持的中国资本市场论坛。第八届中国资本市场论坛的开幕式和主旨演讲是 2004 年 1 月 10 日上午在中国人民大学逸夫会议中心举行的。我清楚地记得，这一天北京下着鹅毛大雪，成先生的车在漫天飘雪中缓缓来到中国人民大学，我怀着敬重的心情迎接他并表达了由衷的谢意。2004 年前后，理论界关注的一个重要问题是，中国股票市场存在的股权流动性分裂问题（后称为股权分置问题）。股权分置现象严重制约了中国资本市场的发展，成为中国资本市场制度设计上的一个顽疾和重大结构性缺陷。所以，这次论坛的主题就定为"中国资本市场：股权分裂与流动性变革"。在当时，这既是一个复杂的理论问题，也是一道改革的难题。成思危先生针对这个重要问题，在这次论坛的开幕式上作了一个重要演讲。[①] 他说，他本人与中国人民大学的学术交流比较密切，今天以一个学者身份与大家讨论中国股票市场问题。他说，中国股票市场是一个半流通市场，国有股、法人股不能流通，流通的只有社会公众股，而社会公众股在总股本里只有 1/3 左右。这样的半流通市场存在四个弊端：（1）不能全流通的股市对经济发展的促进作用是有限的。真正能流通的股票市值仅占 GDP 的百分之十几，难以起到经济发展的"晴雨表"的作用。另一方面，股市的稳定性与其规模成正相关关系，大半股份不能流通的后果不仅人为地夸大了我国股市的规模，还降低了股市的稳定性。（2）不能全流通的市场形成了不同的利益主体。国家股、法人股、公众股的持有人利益不一致，非流通股股东与社会公众投资者的利益不一致。（3）造成了同股不同值的现象。非流通股的价值远低于流通股，使股市难以保持公平，同股不同值，实际上就是同股不同权。（4）难以发挥股市在优化资源配

---

① 吴晓求 . 中国资本市场：股权分裂与流动性变革 ［M］. 北京：中国人民大学出版社，2004：530–538.

置、推动经济发展方面的作用。在"一股独大"或者非流通股占多数的企业，难以发挥优化资源配置、提高盈利能力的作用，不利于上市公司质量的提高。

为此，他强调，必须推进股票市场的结构性改革，造就全流通的市场。他提出全流通改革的指导思想是：一要有利于资本市场的改革开放和稳定发展；二要有利于保护中小投资者的合法权益。全流通改革的方案要注意六个方面的可行性：（1）技术上是可能的；（2）经济上是合理的；（3）法律上是允许的；（4）操作上是可执行的；（5）进度上是可以实现的；（6）政治上要能为各方所接受的。这些原则对当时股权分置改革方案的设计起了重要的指导作用。2005 年 5 月启动的股权分置改革正是基于这一总体思路而展开的。后续的实践表明，改革是成功的。

之后，成思危先生还应邀参加了 2006 年 1 月 7 日在中国人民大学召开的主题为"股权分置改革后的中国资本市场"之第十届中国资本市场论坛，2009 年 1 月 10 日召开的主题为"全球金融危机：对中国和世界的影响"之第十三届中国资本市场论坛，2010 年 1 月 9 日召开的主题为"大国经济与大国金融：探寻中国金融崛起之路"之第十四届中国资本市场论坛，2011 年 1 月 8 日召开的主题为"中国创业板：成长与风险"之第十五届中国资本市场论坛，2012 年 1 月 7 日召开的主题为"中国证券公司：现状与未来"之第十六届中国资本市场论坛，在他参加的这六届中国资本市场论坛中，成思危先生针对论坛主题，都作了高水平的主旨演讲。[①]

我记得，成思危先生在 2010 年 1 月 9 日召开的主题为"大国经济与大国金融：探寻中国金融崛起之路"之第十四届中国资本市场论坛上作的主旨

① 吴晓求. 股权分置改革后的中国资本市场 [M]. 北京：中国人民大学出版社，2006：468-478；吴晓求，等. 金融危机启示录 [M]. 北京：中国人民大学出版社，2009：517-524；吴晓求，等. 全球金融变革中的中国金融与资本市场 [M]. 北京：中国人民大学出版社，2010：552-557；吴晓求，等. 中国创业板市场：成长与风险 [M]. 北京：中国人民大学出版社，2011：424-428；吴晓求，等. 中国证券公司：现状与未来 [M]. 北京：中国人民大学出版社，2012：482-486.

演讲，表现出一个国家领导人和学者大家的宽广视野，内容丰富而又具前瞻性。他在这次主旨演讲中说，金融是现代经济的核心，金融和经济之间的关系是密不可分的。如果我们说金融是现代经济的核心，那么资金就是企业经济的血液，没有资金的流动，经济就会缺血，就不可能有健康的发展，通过这次国际经济危机，可以看到金融对经济的重要性。他强调，从长远看，中国经济发展有六个平衡关系值得我们注意：一是储蓄和消费的平衡；二是内需和外需的平衡；三是金融创新与金融监管的平衡；四是虚拟经济与实体经济的平衡；五是经济增长和可持续发展的平衡；六是地区一体化和经济全球化的平衡。

继而，成思危先生详尽论述了这六大平衡关系。

（1）储蓄和消费的平衡。中国储蓄率太高，主要原因有三个。一是传统习惯；二是中国的社会保障体系不健全，储蓄是以防不时之需；三是缺乏投资工具。老百姓大部分剩余收入只能存到银行。为此，要为居民提供更多的消费产品，让大家能够扩大消费、升级消费；还要提供更多的投资工具，促使存量财富的增长。

（2）内需和外需的平衡。金融危机使我们外需大量减少，造成我国产能过剩、工厂减产、失业人员增加，这个局面短期内并不容易扭转，这也就是我们为什么要转向依靠国内消费为主。为此，首先就要做到让群众能消费，增加其购买力；其次是要让居民敢消费，为此需要完善社会保障体系，政府应在教育、医疗和住房等方面提供适度的社会保障；最后是要让居民愿消费，这一方面要转变过于着重储蓄的传统习惯，同时又要给居民提供新的消费产品。

（3）金融创新与金融监管的平衡。金融创新和金融监管是互相促进和互相制约的过程，要稳步推进金融创新，但要加强金融监管，因此，需特别防止过度投机，金融监管应该做到合理合法、适度有效。首先要符合金融的规律，依法监管，以促进中国资本市场发展。

（4）虚拟经济与实体经济的平衡。虚拟经济在国外发展很快，虚拟经济规模过大带来了大量的金融风险。金融危机之后，西方国家虚拟经济的规模有了一定的下降，特别是加强了对衍生品的监管。我国虚拟经济的规模偏小，还需要适当发展，这也是为什么要进一步推动金融创新。

（5）经济增长和可持续发展的平衡。金融危机后，中国不应该再继续追求过高的经济增长速度，我们必须考虑过去为经济增长所付出的生态、环境和资源代价。无论如何，对可持续发展的关注和认识必须要提到重要层面。

（6）地区一体化和经济全球化的平衡。经济全球化和地区一体化这两个平台是相辅相成、互相促进的。东亚将成为世界经济的第三极，这样就会逐渐形成一个多极化的世界，将有利于世界的和平与发展。

通过与成思危先生的多次接触，我发现他的演讲稿不要人代笔，演讲提纲都是自己亲笔撰写。正因为如此，成先生的演讲逻辑严密，结构和思路非常清晰，政策上有操作性，有事实、有数据、有高度、接地气、合国情，开门见山，直奔主题。成思危先生参加学术会议从不念稿子，从不打官腔，从不说假话和空话，极少讲套话，讲的都是真话。成思危先生每一次出席中国资本市场论坛都给予我莫大的鼓舞，每一次演讲，都给了我学习的机会。他的精神和品格不断激励我办好中国资本市场论坛。

今年 5 月 6 日，我受全国人大常委会办公厅培训中心的邀请，在厦门国家会计学院给 300 多位全国人大代表作报告时，从成思危先生秘书小谢处得知，成思危先生已病重，但仍心系国家发展、改革和开放，精神很乐观。同时，小谢还告诉我，实际上成思危先生参加 2011 年和 2012 年我主持的中国资本市场论坛时已身患癌症，但仍坚持参加论坛并亲自撰写演讲稿。听后，我非常震撼，内心充满感恩，并与小谢相约回京后，一同去看望成先生。但因种种原因，未能了却心中的愿望，未能当面表达一个后辈对先生的感恩之情。

在我心中，成思危先生就如宇宙中一颗熠熠发光的星星，永不泯灭，就犹如夜航的明灯，照亮前行。深深地怀念您，成思危先生。

附录Ⅱ 《中国资本市场的理论逻辑》其他各卷目录

第一卷"吴晓求论文集"目录

发达而透明的资本市场是现代金融的基石

——《证券投资学（第五版）》导论

现代金融体系：基本特征与功能结构

——《中国人民大学学报》2020 年第 1 期

改革开放四十年：中国金融的变革与发展

——《经济理论与经济管理》2018 年第 11 期

发展中国债券市场需要重点思考的几个问题

——《财贸经济》2018 年第 3 期

中国金融监管改革：逻辑与选择

——《财贸经济》2017 年第 7 期

股市危机：逻辑结构与多因素分析

——《财经智库》2016 年 5 月第 1 卷第 3 期

大国金融中的中国资本市场

——《金融论坛》2015 年第 5 期

互联网金融：成长的逻辑

——《财贸经济》2015 年第 2 期

金融理论的发展及其演变

　　——《中国人民大学学报》2014 年第 4 期

中国金融的深度变革与互联网金融

　　——《财贸经济》2014 年第 1 期

中国资本市场：从制度和规则角度的分析

　　——《财贸经济》2013 年第 1 期

经济成长、金融结构变革与证券公司的未来发展

　　——《财贸经济》2012 年第 3 期

中国资本市场未来 10 年发展的战略目标与政策重心

　　——《中国人民大学学报》2012 年第 3 期

关于发展我国金融硕士专业学位研究生教育的若干思考

　　——《学位与研究生教育》2012 年第 1 期

中国创业板市场：现状与未来

　　——《财贸经济》2011 年第 4 期

中国构建国际金融中心的基本路径分析

　　——《金融研究》2010 年第 8 期

大国经济的可持续性与大国金融模式

　　——《中国人民大学学报》2010 年第 3 期

关于金融危机的十个问题

　　——《经济理论与经济管理》2009 第 1 期

全球视野下的中国资本市场：跨越式发展与政策转型

　　——《财贸经济》2008 年第 4 期

对当前中国资本市场的若干思考

　　——《经济理论与经济管理》2007 年第 9 期

中国资本市场的战略目标与战略转型

　　——《财贸经济》2007 年第 5 期

附录　《中国资本市场的理论逻辑》其他各卷目录

后记

第三卷"吴晓求演讲集"（Ⅰ）目录

2020 年的演讲

似乎听到了全球金融危机的脚步声

　　——新冠病毒疫情期间网络公开课的讲座

中国金融开放：历史、现状与未来路径

　　——在"第二十四届（2020 年度）中国资本市场论坛"上的主题演讲

2019 年的演讲

2020 年稳定中国经济的"锚"在哪里

　　——在"2019 中国企业改革发展峰会暨成果发布会"上的演讲

区块链的核心价值是数字经济的确权

　　——在"北京中关村区块链与数字经济高峰论坛"上的主题演讲

背离竞争中性　资源配置效率就会下降

　　——在"2019（第十八届）中国企业领袖年会"上的闭幕演讲

进一步提升对社会主义市场经济本质的认识

　　——在"中国宏观经济论坛（2019—2020）"上的演讲

发展中国资本市场必须走出四个误区

　　——在"预见 2020·中国资本市场高峰论坛"上的演讲

世界一流大学与国家的发展

　　——在"中国教育发展战略学会高等教育专业委员会 2019 年年会"上的

　　　主题演讲

如何发展好中国的资本市场

　　——在清华大学五道口金融学院的演讲

金融的普惠性重点在"普"不在"惠"

　　——在"2019 中国普惠金融国际论坛"上的开幕演讲

中国从贫穷到小康的经验

　　——在津巴布韦大学的演讲

这个时代更需要敢想、敢干、敢闯的改革者和实干家
　　——在中国驻埃及机构的演讲

尊重经济学常识，把握金融发展规律
　　——在"中国人民大学财政金融学院 2019 级研究生
　　　新生第一堂课"上的演讲

忧虑与期待
　　——在"共享社会价值"论坛上的演讲

金融理论研究为什么重要
　　——在"2019 年广州金融发展定位与服务实体经济理论务虚会"上的演讲

中国金融的历史机遇
　　——在"普惠金融乡村振兴大会"上的演讲

中国金融的变革与战略目标
　　——在中央国家机关司局级干部专题研修班上的学术讲座

继续坚持改革开放，是解决一切问题的总钥匙
　　——在"全媒体时代的智库建设与战略传播"论坛上的主题演讲

从改革、创新和技术突破理解金融供给侧结构性改革
　　——在"货币金融圆桌会议·2019 春暨金融供给侧结构性改革
　　　闭门研讨会"上的演讲

中国经济稳定增长的重要因素
　　——在"2019 年国际货币基金组织（IMF）
　　　《亚太区域经济展望报告》发布会"上的演讲

中国有能力跨越中等收入陷阱
　　——在"第十一届（2019）中国商界木兰年会"上的演讲

海南自贸区（港）建设需要进一步解放思想
　　——在"首届（2019）博鳌基金论坛"上的演讲

幸福的人眼神都是慈祥的
　　——在"2019 博鳌新浪财经之夜"上的演讲

金融监管要重视金融发展规律

　　——在北京大学国家发展研究院"朗润·格政"论坛上的演讲（摘要）

2018年的演讲

中美贸易摩擦下的中欧关系

　　——在意大利博洛尼亚大学的演讲

中国金融40年：回归金融的常识与逻辑

　　——在"对话人大名教授之改革开放40周年"上的演讲

中国如何构建现代金融体系

　　——在"厦门大学南强学术讲座"上的演讲

正确理解金融与实体经济的关系

　　——在"第十届中国虚拟经济论坛"上的演讲

改革开放40年：中国经济发展的经验及与金融的关系

　　——在第二届"赣江金融论坛"上的演讲

1978：不可忘却的岁月

　　——在"江西财经大学复校40周年"上的致辞演讲

正确看待近期金融市场的波动

　　——在"《中国绿色金融发展研究报告2018》新书发布会"上的演讲

改革开放40年：中国金融的变革与发展

　　——在"中国人民大学金融学科第二届年会"上的主题演讲

中国金融未来趋势

　　——在"2018年中国银行保险业国际高峰论坛"上的演讲

如何做好学术研究，如何认识中国金融

　　——在"中国人民大学财政金融学院2018级研究生新生第一课"上的演讲

中国资本市场的问题根源究竟在哪里

　　——在复旦大学管理学院"第四届校友上市公司领袖峰会"上的演讲（摘要）

中国资本市场如何才能健康稳定发展

　　——在"央视财经中国经济大讲堂"上的演讲（摘要）

货币政策尽力了　财政政策可以做得更好一些
　　——在新浪财经"重塑内生动力——2018上市公司
　　论坛"上的主题演讲
中国金融改革与开放：历史与未来
　　——在"2018国际货币论坛开幕式暨
　　《人民币国际化报告》发布会"上的演讲
我不太理解最近这种近乎"运动式"的金融监管
　　——在"金融改革发展与现代金融体系"研讨会上的演讲
愿你们保持身心的健康和精神的富足
　　——在2018届中国人民大学教育学院学位授予仪式
　　暨毕业典礼上的演讲
坚守人生的底线
　　——在"中国人民大学财政金融学院毕业典礼"上的演讲
在改革开放中管控好金融风险
　　——在博鳌亚洲论坛"实体经济与金融力量"思客会上的演讲
中国金融发展需要理清的四个问题
　　——在"中国新供给经济学50人论坛"上的演讲
新时代的大国金融战略
　　——在东南卫视《中国正在说》栏目上的演讲
新时期中国资本市场的改革重点和发展目标
　　——在"第二十二届（2018年度）中国资本市场论坛"上的主题演讲
创新引领中国金融的未来
　　——在"第二届环球人物金融科技领军人物榜发布盛典"上的演讲

附录　《中国资本市场的理论逻辑》其他各卷目录

后记

第四卷"吴晓求演讲集"（Ⅱ）目录

2017 年的演讲

推动中国金融变革的力量

　　——在"大金融思想沙龙"上的演讲

科技力量将深刻改变中国金融业态

　　——在"第十三届中国电子银行年度盛典"上的演讲

重新思考中国未来的金融风险

　　——在"《财经》年会 2018：预测与战略"上的演讲

如何构建现代经济体系和与之相匹配的现代金融体系？

　　——在"IMF 2017 年《世界与中国经济展望报告》发布会"上的

　　　主题演讲

继承"巴山轮"会议的学术情怀

　　——在"2017 新'巴山轮'会议"上的闭幕演讲

推动金融学科在新时代的繁荣与发展

　　——在"中国人民大学金融学科第一届年会"上的演讲

未来五年中国应完成人民币自由化改革

　　——在第五届（2017）"华夏基石十月管理高峰论坛"上的演讲

网联不能成为新金融的寻租者

　　——在"2017 中国普惠金融国际论坛"上的演讲

中国金融体系正在过渡到双重风险结构时代

　　——在"第六届（2017）金融街论坛"上的演讲

中国金融正处在重要的变革时期

　　——在"德州资本技术论坛"上的演讲

要重视股票市场的财富管理功能

　　——在"中国投资 50 人论坛"上的演讲

坚守初心，健康平安地到达人生的彼岸

    ——在2017届中国人民大学教育学院学位授予仪式暨毕业典礼上的

    寄语

学会人生的风险管理

    ——在2017届中国人民大学财政金融学院学位授予仪式

    暨毕业典礼上的致辞演讲

如不同星球的国家　何以走到一起

    ——在"金砖国家智库峰会"分论坛上的总结发言

当前中国金融的若干问题：兼谈金融风险与中国的金融战略

    ——在江西省人大常委会组织的金融知识讲座所作的专题报告

金融监管要有理论逻辑

    ——在"首届（2017）中国金融教育发展论坛"上的

    主题演讲（摘要）

我们已经进入资本监管与透明度监管并重的时代

    ——在"第二十一届（2017年度）中国资本市场论坛"上的

    演讲（摘要）

2016年的演讲

没有自由化就没有金融的便利和进步

    ——在首届"人民财经高峰论坛"上的演讲（摘要）

回归常识，把握中国金融的未来趋势

    ——在"第四届华夏基石十月管理高峰论坛"上的演讲

中国银行业面临哪些挑战？

    ——在"2016年中国银行家论坛"上的演讲

大学的情怀与责任

    ——在江西财经大学的演讲

如何构建新型全球关系

    ——在"2016年G20全球智库峰会"上的主旨演讲

影响中国金融未来变化的五大因素

　　——在"江西财经大学第三届金融论坛"上的演讲

大国金融与中国资本市场

　　——在"中国保险业协会"上的专题讲座（摘要）

未来影响金融变革的四个"不能小看"

　　——在"中国工商银行发展战略研讨会"上的发言

我们的大学为什么如此功利而信仰失守？

　　——在中国人民公安大学的演讲

对 2015 年中国股市危机的反思

　　——在"第二十届（2016 年度）中国资本市场论坛"上的
　　主题演讲

2015 年的演讲

"十三五"期间，如何构建大国金融

　　——在"长江中游城市群首届金融峰会"上的主题演讲

股市危机之后的反思

　　——在"中国与世界经济论坛第 25 期讨论会"上的演讲

2014 年的演讲

深化改革，扩大开放，促进中国证券市场的健康发展

　　——在第十二届全国人大常委会第十二次会议上的专题讲座

中国金融的现状、问题及深化改革的基本思路

　　——在国务院经济形势座谈会上的发言

我如何从一个乐观派演变成了忧虑派

　　——在"'新浪财经首届上市公司评选'颁奖典礼"上的演讲

中国金融的"三维改革"

　　——在中组部司局级干部选学班上的学术讲座

互联网金融的理论逻辑

　　——在"第十八届（2014 年度）中国资本市场论坛"上的演讲

附录 《中国资本市场的理论逻辑》其他各卷目录

后记

第五卷"吴晓求演讲集"（Ⅲ）目录

2013 年的演讲

中国金融变革与互联网金融

　　——在上海交通大学的演讲

中国金融体系的缺陷与改革重点

　　——在韩国首尔国际金融论坛上的演讲

中国资本市场：何去何从？

　　——在凤凰卫视《世纪大讲堂》上的演讲

中国资本市场改革的重点

　　——在"第十七届（2013 年度）中国资本市场论坛"上的演讲

2012 年的演讲

金融业是现代经济的核心而非依附

　　——在"搜狐金融德胜论坛——银行家年会"上的演讲（摘要）

2011 年的演讲

中国资本市场未来发展的战略思考

　　——在"中国高新技术论坛"上的主题演讲

关于我国金融专业学位（金融硕士）培养的若干思考

　　——在"全国金融专业学位研究生教育指导委员会"上的主题演讲

中国创业板市场：现状与未来

　　——在"第十五届（2011 年度）中国资本市场论坛"上的主题演讲

2010 年的演讲

中国资本市场二十年

　　——在凤凰卫视《世纪大讲堂》上的演讲

中国创业板的隐忧与希望

　　——在深圳"中国国际高新技术成果交易会"上的演讲

全球金融变革中的中国金融与资本市场

　　——在"中组部司局级干部选学班"上的学术讲座

2009 年的演讲

金融危机正在改变世界

　　——在"第十三届（2009 年度）中国资本市场论坛"上的演讲

2008 年的演讲

金融危机及其对中国的影响

　　——在"广州讲坛"的演讲

当前宏观经济形势与宏观经济政策

　　——在清华大学世界与中国经济研究中心举行的"宏观经济形势"

　　论坛上的演讲

宏观经济、金融改革与资本市场

　　——在江西省鹰潭市领导干部学习会上的学术报告

全球视野下的中国资本市场

　　——在"第十二届（2008 年度）中国资本市场论坛"上的主题演讲

2007 年的演讲

股权分置改革的制度效应

　　——在"中国虚拟经济研讨会"上的主题演讲（摘要）

资本市场发展与上市银行发展战略

　　——在北京银行年中工作会上的演讲

股权分置改革：中国资本市场发展的新坐标

　　——2007 年在一个内部会议上的发言

战略转型是中国资本市场面临的重要任务

　　——在"第十一届（2007 年度）中国资本市场论坛"上的主题演讲

附录　《中国资本市场的理论逻辑》其他各卷目录

后记

第六卷"吴晓求访谈集"目录

2020 年的访谈

投资的真谛

——《观视频》记者的访谈

市场现在不要有过度悲观的预期

——《网易财经》记者访谈

30 年了，我们对资本市场的理解仍很肤浅

——《第一财经》记者的访谈

2019 年的访谈

如何理解中国资本市场的发展和变化

——《新京报》记者的访谈

中国不会出现全面性金融危机

——《经济》杂志、经济网和《搜狐财经》记者的访谈

金融改革与普惠性金融

——《经济参考报》记者的访谈

中国智慧与经验是对人类文明的重要贡献

——与亚欧基金总干事卡斯顿·沃奈克先生的对话（摘要）

中国资本市场正在寻找正确的发展方向

——《新京报》记者的访谈

2019，回归金融的常识与逻辑

——《金融时报》记者的访谈

2018 年的访谈

金融监管的核心功能不是消灭风险而是衰减风险

——《中国新闻周刊》记者的访谈

资本市场的发展需要观念的变革

　　——《中国金融家》记者的访谈

中国金融不要当巨婴

　　——《环球人物》记者的访谈

如何构建与全球性大国相匹配的现代金融

　　——《社会科学报》记者的访谈

2017 年的访谈

维持市场的透明度是监管者的首要责任

　　——在"2017 央视财经论坛"上的对话与访谈

人民大学是我灵魂的归处

　　——《中国金融家》记者的访谈

国际贸易中遵守共同规则十分重要

　　——《中国财富网》记者的访谈

未来金融监管改革可趋向"双峰管理"

　　——《上海证券报》记者的访谈

金融风险与金融监管改革

　　——《凤凰财经》记者的访谈

2017 年资本市场何去何从?

　　——中央电视台《市场分析室》记者的访谈

2016 年的访谈

险资举牌与市场监管

　　——《金融界》记者的访谈

互联网金融的核心是支付革命

　　——《新华网思客》记者的访谈

大国金融需要信用和透明度支撑

　　——《经济日报》记者的访谈

功利化的股市会变形

　　——在 2016 年博鳌亚洲论坛资本市场分论坛上与王波明先生的对话

2015 年的访谈

股市最黑暗时期已过去，不吸取教训会再犯错误

——与清华大学李稻葵教授的对话

这是第一次真正的危机

——《南风窗》记者的访谈

股市危机不应耽误改革，建议维稳资金划归社保

——《第一财经日报》记者的访谈

跟风炒股必死无疑

——《环球人物》记者的访谈

亚投行对韩国不会带来负面作用

——韩国《亚洲经济》记者的访谈

2014 年的访谈

P2P 模式不了解客户，跑路是必然

——《搜狐财经》记者的访谈

文章千古事，一点一滴一昆仑

——《鹰潭日报》记者的访谈

经济学研究需要"童子功"

——《经济》记者的访谈

中国金融的深度变革与互联网金融

——《金融时报》记者的访谈

2013 年的访谈

稳定市场、提高投资者信心仍是当前政策的重点

——《北京日报》记者的访谈

2012 年的访谈

求解中国股市危局，探寻资本市场曙光

——《新华网》记者的访谈

对三任证监会主席的评价

——《南方人物周刊》记者的访谈

中国银行业需要结构性改革

　　——《凤凰卫视·新闻今日谈》栏目阮次山先生的访谈

"活熊取胆"一类企业上市没有价值

　　——《证券日报》记者的访谈

2011 年的访谈

要强化资本市场投资功能而非融资功能

　　——《深圳特区报》记者的访谈

中国资本市场对美债信用下调反应过度

　　——《搜狐财经》记者的访谈

如何看待美债危机

　　——《人民网·强国论坛》上与网友的对话

中国金融崛起的标志与障碍

　　——《华夏时报》记者的访谈

政策的转向把股市吓住了？

　　——《英才》记者的访谈

2010 年的访谈

资本市场做 QE2 池子应有前提

　　——《华夏时报》记者的访谈

关于当前资本市场若干热点

　　——《人民网》记者的访谈

五大因素导致 A 股持续调整

　　——《新华网》记者的访谈

人民币如何推进国际化

　　——《经理人杂志》记者的访谈

对资本市场研究情有独钟的经济学家

　　——《经济杂志》记者的访谈

2009 年的访谈

资本市场构建金融强国梦

    ——《新经济导刊》记者的访谈

如何评价 2009 年 G20 峰会

    ——《新浪财经》记者的访谈

求解金融危机之惑（上）

    ——《中国财经报》记者的访谈

求解金融危机之惑（下）

    ——《中国财经报》记者的访谈

中国下一个 30 年

    ——《网易财经》记者的访谈

附录　《中国资本市场的理论逻辑》其他各卷目录

后记

后　记

在这部多卷本文集《中国资本市场的理论逻辑》（六卷）（以下简称《理论逻辑》）编辑出版之前，我曾分别出版过四部文集和一部演讲访谈录。这四部文集分别是：《经济学的沉思——我的社会经济观》（经济科学出版社，1998）、《资本市场解释》（中国金融出版社，2002）、《梦想之路——吴晓求资本市场研究文集》（中国金融出版社，2007）、《思与辩——中国资本市场论坛20年主题研究集》（中国人民大学出版社，2016），一部演讲访谈录《处在十字路口的中国资本市场——吴晓求演讲访谈录》（中国金融出版社，2002）。它们分别记录了我不同时期研究和思考资本市场、金融、宏观经济以及高等教育等问题的心路历程，也可能是这一时期中国资本市场研究的一个微小缩影。除《思与辩》与其他文集有一些交叉和重叠外，其他三部文集和《处在十字路口的中国资本市场》的演讲访谈录与这部多卷本文集《理论逻辑》则没有任何重叠，是纯粹的时间延续。

正如本文集"编选说明"所言，几经筛选，《理论逻辑》收录的是我在2007年1月至2020年3月期间发表的学术论文、评论性文章、演讲、访谈，是从400多篇原稿中选录的。未收录的文稿要么内容重复，要么不合时宜。

《理论逻辑》收入的文稿时间跨度长达13年。这13年，中国经济、金融和资本市场发生了巨大变化和一些重要事件，包括科技金融（互联网金融）的兴起、2015年股市危机、创业板和科创板推出、注册制的试点、金融监管体制改革、中美贸易摩擦、新冠疫情的暴发及对经济和市场的巨大冲击等。

全球经济金融更是经历了惊涛骇浪，如 2008 年国际金融危机、2020 年全球金融市场大动荡、新冠疫情在全球的蔓延等。《理论逻辑》中的学术论文、评论性文章、演讲、访谈对上述重要问题均有所涉及。

这 13 年，是我学术生命最为旺盛的 13 年。这期间，虽有行政管理之责（2016 年 7 月任中国人民大学副校长，之前任校长助理长达 10 年），但我仍十分重视学术研究。白天行政管理，晚上研究思考，成了一种生活状态。

这 13 年的后半段即从 2016 年 5 月开始，生活发生了一些变化，给我的学术研究带来了新的挑战。母亲得了一种罕见的肺病，长期住院，我每周至少要看望母亲两三次。最近一年病情加重，几乎每天都要去看望母亲，往返于居所、学校和医院。母亲每次看到我，都会露出发自内心的快乐和微笑。记得新冠疫情期间，我向她说，疫情防控形势严峻，母亲说，经济不能停，吃饭要保证。寥寥数句，道出了深刻道理。企盼母亲健康如初。我谨以此文集献给我的母亲。

这 13 年，是中国金融改革、开放和发展的 13 年。在 2000 年之后，我在学术论文和演讲访谈中，就中国金融改革和资本市场发展的战略目标，作过系统阐释并多次明确提出，到 2020 年，人民币应完成自由化改革，以此为基础，中国资本市场将成为全球新的国际金融中心。这个新的国际金融中心，是人民币计价资产全球交易和配置的中心，是新的具有成长性的全球财富管理中心。对这个问题的早期（2007 年之前）研究已收录在《资本市场解释》《梦想之路》《处在十字路口的中国资本市场》等文集和演讲录中，2007 年之后的研究则收进本文集。

我始终坚定地认为，中国金融必须走开放之路，人民币必须完成自由化改革，并以此为起点成为国际货币体系中的重要一员；国际金融中心即全球新的财富管理中心，是中国资本市场开放的战略目标。因为，从历史轨迹看，全球性大国的金融一定是开放性金融，核心基点是货币的国际化，资本市场成为国际金融中心。我对中国金融的这一目标从未动摇过。

然而，现实的情况与我在《理论逻辑》等文集中的论文、文章、演讲和访谈所论述的目标有相当大的差距。2020 年已经到来，但人民币并未完成自由化改革，中国资本市场并未完全开放，更没有成为全球新的国际金融中心。这或许是本文集也是我理论研究上的一大缺憾。

历史的车轮滚滚向前。我仍然坚信，中国金融和资本市场国际化的战略目标，在不久的未来仍会实现。因为，这是中国金融改革和资本市场发展的一种理论逻辑。

吴晓求

2020 年 5 月 18 日

于北京郊区